江苏省教育科学"十二五"规划课题

幼儿园班级安全管理

陶金玲　许映建◎著

中国轻工业出版社

图书在版编目 (CIP) 数据

幼儿园班级安全管理/陶金玲，许映建著．—北京：中国轻工业出版社，2014.1（2025.5重印）

ISBN 978-7-5019-9437-3

Ⅰ.①幼…　Ⅱ.①陶…②许…　Ⅲ.①幼儿园－安全管理　Ⅳ.①G617

中国版本图书馆CIP数据核字（2013）第202023号

保留所有权利。非经中国轻工业出版社"万千教育"书面授权，任何人不得以任何方式（包括但不限于电子、机械、手工或其他尚未被发明或应用的技术手段）复印、拍照、扫描、录音、朗读、存储、发表本书中任何部分或本书全部内容，以及其他附带的所有资料（包括但不限于光盘、音频、视频等）。中国轻工业出版社"万千教育"未授权任何机构提供源自本书内容的电子文件阅览、收听或下载服务。如有此类非法行为，查实必究。

责任编辑：吴　红　　　责任终审：杜文勇
策划编辑：高　君　　　责任校对：刘志颖　　　责任监印：吴维斌

出版发行：中国轻工业出版社（北京鲁谷东街5号，邮编：100040）
印　　刷：三河市鑫金马印装有限公司
经　　销：各地新华书店
版　　次：2025年5月第1版第7次印刷
开　　本：710×1000　1/16　印张：15
字　　数：240千字
印　　数：15001—17000
书　　号：ISBN 978-7-5019-9437-3　　定价：32.00元

读者热线：010-65181109
发行电话：010-85119832　　010-85119912
网　　址：http://www.chlip.com.cn　　http://www.wqedu.com
电子信箱：1012305542@qq.com

版权所有　侵权必究
如发现图书残缺请拨打读者热线联系调换

250791Y1C107ZBW

前　言

　　1837年，教育家福禄倍尔在德国的勃兰根堡建立了一所教育机构，专收3—7岁的儿童。1840年6月28日，福禄倍尔向世人宣布，正式把自己创办的幼儿教育机构命名为"幼儿园"，这标志着世界上第一所幼儿园的诞生。"'幼儿园'的具体和完整的思想在它的名称上体现出来，那就是'儿童的花园'。因此，幼儿园的基本思想要求它应该是儿童进入的花园。"[①] "正如在一个花园中……在一个有技能和有智慧的园丁照料下，和根据自然法则而栽培的幼苗正在生长一样，在我们的花园里，在我们的幼儿园里，人是所有正在生长的东西中最崇高的，将根据他们自己的生存法则以及自然的法则而得到培养。"[②] 这也是全世界幼儿园的宗旨。然而，"儿童的花园"并不总是和风丽日，儿童走失、摔伤、跌伤、烫伤、咬伤、打伤等事故时有发生，甚至恶性砍杀事件、重大园车接送事故也时有耳闻，让人触目惊心。鲜花凋零，让人痛彻心扉！儿童是家庭的希望、国家的未来，儿童的安全涉及亿万家庭的生活与幸福，关系整个社会的稳定与和谐。于是，我们设置监视系统，把幼儿园大门锁起来并安装金属探测器，禁止外来人员接近，实施出入登记制度，启动身份证识别系统，雇用专业保安，给他们配备专业保安设备。但这些措施还不足以使我们感到安全，最近几年出现的幼儿园悲剧，已经给了我们沉痛的教训：没有哪一所幼儿园可以免于安全事故；没有哪一个教师可以免于安全焦虑。

　　这个世界上根本没有能够确保校园绝对安全的神奇公式，至今没有人能够找到完美的方案来让专注于教学的教师避免安全事故的发生，也没有制造商能够发明可以把安全事故拒于门外的完美装备。文献资料显示，校园安全问题研究已逐步得到重视，但人们普遍关注中小学和高校校园安全管理研究，幼儿园安全问题的研究明

[①] Fletcher S, Welton J. Froebel's Chief Writings on Education[M]. London: Edward Arnold & Co., 1912: 237.

[②] Hanschman A B. The Kindergarten System[M]. London: Swansonneoschein, 1897: 119.

显不足,并多为幼儿园安全教育研究。石连海、马雷军编写了《中小学幼儿园安全教育教师读本》;刘文英编写了《幼儿园安全教育常识》;丁金霞、欧新明对农村公办和民办幼儿园的安全隐患问题进行了统计分析;曲正伟分析了民办幼儿园意外事故发生的根源;顾荣芳在《对幼儿园安全教育的思考》一文中指出了幼儿园安全事故的两个重要原因;王欣荣研究了幼小安全教育衔接问题;张燕的《幼儿园经营与管理》、王普华的《幼儿园管理》、虞永平的《幼儿园班级管理》等专门研究幼儿园管理的著作对幼儿园安全管理进行了论述;陈群的《幼儿园危机管理实务》中提出了幼儿园危机管理对策。这些已有文献为幼儿园安全管理研究提供了基础性借鉴,但多数文献未针对班级安全管理进行全面细致的分析研究,幼儿园班级安全管理尚属研究空白,亟须进行班级层面的安全管理研究。儿童的安全是班级顺利开展各项工作的必要前提和首要条件,幼儿身心发展特点也决定了幼儿园班级安全管理的关键性,幼儿园安全事故更昭示了班级安全管理研究的迫切性。

"儿童是每一个人的温情和爱的感情汇聚的唯一焦点。"[1]对儿童的爱和对儿童安全的担忧让我与"万千教育"编辑部的领导和高君老师有幸结缘。在接到高君老师邀约后,经过与许映建老师的反复讨论与磋商,我们带领研究团队先对园长、分管园长、教师、家长等做了一系列预访谈。在预访谈的基础上编制问卷,进行问卷调查。我们共发放问卷600份,收回489份,有效问卷485份。我们通过问卷数据分析,又进行了有针对性的深度访谈,就一些细节问题和敏感性问题进行了追问,同时发动成人教育学员收集幼儿园安全事故案例。通过调查发现,儿童安全成为教师最为焦虑的因素,其中有49.1%的教师处于焦虑状态,有29.7%的教师处于非常焦虑状态。在访谈中,园长、教师普遍认为儿童安全问题让他们胆战心惊、如履薄冰。同时,调查结果也显示,教师在班级安全管理方面存在的最大不足是教师缺乏安全预防与救治的知识技能以及相关法律法规的知识,组织管理不当和安全意识不强也是目前班级安全管理存在的重要不足之处。教师最亟须掌握安全预防与救治的知识和技能以及相关的法律法规知识,提高组织管理水平,加强安全意识。这些都启迪我们来重新评估班级安全管理方案,并促使我们不得不思考以下几个问题:哪些是应

---

[1] 蒙台梭利. 蒙台梭利幼儿教育科学方法[M]. 任代文,主译校. 北京:人民教育出版社,1993:587.

前 言

该预料到而没有预料到的？遗漏了什么？如何建构安全的班级环境？怎样进行科学的安全教育？能否制定行之有效的班级活动安全流程？如何才能更好地进行班级应急管理？一旦安全事故发生，又该如何依法处理？家园又该如何建构安全共育体系？这些问题正是我在本书中所阐述的内容。

当浏览这本书时，也许有些人会发现，本书中的内容似曾相识。然而事实上，我努力优化、改变这些内容的呈现方式，尽量呈现丰富的背景知识，以叙事的方式娓娓道来，以便帮助那些初入职的新手教师和那些正面临棘手难题的教师，使他们能够进行有效的班级安全管理。本书的基本出发点是从当代幼儿园安全管理的实际背景出发，结合我国幼儿园安全事件的具体案例，借鉴一些幼儿园和教师的安全管理经验和教训，尝试提出可供教师有效预防和妥善处理班级安全事件的整体思路和具体措施。本书具有五个特点：一是实践性，立足于幼儿园班级安全管理的实际情况编写；二是可操作性，从教师的班级日常管理来写，制定科学实用的班级活动安全流程；三是实效性，针对班级安全事故的事先预防和事件应对的流程来编写；四是简约性，注重以清晰的逻辑、简明的方式呈现内容；五是丰富性，注重呈现相关信息，以便教师知其然也知其所以然。本书对幼儿园班级安全管理的整体框架进行了独到的设计，并力图实现理论性、实践性和指导性的统一，希望能对加强幼儿园班级安全管理工作尽绵薄之力。

如果你是一位经验丰富的教师，可以以此书为参照，对已做的、正在做的和将要做的进行一番评估。完善本书需要你我共同的努力，我提供了让你的班级成为安全班级的基本的、当前有用的内容，你的责任是让本书内容不断更新、完善、与时俱进。如果你们幼儿园通过了一项新的、能够使班级变得更加安全的规章制度，或者你掌握了一种处理某一特定问题的方法，请把它添加到本书中。这样，本书将成为你创建更安全班级的指南。好好使用这本书吧。

愿每一个儿童都拥有一个幸福快乐的童年！

陶金玲

2013 年 10 月

目 录

第一章 班级安全管理概述 ... 1
一、儿童的花园 ... 1
二、班级生活内容与组织 ... 7
三、班级儿童安全 ... 15
四、班级教师安全管理权责与素养 ... 34

第二章 班级安全环境创建 ... 49
一、班级环境的特点与影响因素 ... 50
二、班级环境的创设原则 ... 55
三、班级物质环境的安全规划 ... 60
四、班级精神环境的安全规划 ... 72

第三章 班级安全教育 ... 83
一、班级安全教育目标 ... 84
二、班级安全教育内容 ... 90
三、班级安全教育途径 ... 95
四、班级安全教育保障 ... 100

第四章 班级活动安全流程 ... 103
一、生活活动安全流程 ... 104
二、运动活动安全流程 ... 119
三、游戏活动安全流程 ... 124
四、集体教学活动安全流程 ... 126
五、大型集体活动安全流程 ... 131

第五章　班级安全应急预案 ... 139
  一、安全应急管理 ... 139
  二、幼儿园应急总预案 ... 144
  三、户外活动应急预案 ... 149
  四、园外集体活动应急预案 ... 152
  五、火灾应急预案 ... 153
  六、食物中毒应急预案 ... 156
  七、传染病应急预案 ... 158
  八、地震应急预案 ... 161
  九、防踩踏应急预案 ... 164

第六章　班级安全事故处理 ... 167
  一、安全事故现场处理程序 ... 167
  二、安全事故的法律责任 ... 176
  三、安全事故处理的法律途径 ... 188
  四、安全事故的理赔 ... 193

第七章　家园安全共育 ... 201
  一、家庭生活 ... 202
  二、家园共育 ... 213

后　　记 ... 225

参考文献 ... 227

第一章　班级安全管理概述

> 儿童比黄金更为珍贵，但比玻璃还脆弱。[①]
>
> ——夸美纽斯

儿童是花朵，儿童是天使，儿童是爱的焦点和源泉。自福禄倍尔创建第一个幼儿园开始，幼儿园便是"儿童的花园"，是儿童快乐幸福的标志。柔弱的花朵因为有了园丁的悉心照料而百花争艳，稚嫩的儿童因为有了教师的关爱呵护而健康成长。班级是儿童的快乐之家，让爱常住家，让平安健康从这里出发！

一、儿童的花园

古希腊哲学家柏拉图是西方教育史上第一个提出学前教育思想的人，他认为应尽早对儿童进行教育，甚至提出了优生、胎教的问题。"凡事开头最重要，特别是生物，在幼小柔嫩的阶段，最容易接受陶冶，你要把他塑成什么型式，就能塑成什么

[①] 夸美纽斯. 夸美纽斯教育论著选 [M]. 任钟印，选编. 北京：人民教育出版社，2005：35.

型式。"①"先入为主,早年接受的见解总是根深蒂固不容易更改的。"②在其著作《理想国》一书中,柏拉图提出了实行儿童公育的制度,主张儿童教育应由国家负责。他把0—6岁划为学前教育期,认为0—3岁儿童应交给国家特设的养育院由乳母养育,3—6岁儿童应到附设在神庙里的儿童场由保姆监护。柏拉图的学生亚里士多德将人受教育的年龄按每7年一个自然阶段,共划分为3个时期:0—7岁为第一个时期,7—14岁为第二个时期,14—21岁为第三个时期。与柏拉图相比较,亚里士多德更多地注意到儿童身心发展的阶段性,并根据这种心理学的考察来安排教育工作。他把第一个时期(0—7岁)又细分为两个阶段:0—5岁为前期,5—7岁为后期。亚里士多德认为,在前一个阶段,应顺应自然,以儿童的身体养护为主;在第二个阶段,应以习惯的培养为主。在西方,"习惯成自然"这句谚语即渊源于亚里士多德③。亚里士多德的教育遵循自然的思想影响了后世的许多教育家,最著名的当属夸美纽斯和卢梭。

继亚里士多德之后,捷克教育家夸美纽斯——被尊称为教育史上的"哥白尼"——提出了教育的自然适应性法则。夸美纽斯依据儿童的年龄特点,把人从出生到成年接受教育的过程分为4个时期,每个时期6年,各有相应的学校进行教育,分别是母育学校、国语学校、拉丁语学校和大学。他认为,每一个发展阶段及相应的教育机构都有自己专门的教育任务,同时各阶段又存在着联系:每前一阶段都是为后一阶段打基础的,每后一阶段又是前一阶段的合乎逻辑的发展,最终实现教育所要达到的目的。夸美纽斯拟定了西方教育史上第一个从学前教育到大学教育的单轨学制,后来更发展为一个系统的终身教育体系,成为近现代单轨学制及终身教育的先驱者。夸美纽斯认为0—6岁为婴幼儿期,应在母育学校接受家庭教育。在夸美纽斯看来,每一个家庭便是一所母育学校,孩子的母亲是最主要的教师。母育学校包括儿童生活的头六年,是为儿童以后所要学习的一切奠定基础,是前后衔接的统一学制系统的第一个必不可少的阶段。夸美纽斯撰写了历史上第一部学前教育专著《母育学校》,在教育史上该书第一次从普及教育的角度和儿童心理发展的连续性与

---

① 柏拉图. 理想国[M]. 郭斌和,张竹明,译. 北京:商务印书馆,1986:71.
② 柏拉图. 理想国[M]. 郭斌和,张竹明,译. 北京:商务印书馆,1986:73.
③ 杨汉麟,周采. 外国幼儿教育史[M]. 南宁:广西教育出版社,2005:36.

阶段性的角度，提出学前阶段教育的重要性，认为在母育学校里，应当把一个人在人生旅途中所应当具备的一切知识的种子播植到他的身上。"任何人在幼年时代播下什么样的种子，那他老年就要收获那样的果实。"①值得注意的是，夸美纽斯的母育学校还不是现代意义上的幼儿教育机构，而是家庭条件下的学前教育，但《母育学校》一书勾画了幼儿教育机构的雏形。

  法国启蒙思想家卢梭是西方教育史上具有划时代意义的人物，他在接受前人理论的基础上，把重视儿童、遵循自然以及感官教育推上了一个新的境界，完成了教育中儿童观的革命，使教育发展方向发生了根本的转变，为幼儿教育的发展和完善起到了奠基性的作用。继夸美纽斯之后，卢梭再次提出并强调了教育中的自然适应性原则，主张教育应该回归到自然、适应自然，乃至建立在自然的基础上。也就是说，儿童在生长发展过程中，有其节律性、阶段性，教育应遵循儿童发展的自然进程，考虑其年龄特点，适应其本性。在其著作《爱弥儿》一书中，卢梭根据他对儿童发展的自然进程的理解，将儿童的发展和教育划分为四个阶段：第一个阶段是婴儿期（0—5岁），着重进行身体养护；第二个阶段是儿童期（5—12岁），着重进行感官教育；第三个阶段是少年期（12—15岁），着重进行智育和劳动教育；第四个阶段是青年期（15岁至成年），着重进行道德、宗教、情感教育。②在教育史上，卢梭有关儿童感官教育的思想起了承上（如夸美纽斯）启下（如蒙台梭利）的作用，他第一次明确提出了有目的的、详细的感官训练主张，认为儿童教育的主要任务是锻炼身体和训练感官，并主张将儿童送到农村去生活，让儿童在大自然中发展自然本性。卢梭所构想的儿童教育也是基于儿童个体的家庭教育，而非公共教育机构的幼儿教育。法国的学前教育因受卢梭教育思想的影响而发展得很快。1776年，奥柏林创建的编织学校成为法国最早在历史上有记录的幼儿教育机构（一般的幼儿教育史都把

---

① 夸美纽斯. 夸美纽斯教育论著选[M]. 任钟印，选编. 北京：人民教育出版社，2005：22.
② 刘晓东，卢乐珍，等. 学前教育学[M]. 南京：江苏教育出版社，2004：4. 关于爱弥儿生长的第一阶段的分期，卢梭并未具体说，只指出第一阶段是"幼儿期"。学者们据此见仁见智，有的定为0—5岁（如美国学者弗罗斯特、格莱夫斯），有的定为0—2岁（如苏联学者及美国学者格莱茵），本书采用后一分期。

它看作近代幼儿教育设施历史开端的象征①），主要招收2—6岁无人照顾的儿童。

受卢梭的影响，瑞士著名的教育家裴斯泰洛齐也提出了自然适应性原则，并力图使教育心理学化，倡导要素教育，主张采用直观教学法进行教学。作为提倡爱的教育的典范，裴斯泰洛齐热爱和尊重儿童，以无私的精神和满腔的热情从事儿童教育工作，正如德国哲学家、教育家费希特所说："裴斯泰洛齐生活的灵魂是爱。"②裴斯泰洛齐曾说过："教育的主要原则是爱。"③"我一切为了孩子。从早到晚，我一个人和他们在一起，用我的双手，供给他们身体和心灵的一切需要。他们都是直接从我这里得到必要的帮助、安慰和教学。"④"我的方法是教人以所有爱的方式去思考和以所有的思考去爱。""如果不能爱孩子，我不知道还能谈什么规则、方法和技能。"裴斯泰洛齐始终认为，教育者的热情将如春天的太阳使冰冻的大地苏醒那样迅速地改变孩子们的状况，强调教师应该像母亲一样对儿童实施爱的教育，去开启儿童的心灵，引发儿童的悟性，否则就会使儿童的发展过程受到危害。裴斯泰洛齐主持过新庄孤儿院（1774—1780年）、斯坦兹孤儿院（1798年）和布格多夫学校（1799—1804年，1805年迁往伊佛东后改为伊佛东学院）的教育实验活动，他的伊佛东学院在国际上享有很高的声誉，成为当时儿童教育运动的中心，参观学习者络绎不绝。德国著名教育家赫尔巴特、福禄倍尔，德国哲学家费希特以及英国教育家欧文等人都曾来此参观，裴氏教法遂传至德国、英国、美国等国，对各国教育的发展产生了重要影响。1816年，欧文在新拉纳克为1—6岁儿童创办了公共幼儿教育机构"幼儿学校"（有学者称其为欧洲最早的幼儿教育机构⑤）。不论是奥柏林的"编织学校"，还是欧文的"幼儿学校"，都没有建立一套幼儿教育理论体系，实质上不过是具有慈善性质的社会福利机构而已。

自幼丧母的德国教育家福禄倍尔度过了一个没有幸福和快乐的童年，但也正因童年失去母爱，使得福禄倍尔后来产生了要把欢乐给予其他儿童的想法。他希望所

---

① 日本世界教育史研究会. 世界幼儿教育史 [M]. 张举，等，译. 长春：吉林人民出版社，1986：65.
② 吴志尧. 裴斯泰洛齐 [M]. 上海：商务印书馆，1948：63.
③ Ouick R H. Essays on Educational Reformers [D]. New York: Macmillan, 1924: 358.
④ 张焕庭. 西方资产阶级教育论著选 [M]. 北京：人民教育出版社，1979：198.
⑤ 刘晓东，卢乐珍，等. 学前教育学 [M]. 南京：江苏教育出版社，2004：2.

有儿童都能有一个幸福和快乐的童年,并为这个理想而奋斗终生。福禄倍尔曾研究过夸美纽斯的《母育学校》,还曾用两年时间跟随裴斯泰洛齐,致力于儿童游戏、歌曲与各种玩具的研究(福禄倍尔"恩物"即渊源于裴斯泰洛齐的要素教育和直观教学法)。福禄倍尔把人的教育所涉及的年龄范围划分为幼儿期和少年期两个大的阶段,幼儿期又被进一步划分为婴儿期和幼儿期两个阶段。福禄倍尔强调幼儿期生活的重要性,认为幼儿期是整个人类发展的自然和神圣的起点。如果忽视了这个起点,便如建立空中楼阁。"人的整个未来生活,直到他将要离开人间的时刻,其根源全在于这一生命阶段……主要取决于他在这一年龄阶段的生活方式……"①

受夸美纽斯和裴斯泰洛齐的影响,1837年,福禄倍尔在德国的勃兰根堡建立了一所教育机构,专收3—7岁的儿童。当时,这个幼儿教育机构只有一个房间,但布置得绚丽多彩,摆有小桌子和小椅子,从窗口能看到外面的花园,天气好的时候幼儿能在花园里做游戏。福禄倍尔高兴地把这个幼儿教育机构称为"我的最幼小的果实"。②"福禄倍尔一直为他的新机构缺乏一个合适的名称而感到烦恼。有一天,米登多夫、我和福禄倍尔一起步行去勃兰根堡。在越过泰格山口时,福禄倍尔不停地重复说:'但愿我能为我最幼小的果实想出一个合适的名称!'勃兰根堡就在前面,他忧郁地向那里走去。突然,他停了下来……眼睛闪烁出一种惊讶的、明亮的和灿烂的目光。然后,他对着高山大声呼喊以致发出很大的回声:'啊!我想出来了!幼儿园——将是新的教育机构的名称!'"③福禄倍尔并没有马上把"幼儿园"这个名称向世人公布,直到1840年6月28日,他才正式把自己创办的幼儿教育机构命名为"幼儿园",这标志着世界上第一所幼儿园的诞生。

福禄倍尔之所以用"幼儿园"来命名幼儿教育机构,那是因为他把幼儿的教育活动场所比作花园,把幼儿比作花草树木,把幼儿园教师比作园丁,把幼儿的发展比作培植花草树木的过程。福禄倍尔曾这样说:"正如在一个花园中……在一个有技能和有智慧的园丁照料下,和根据自然法则而栽培的幼苗正在生长一样,在我们的

---

① 福禄培尔. 人的教育[M]. 孙祖复,译. 北京:人民教育出版社,2001:39.
② Denny B. The Playmaster of Blankenburg: the Friedrich Froebel[M]. London: Autolycus Publications, 1982: 179.
③ Michaels E. Autobiography of Friedrich Froebel[M]. New York: C. W. Bardeen Publisher, 1915: 137.

花园里，在我们的幼儿园里，人是所有正在生长的东西中最崇高的，将根据他们自己的生存法则以及自然的法则而得到培养。"①"称之为'幼儿园'，与通常称为'幼儿学校'的类似机构是不同的。幼儿园并不是一所学校，在其中的儿童不是受教育者，而是发展者。"②因此，在福禄倍尔想出"幼儿园"这一名称之前，曾有人建议他采用"幼儿学校"或"保育所"等名称，但都被他拒绝了。

"'幼儿园'的具体和完整的思想在它的名称上体现出来，那就是'儿童的花园'。因此，幼儿园的基本思想要求它应该是儿童进入的花园。"③福禄倍尔强调教师要了解、关爱儿童，希望在快乐的"儿童的花园"里，教师用慈爱之心呵护稚嫩的生命，让儿童自由地幸福成长——这便是幼儿园的宗旨。福禄倍尔怀着对儿童幸福的虔敬之心提出了幼儿园的主要任务是：通过活动和游戏的方式来培养学龄前儿童；发展他们的体格，锻炼他们的外部感官，使他们认识人和自然；使儿童在游戏、娱乐和天真活泼的活动中，做好升入小学的准备。④——这也是今天全世界幼儿园的主要任务。福禄倍尔指出，"我们所做的努力以及所有真正的教育的目的，就是要使一个人有可能作为一个整体的人从幼儿期起就得到自由和独立的发展，同时作为一个个体与整体生活协调一致。"⑤因此，在福禄倍尔看来，幼儿园就是"儿童的花园"，就是儿童快乐幸福的标志。人们称赞"福禄倍尔不愧是一位真正的预言家"，甚至认为"现代教育思想的所有的最好的倾向，都在福禄倍尔的言行中达到了顶点"。⑥福禄倍尔首创了"没有书本的学校"——幼儿园，把自己的一生献给了幼儿园教育事业。在长期的幼儿教育实践中，他摸索、总结出一套教育幼儿和幼教师资培训的新方法，建立起了较为完备的近代学前教育理论体系，为幼儿教育事业做出了巨大贡献。福禄倍尔积极宣传公共的学前教育思想，广泛扩展幼儿园，其幼儿园教育实践和理论引发了19世纪后半期的幼儿园运动，使得福禄倍尔"幼儿园"模式成为一种主要的

---

① Hanschman A B. The Kindergarten System[M]. London: Swansonneoschein, 1897: 119.
② Bowen H C. Froebel and Education through Self-Activity[M]. New York: Seribner, 1897: 3.
③ Fletcher S, Welton J. Froebel's Chief Writings on Education[M]. London: Edward Arnold & Co., 1912: 237.
④ 福禄培尔. 人的教育[M]. 孙祖复，译. 北京：人民教育出版社，2001：29.
⑤ Lilley M. Friedrich Froebel: A Selection from His Writings[M]. Cambridge: Cambridge University Press, 1976: 94.
⑥ 塔尼加. 教育思想家[M]. 新德里：大西洋出版发行公司，1980：45.

幼儿教育机构，并在世界上一直沿用至现在。因此，福禄倍尔被世人誉为"幼儿园之父"。

我国第一所福禄倍尔幼儿园模式的幼儿教育机构——湖北幼稚园于1903年（光绪二十九年）由湖北巡抚端方创办。1904年元月（光绪三十年），清廷颁布《奏定学堂章程》（又称《癸卯学制》），湖北幼稚园更名为武昌蒙养院。1912年《壬子学制》将蒙养院改称蒙养园，1922年新学制始称幼稚园，新中国成立后改为幼儿园。世界各国幼儿教育机构名称各异，如幼儿园、幼儿学校、保育学校、母育学校、托儿所、日托中心等。虽然各国幼儿教育机构名称繁多，但世界各国普遍采用的仍是福禄倍尔所创立的幼儿园模式，"幼儿园"仍是用得最多的名称，尤其是那些公立的、正规的和教育质量比较高的幼儿教育机构。"福禄倍尔幼儿园制度的最大特征是他对儿童的热爱和对童年时期的同情。"[1]"尽管教育和心理学领域的研究成果已使幼儿教育有所改进，但是，福禄倍尔的幼儿园教育观点仍然具有世界性的影响。"[2]"虽然福禄倍尔出生在德国，但他的精神无疑是全世界的。"[3]福禄倍尔对儿童幸福快乐的呵护也是全世界人民共同的追求。

二、班级生活内容与组织

"通过生活和从生活中学习要比任何方式的学习更深入和更容易理解。"[4]福禄倍尔强调教育者要了解儿童的生活和关爱儿童。他把幼儿园看作"儿童的花园"，把幼儿和教育者的关系看作"花草树木"和"园丁"的关系，并希望"花草树木"在"园丁"的精心照料下能在"儿童的花园"里生长得更好。因此，在福禄倍尔看来，幼儿园是教师和儿童一起生活的理想场所，是儿童可以自由游戏和生活的快乐场所。

---

[1] Lilley M. Friedrich Froebel: A Selection from His Writings [M]. Cambridge: Cambridge University Press, 1976: 53.
[2] Robert D. Friedrich Froebel [M]. Boton: Twayne Publishers, 1978: Preface.
[3] Froebel F. Mother-Play and Nursery Songs [M]. Boston: Lee and Shepard Publishers, 1894: "American Edition Preface".
[4] 福禄培尔. 人的教育 [M]. 孙祖复, 译. 北京: 人民教育出版社, 1991: 24.

"让我们与儿童一起生活吧!"①福禄倍尔向真心热爱儿童的幼儿园教师们发出了诚挚的邀请。幼儿园生活是依据幼儿的身心发展规律和教育规律为幼儿创设的生活,是真正适合并能引导幼儿充分发展的生活。对幼儿来说,无论是幼儿园生活,还是家庭生活,都是社会生活中较为有序的生活形式。幼儿园作为教育机构,应为幼儿提供健康、丰富的生活内容,满足他们多方发展的需要,使他们在快乐的童年生活中获得有益于身心发展的经验。幼儿园的班级既是幼儿生活的集体,也是幼儿生活的环境,是儿童的"快乐之家"。班级是幼儿人生中参加的第一个正式的社会组织,无论是全日制还是寄宿制幼儿园,幼儿在班级中的生活都是构成其全部生活的重要组成部分。班级生活是帮助幼儿从自然人向社会人转化的重要途径,良好的班级生活能更好地促进幼儿身心的健康发展。

(一)班级生活内容

幼儿的班级一日生活包括生活活动、运动活动、游戏活动、区域活动和集体教学活动。调查显示(见图1-1),一日活动中最易发生安全事故的是户外活动,其次是晨间活动与早操,这两项活动均属于运动活动,由此可见运动活动是安全事故高发活动。此外,入园、离园活动也是应高度关注的安全事故频发活动。

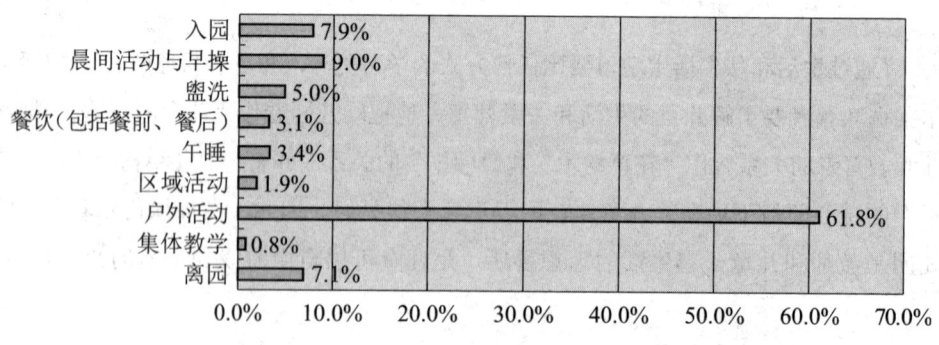

图1-1 一日活动中最易发生安全事故的环节

---

① Marenholz-Bülow. Reminiscences of Froebel [M]. Boston: Lee and Shepard, 1877: 295.

1. **生活活动**

生活活动是指满足幼儿生命基本需要的活动，具有发展幼儿的生活自理、与人交往、自我保护等能力，培养幼儿的规则意识和健康生活习惯的作用。生活活动包括入园、盥洗、餐点、饮水、如厕、睡眠、离园等环节活动，是从幼儿发展的现实需要出发、从幼儿所处的特定生活背景出发、基于幼儿的生活养成教育而合理组织安排的综合性活动。

2. **运动活动**

运动活动主要是指在幼儿园一日活动中采用早操、器械运动、自然因素锻炼等形式，培养幼儿对运动活动的兴趣，增强幼儿运动的能力以及适应环境的能力，提高幼儿身体素质的日常运动活动，包括早操、体育活动等。

3. **游戏活动**

游戏活动主要是指幼儿自发、自主、自由的活动，能促进幼儿的身心发展，能给幼儿带来快乐，其重要性仅次于母乳喂养和母爱，是幼儿的基本活动，也是童年幸福的基本象征。游戏作为一种主动、自由、有趣的在假想中反映现实的活动，能较好地满足幼儿的生理发展、社会性发展、自主创造性发展的需要，并使幼儿的好奇心、兴趣等在游戏中得到满足。所以，游戏不仅解决了儿童心理发展问题上的矛盾，而且能充分调动儿童的积极性和主动性，促使儿童身心得到全面适宜的发展，游戏在学前儿童身心发展中的作用是其他任何活动所无法替代的。

4. **区域活动**

区域活动也叫"区角活动"，是教师根据教育目标和幼儿发展水平，有目的、有计划地设置各种活动区，投放活动材料，让幼儿按照自己的兴趣和意愿选择活动内容和方式，通过操作、摆弄、讨论等方式进行自主学习的活动。在活动中，教师有计划地创设适宜的教育环境和条件，通过活动过程中的指导，影响幼儿的行为，激发幼儿对周围环境的兴趣，使幼儿能主动探索、积极实践，从而达到促使每个幼儿在不同程度上获得发展的目的。

5. **集体教学活动**

集体教学活动是幼儿园各种教育活动中的一种重要形式，在幼儿园中往往会有不同的名称，如专门的教学活动或经典的教学活动。它是由教师根据幼儿园教育目标，针对班级幼儿的发展水平，有目的、有计划地组织全班幼儿或多数幼儿进行的

以集体的经验、情感等为价值导向的集体性学习活动,一般计划性、学科领域性较强,组织比较严密,活动结构清晰,时间比较固定。

(二)各年龄段班级生活重点

入园以后,儿童的生活发生了转变。与家庭生活不同的是,班级生活具有集体性和明显的目的性、组织性、协调性。通过调查数据分析发现,小班是最易发生安全事故的班级,大班位居第二,中班相对较少。因此,依据各年龄班幼儿的身心发展特点和需要,不同年龄班的生活和班级管理也要各有侧重。

1. 小班

小班幼儿离开家庭进入幼儿园,是儿童成长过程中跨出的一大步。儿童从家庭到幼儿园,环境和要求都发生了很大的变化,导致幼儿产生不同程度的"分离焦虑"和难以适应班级集体生活的现象,比如:依恋亲人,不愿入园,情绪不稳,甚至哭闹不止;任性刁蛮,专横霸道;行为散漫,不会学习,不习惯集体生活等。根据弗洛伊德的早期经验理论,成人的发展取决于幼年的早期经验,而小班幼儿的入园经验是早期经验中的关键一环。因此,"教妇初来,教儿婴孩。"小班生活的重点应是引导幼儿逐步适应班级环境与集体生活,初步掌握班级集体生活规则,养成良好的集体生活习惯,为今后的学习与生活奠定良好的基础。

2. 中班

中班生活在幼儿园生活中起承上启下的作用。经过小班生活的经验积累,中班幼儿具备了初步的集体生活意识,自我服务能力明显提高,责任意识和任务意识开始萌芽。但由于中班幼儿身心发展的局限性,致使中班存在着一些负向班级特征,比如告状行为、攻击性行为较多。根据这些特点,中班生活的重点应是依据幼儿的兴趣、爱好、需要,建立合理必要的行为规则,确保生活有序;帮助幼儿解决同伴冲突,引导幼儿掌握同伴交往技能,以降低告状、攻击性行为出现的频次。

3. 大班

大班幼儿在前一阶段发展的基础上,各种能力得到进一步提高,具有了强烈的求知欲和好奇心,集体感、责任感增强,并开始出现稳定的性格特征。在大班,教师要着重培养幼儿自我管理的能力,让幼儿学习管理自己,包括管理自己的行为、自己的生活、自己的物品、自己的语言等。同时,要让幼儿学会正确地处理自己与集体之间的关系，意识到自己是集体中的一员，应该遵守集体规则与纪律，增加责任感；在活动时不仅要考虑自己，也要考虑到他人。大班生活的重点是为幼儿入小学做准备，在生活环境布置上、活动形式上、要求上、师生关系上、教学方法上教师都应做相应的调整，帮助幼儿了解小学生的生活与学习，做好幼小衔接准备。

（三）班级生活组织

《幼儿园工作规程》规定："幼儿园日常生活组织，要从实际出发，建立必要的合理的常规，坚持一贯性、一致性和灵活性的原则，培养幼儿的良好习惯和初步的生活自理能力""合理地综合组织各方面的教育内容，并渗透于幼儿一日生活的各项活动中，充分发挥各种教育手段的交互作用。"《幼儿园教育指导纲要（试行）》进一步规定："幼儿园教育应尊重幼儿身心发展的规律和学习特点，充分关注幼儿的经验，引导幼儿在生活和活动中生动、活泼、主动地学习"，应"科学、合理地安排和组织一日生活""时间安排应有相对的稳定性与灵活性，既有利于形成秩序感，又能满足活动的需要"，要"尽量减少不必要的集体行动和过渡环节，减少和消除消极等待等浪费时间的现象，提高活动效率"，要"建立良好的常规，减少不必要的管理行为，逐步培养幼儿的自律"。

幼儿园班级生活的规则通常也称作"常规"，笼统地说是指幼儿在班级日常生活中所要遵守的行为规则。一般来说，从常规所涉及的范围可以将其归纳为三个方面：关于幼儿在班级一日生活中各个环节安排的总体规定；关于班级生活中各种活动的顺序及每一种活动进行过程中某些具体的规定；关于幼儿一般行为规范的规定。

有秩序、有规律的生活是幼儿身心发展和班级活动的基本要求。从幼儿个体发展需要来看，良好的常规可以使幼儿生活具有合理的节奏，既能使幼儿的神经系统得到有益的调节，促进身体的健康，又能使幼儿积极愉快地参加各种活动，从而受到更为全面的教育，还有利于培养幼儿自我服务的生活能力，为幼儿今后的生活和学习奠定良好的基础。从建立良好的班集体需要来看，每个幼儿都生活在一个由几十个小朋友组成的集体之中，如果每个幼儿各行其是，不仅教师无法按计划实施教育活动，就连幼儿最基本的日常生活都无法保障。因此，班级生活常规不仅关系着幼儿良好的行为习惯的养成、幼儿对初步的社会行为规范的认同与内化，也直接影响着幼儿集体生活的秩序。

在幼儿园教育实践中，形成班级生活常规的途径可以概括为两条：一条是幼儿园的管理者根据该幼儿园的特点，经过多年的经验积累与反复修订而确立的比较稳固的规定；另一条则是由每一个带班的幼儿园教师基于对本班幼儿的具体情况的了解，结合具体的教育活动的特点而自行提出的一些临时性的要求。前一条规则是每一个在园幼儿都要遵守的，后一条则往往只限于相应班级中的幼儿。对于班级常规的制定，教师应遵循以下原则。

（1）**规则的制定要建立在充分尊重幼儿的基础上**。教师要全面观察了解本班的每一名幼儿，尊重幼儿现有的经验水平和身心发展特点，并结合幼儿的这些特点制定出符合本班幼儿发展的常规管理方法。此外，在尊重的基础上提出要求，有利于幼儿养成规范的生活行为习惯。

（2）**规则的内容要明确且简单易行**。班级常规必须是以有益于幼儿身心发展为目标，尤其要以不限制幼儿的自由与创意为前提。幼儿的生活经验有限，理解能力和行为约束力不强，因此教师必须是在充分尊重幼儿现有能力和水平的基础上确定规则，规则内容要简单、明确、易行。

（3）**规则的制定和实施要循序渐进，长期坚持**。在班级管理中，幼儿良好常规的养成要从身边的每件小事做起，要从日常生活中的基本要求做起。教师要根据幼儿的年龄特点以及幼儿在班级中一日生活的内容，循序渐进、有计划地开展常规管理的工作。从小班入园开始的浅显规则到大班的自律性规则，教师要由浅入深逐渐增加规则的内容和标准，切不可一蹴而就，令幼儿听不懂、记不住也做不到，这样就失去了规则制定的意义。由于幼儿的可塑性比较强，他们良好的常规养成并非一朝一夕就能达到的，这需要教师在班级管理中遵循幼儿的身心发展规律，进行反复的练习，并不断地改变形式，以此帮助幼儿养成良好的常规意识。

（四）班级常规实施策略

既然班级常规在幼儿生活中是如此需要，那么教师应如何有效地实施常规呢？有哪些策略可以运用呢？

（1）**制定师幼共同遵守的班规，让幼儿学会自己管理自己**。有效的规则秩序有益于班级活动的管理和师生互动，一个班级混乱的原因，往往是因为幼儿不知道该做什么，不知道教师的期望是什么。教师应和幼儿共同讨论：哪些行为是班级所接受和赞赏的,哪些行为是班级所不允许、应该被禁止的,违反班规的结果将会如何。教师要尽量让每一个幼儿都有参与讨论、表达意见的机会,然后根据讨论的结果,师生共同制定班级常规。班规一经订立,全班幼儿就要共同遵守,教师也不例外,若班规改变也需要征求大家的同意。在制定班规中应注意条目不要太多,因为太多的规则会让幼儿听而不闻、视而不见或无所适从,收不到实质性的效果。在执行过程中,教师要公平、守信,多鼓励、少惩罚,培养幼儿养成自觉遵守集体规定的习惯。

（2）*运用榜样示范法,引导幼儿主动学习好的行为习惯*。榜样示范法是指通过树立榜样并引导幼儿学习榜样以规范幼儿行为,从而达到管理目的的方法。榜样是多种多样的,可以是发生在幼儿身边的,也可以是文艺作品中的;可以是同伴的榜样,也可以是成人的榜样。及时肯定、表扬做得对的幼儿,会无形中给其他幼儿树立榜样,激励其他幼儿有意识地向榜样学习。此外,教师是幼儿心目中的权威,教师的一言一行都是幼儿有意无意喜欢模仿学习的对象。其中,教师不当的言行,会给幼儿树立负面榜样,让幼儿无形中学到一些坏习惯,因此教师必须注意自身正面榜样的建立,要求幼儿遵守的规则自己必须带头遵守,从而充分发挥身教重于言教的榜样示范作用。此外,还可以利用幼儿之间的对比与竞争心理,鼓励、强化幼儿对规则的遵守等等。榜样的行为不仅要让幼儿在心理上产生共鸣,最重要的是反映到幼儿的行为中去。所以当幼儿自觉地以榜样的精神为动力,以榜样规范行为做出良好的表现时,教师要及时给予幼儿充分的表扬,使幼儿感受到学榜样的荣誉感,从而强化榜样的影响力。

（3）*利用音乐和文学作品,巧妙引导幼儿学习掌握常规*。在对幼儿进行生活常规教育时,教师可以使用儿歌来引起幼儿的兴趣,也可以利用故事、图片等对幼儿进行生活常规的培养。教师还可以通过各种游戏活动帮助幼儿在实践中去体验规则的用处,从而加深他们对规则的理解。此外,教师可将生活常规的内容设计成正规的、有目的、有计划的教育活动,以直观生动的方法,启发幼儿理解生活常规的内容,以活泼多样的形式帮助幼儿练习巩固常规。在班级中,操作类活动中整理物品的环节是最容易导致混乱的,教师可以让幼儿在音乐中建立行为常规。

比如在活动接近尾声的时候,教师可以播放一段熟悉的音乐,幼儿听到这段音乐后就知道要马上开始整理和集合了,这样教师就不用再像以前那样"喊"了,既

减轻了教师的负担,又提高了幼儿自我服务的意识。在幼儿午餐后,教师可以使用比较柔和的音乐,幼儿听到后也会很自觉地去休息。

音乐在幼儿常规建立中的作用是非常大的,教师要注意所使用的音乐不要经常更换,让幼儿习惯成自然,形成动力定型。

(4)**恰当地运用奖励评价,激励幼儿的自信心与自觉性**。在幼儿生活常规建立的过程中,教师的鼓励和帮助是必不可少的。因为教师的肯定评价可以提高幼儿遵守生活常规的自觉性,教师的帮助可以提高幼儿遵守生活常规的行为水平。当幼儿出现令人满意的行为时,教师应给予及时的奖励或表扬,这种奖励或表扬可以是小红花、小贺卡、小粘贴等物质方面的,也可以是微笑、亲抚等精神层面的。同时,教师还要对幼儿已建立的生活常规进行监督和评价,防止有反复的倾向,坚持一贯一致的教育。

(5)**引导家长转变观念,明确班级生活常规的重要性**。有的家长单纯地把幼儿园当作幼儿的生活护理场所,有的家长仅重视幼儿在幼儿园学到了哪些知识,对于幼儿园班级的一些规则不懂得遵守和配合,这就对幼儿的班级生活产生了消极影响。教师要想在班级一日常规管理上取得成效,必须要取得家长的理解、支持和配合。教师可通过家长会做专题培训或推荐指导家长阅读相关的书籍等,积极向家长宣传《幼儿园教育指导纲要(试行)》和《幼儿园工作规程》,引导家长转变观念。更重要的是,教师要具体指导家长帮助幼儿养成良好的遵守规则的习惯。家园间要建立经常性的双向沟通,家园双方要随时互通信息、交流看法,这样才能全面了解孩子的发展情况,从而在教育上达成共识,提高班级常规管理质量。

联合国教科文组织出版的《教育——财富蕴藏其中》一书指出,教育在个人发展和社会发展中都起着基础性的重要作用,教育的目的就是使儿童学会学习、学会做事、学会共同生活、学会生存。幼儿教育是终身教育的基础,影响着儿童一生的发展。幼儿园生活是儿童生命历程中的重要组成部分,也是童年生活的主要组成部分,是儿童由家庭生活走向学校生活的过渡。在幼儿园生活中,儿童除了学习知识、技能,更重要的是在班级中掌握集体生活规则,学会做事、生活与生存,并为集体所接纳。中国著名的幼儿教育家陈鹤琴、陶行知都认为生活即教育,有什么样的生活,就有什么样的教育。张雪门曾说过:"生活就是教育,五六岁的孩子们在幼稚园生活的实践,就是行为课程……然而这份课程,完全根据于生活:它从生活而来,从生活而开展,也从生活而结束。不像一般的完全限于教材的活动。"① 杜威说:"哪里有生活,哪里就已经有热切的和激动的活动。"② "使人们乐于从生活本身学习,并乐于把生活条件造成一种境界,使人人在生活过程中学习,这就是学校教育的最好的产物。"③ "如果从儿童现实生活中进行教育,就会叫儿童感觉到学习的需要和兴趣,产生学习的自觉性和积极性;由于他们自愿学习和在生活中真正理解事物的意义,这种教育乃是真实的,生动活泼的。"④

三、班级儿童安全

"儿童比黄金更为珍贵,但比玻璃还脆弱。它是易于被震荡和受伤的,甚至成为不可补偿的损伤。"⑤ 著名心理学家弗洛伊德认为儿童早期经验对于人格发展极端重要,在这些经验的作用下会形成一个人长期的人格基本框架与基本特征。因此,儿童早期的生活环境与教育是否适当,直接关系到儿童良好心理品质的形成。其合作伙伴埃里克森认为,儿童时期既是人的生理、心理发展的关键时期,又是身心脆弱和易受伤害的时期,若此阶段身心受挫,将会对儿童今后的整个成长进程产生重大影响。蒙台梭利在《童年的秘密》一书中强调儿童生活的重要性,认为成人生理方面或心理方面的疾病都能从幼年生活找到根源。儿童身心稚嫩,是社会中最需要帮助、关爱和保护的弱势群体。儿童保护便是对受到和可能受到暴力、忽视、遗弃、虐待和其他形式伤害的儿童提供的一系列救助性、保护性和服务性措施,旨在使儿童能够在安全的环境中健康成长。

(一)儿童保护立法

在古代,儿童的地位普遍低下,虽然零星地出现了有关保护儿童的立法,如

---

① 戴自俺. 张雪门幼儿教育文集:下卷 [M]. 北京:北京少年儿童出版社,1994:1088.
② 杜威. 民主主义与教育 [M]. 王承绪,译. 北京:人民教育出版社,1990:51.
③ 杜威. 民主主义与教育 [M]. 王承绪,译. 北京:人民教育出版社,1990:60.
④ 杜威. 民主主义与教育 [M]. 王承绪,译. 北京:人民教育出版社,1990:15.
⑤ 夸美纽斯. 夸美纽斯教育论著选 [M]. 任钟印,选编. 北京:人民教育出版社,2005:35.

《唐律》《十二铜表法》等,但立法的本身只是人类自身发展的必然产物和本能体现,并不是对儿童的尊重和保护,儿童权利主体的地位并未获得承认。事实上,那时的儿童只是作为被保护的对象和权利客体罢了。即使到了 17 世纪,经历了文艺复兴洗礼的欧洲国家在立法中确立了人的独立、自由和平等原则,但他们并没有对儿童这一特殊群体给予特别的关照,儿童几乎被埋没在所谓的抽象平等之中。随着经济和社会的发展,直到 20 世纪左右,儿童的法律地位才有了显著的提升,国际儿童立法进入了前所未有的迅速发展阶段,国际儿童保护法也得以形成。

1945 年《联合国宪章》(以下简称《宪章》)第一次在多边性国际法律文件中明确了对普通人权的尊重和保护,虽然其中并没有明确说明对国际儿童的保护,但是《宪章》中规定,鉴于两次世界大战对人类包括儿童带来的严重损害,国际社会应当努力避免再次发生同样的危害。由此可以推出,对儿童的保护也是《宪章》有关人权保护的内容之一。另外,《宪章》是一个具有普遍适用效力的国际公约,对联合国会员国甚至非会员国都有着直接的效力和影响力,非会员国的国内立法也会对《宪章》中的人权保护内容予以规定,这无疑将推动良好的人权保护国际氛围的形成,促进人权保护观念深入人心。同样,人权事业的发展也逐渐孕育出对儿童权利的保护,为儿童至上原则的产生奠定了坚实的理论基础。

1948 年的《世界人权宣言》(以下简称《宣言》)是有关人权保护的一个重要的国际性文件,它第一次明确提出了儿童权利保护的思想,相较于先前的有关人权保护的国际性文件,《宣言》所确认的人权不仅包含了儿童权利,还包含专门保护儿童的条款。虽然从形式上看,《宣言》只是联合国大会通过的一项决议,其本身并不具有直接的法律效力,但对联合国制定其他国际性文件、公约起到了重要的指导作用,也对各国宪法和法律的儿童保护规定有着深刻的影响,这使得它在某种程度上具有实质意义的效力,同时也对儿童最大利益原则的确立具有一定的实际意义。

1959 年的《儿童权利宣言》是最早在国际法层面上确认儿童最大利益原则为儿童保护的指导性原则的文件,《儿童权利宣言》的第二条规定:儿童应受到特别保护,并应通过法律或其他方法而取得各种机会和便利,使其能生存在健康、自由、有尊严的状态中,得到德、智、体、精神以及社会生活等方面的发展。在为此目的而制定法律时,应当以儿童最大利益为首要的考虑因素。但是儿童工作者指出,《儿童权利宣言》不具有法律约束力,不能起到更大的作用。随着人权法的发展,许多国家呼吁制定一项全面规定儿童权利、具有广泛适用意义并具有监督机制的专门法律文书，以促使国际社会在保护儿童权利方面能够普遍承担义务。在这种背景下，1978年第三十三届联合国大会通过决议，决定成立《儿童权利公约》起草工作组。自1979年至1989年用十年时间完成了起草工作，同年11月20日第四十四届联合国大会第44/25号决议协商一致通过，并向各国开放供签署、批准和加入。

1989年《儿童权利公约》的问世是确立儿童最大利益原则的一次里程碑事件。《儿童权利公约》为儿童人权保护提供了各种保障，被称作"当代的新儿童宪章"。《儿童权利公约》要求各成员国在国内的立法和司法中，应考虑"儿童至上"精神的贯彻及适用，同时必须采取措施和制定相应的程序，使本国儿童的权利得以真正实现。随着《儿童权利公约》的生效，世界各国也开始普遍关注该原则，各国在对儿童监护、抚养等问题上都优先考虑儿童最大利益，儿童至上的理念因此逐渐深入人心。迄今为止已有190多个国家批准履行《儿童权利公约》。我国于1990年8月29日签署《儿童权利公约》，1991年12月19日全国人大常委会批准加入该公约，1992年3月1日在我国正式生效。

（二）儿童权利

鉴于儿童身心尚未成熟，在其出生以前和以后均需要特殊的保护及照料，包括法律上的适当保护，鉴于人类有责任给予儿童最好的待遇，《儿童权利宣言》于1959年11月20日获得联合国大会通过。《儿童权利宣言》明确了各国儿童应当享有的各项基本权利，指出儿童在任何情况下都应首先受到保护和救济，不应受到任何形式的忽视、虐待和剥削。联合国大会发布这一宣言的目的是希望儿童能够享有《儿童权利宣言》中说明的各项权利和自由，享有幸福的童年，并号召所有父母和其他个人以及各类组织、各国政府按照《儿童权利宣言》的准则逐步采取立法和其他措施，以儿童利益最大化为原则，保障儿童的这些权益。

《儿童权利宣言》的实施原则是：

- 原则一：儿童应享有本宣言中所列举的一切权利。一切儿童毫无任何例外均得享有这些权利，不因其本人的或家族的种族、肤色、性别、语言、宗教、政见或其他意见、国籍或社会成分、财产、出身或其他身份而受到差别对待或歧视；

- 原则二：儿童应受到特别保护，并应通过法律和其他方法而获得各种机会与便利，使其能在健康而正常的状态和自由与尊严的条件下，得到身体、心智、道德、精神和社会等方面的发展。在为此目的而制定法律时，应以儿童的最大利益为首要考虑；

- 原则三：儿童应有权自其出生之日起即获得姓名和国籍；

- 原则四：儿童应享受社会安全的各种利益，应有能健康地成长和发展的权利。为此，对儿童及其母亲应给予特别的照料和保护，包括产前和产后的适当照料。儿童应有权得到足够的营养、住宅、娱乐和医疗服务；

- 原则五：身心或所处社会地位不正常的儿童，应根据其特殊情况的需要给予特别的治疗、教育和照料；

- 原则六：儿童为了全面而协调地发展其个性，需要得到慈爱和了解，应当尽可能地在其父母的照料和负责下，无论如何要在慈爱和精神上及物质上有保障的气氛下成长。尚在幼年的儿童除非情况特殊，不应与其母亲分离；社会和公众事务当局应有责任对无家可归和难以维生的儿童给予特殊照顾。采取国家支付或其他援助的办法使家庭人口众多的儿童得以维持生活乃是恰当的；

- 原则七：儿童有受教育之权，其所受之教育至少在初级阶段应是免费的和义务性的；儿童所受的教育应能增进其一般文化知识，并使其能在机会平等的基础上发展其各种才能、个人判断力和道德的与社会的责任感，而成为有用的社会一分子；儿童的最大利益应成为对儿童的教育和指导负有责任的人的指导原则，儿童的父母首先负有责任；儿童应有游戏和娱乐的充分机会，应使游戏和娱乐达到与教育相同的目的，社会和公众事务当局应尽力设法使儿童得享此种权利；

- 原则八：儿童在一切情况下均应属于首先受到保护和救济之列；

- 原则九：儿童应被保护不受一切形式的忽视、虐待和剥削；儿童不应成为任何形式的买卖对象；儿童在达到最低限度的适当年龄以前不应受雇用。绝对不应致使或允许儿童从事可能损害其健康或教育或者妨碍其身体、心智或品德发展的工作；

- 原则十：儿童应受到保护使其不致沾染可能养成种族、宗教和任何其他方面歧视态度的习惯。应以谅解、宽容、各国人民友好、和平以及四海之内皆兄弟的精神教育儿童，并应使他们充分意识到他们的精力和才能应该奉献于为人类服务。

《儿童权利公约》列出了儿童拥有的最基本的权利：
- 生存权：每个儿童都有其固有的生命权和健康权，包括有权接受可行的最高标准的医疗保健服务；
- 发展权：充分发展其全部体能和智能的权利。儿童有权接受一切形式的教育（正规和非正规的），以及儿童享有促进其身体、心理、精神、道德和社会发展的生活条件；
- 受保护权：不受危害自身发展影响的、被保护的权利，包括保护儿童免受歧视、剥削、酷刑或疏忽照料，以及对失去家庭的儿童和难民儿童的基本保证；
- 参与权：参与家庭、文化和社会生活的权利，包括儿童有权对影响他的任何事情发表意见。

《儿童权利公约》的四项基本原则是：
- 尊重儿童的观点与意见的原则：任何事情如果涉及儿童本人，必须认真听取儿童自己的观点和意见；
- 无歧视原则：每一个儿童都平等地享有公约规定的权利。儿童不应因其本人或父母的种族、肤色、性别、民族、语言、宗教、出身、财产、伤残等原因受到任何歧视，他们所享有的一切权利也不应因其父母、监护人和家庭成员的身份、活动、信仰和观点而受到影响；
- 儿童最大利益原则：凡涉及儿童的一切事务和行为，都应首先考虑以儿童最大利益为出发点；
- 尊重儿童尊严的原则：尊重儿童的人格和尊严，保证儿童生存与发展的质量。

（三）儿童保护

为了保护儿童的身心健康，保障儿童的合法权益，促进儿童在品德、智力、体质等方面全面发展，根据《宪法》，我国制定了《中华人民共和国未成年人保护法》

（以下简称《未成年人保护法》）。我国《宪法》与《未成年人保护法》规定儿童的合法权利包括未成年人享有生存权、发展权、受保护权、参与权等权利。《未成年人保护法》分总则、家庭保护、学校保护、社会保护、司法保护、法律责任、附则共7章72条，根据我国的基本国情与文化传统，在儿童保护方面将《儿童权利宣言》和《儿童权利公约》中的最大利益原则具体化为"国家根据未成年人身心发展特点给予特殊、优先保护"加以适用，使我国儿童保护进一步有法可依、有章可循。

《未成年人保护法》规定了儿童保护应当遵循的原则，即尊重未成年人的人格尊严；适应未成年人身心发展的规律和特点；教育与保护相结合。它指出儿童保护"是国家机关、武装力量、政党、社会团体、企业事业组织、城乡基层群众性自治组织、未成年人的监护人和其他成年公民的共同责任"，并对儿童的社会保护、家庭保护、学校保护以及司法保护做出详细的规定，其中学校保护规定如下：

- 学校应当全面贯彻国家的教育方针，实施素质教育，提高教育质量，注重培养未成年学生独立思考能力、创新能力和实践能力，促进未成年学生全面发展；
- 学校应当尊重未成年学生受教育的权利，关心、爱护学生，对品行有缺点、学习有困难的学生，应当耐心教育、帮助，不得歧视，不得违反法律和国家规定开除未成年学生；
- 学校应当根据未成年学生身心发展的特点，对他们进行社会生活指导、心理健康辅导和青春期教育；
- 学校应当与未成年学生的父母或者其他监护人互相配合，保证未成年学生的睡眠、娱乐和体育锻炼时间，不得加重其学习负担；
- 学校、幼儿园、托儿所的教职员工应当尊重未成年人的人格尊严，不得对未成年人实施体罚、变相体罚或者其他侮辱人格尊严的行为；
- 学校、幼儿园、托儿所应当建立安全制度，加强对未成年人的安全教育，采取措施保障未成年人的人身安全。学校、幼儿园、托儿所不得在危及未成年人人身安全、健康的校舍和其他设施、场所中进行教育教学活动。学校、幼儿园安排未成年人参加集会、文化娱乐、社会实践等集体活动，应当有利于未成年人的健康成长，防止发生人身安全事故；
- 教育行政等部门和学校、幼儿园、托儿所应当根据需要，制定应对各种灾害、传染性疾病、食物中毒、意外伤害等突发事件的预案，配备相应设施并进行必要的演练，增强未成年人的自我保护意识和能力；
- 学校对未成年学生在校内或者本校组织的校外活动中发生人身伤害事故的，应当及时救护，妥善处理，并及时向有关主管部门报告；
- 对于在学校接受教育的有严重不良行为的未成年学生，学校和父母或者其他监护人应当互相配合加以管教；无力管教或者管教无效的，可以按照有关规定将其送专门学校继续接受教育。依法设置专门学校的地方人民政府应当保障专门学校的办学条件，教育行政部门应当加强对专门学校的管理和指导，有关部门应当给予协助和配合。专门学校应当对在校就读的未成年学生进行思想教育、文化教育、纪律和法制教育、劳动技术教育和职业教育。专门学校的教职员工应当关心、爱护、尊重学生，不得歧视、厌弃；
- 幼儿园应当做好保育、教育工作，促进幼儿在体质、智力、品德等方面和谐发展。

对儿童的幸福负有责任的社会、家庭、学校、幼儿园，以及作为护花使者的母亲、父亲、教师以至所有的成人，"你们为我委托给你们的儿童做了些什么呢？"①

（四）儿童安全事故

幼儿园应该是儿童的花园，班级应该是儿童的快乐之家，教师、家长应该是神圣的护花使者。但若是幼儿园的管理、教师的教育以及家长的育儿行为等有所偏差，可能就会造成许多令人遗憾的安全问题，甚至是触目惊心的重大安全事故，伤及儿童身心健康，致使鲜花凋零。"因为教育上的错误比别的错误更不可轻犯。教育上的错误正和配错了药一样，第一次弄错了，绝不能借第二次、第三次去补救，它们的影响是终身洗刷不掉的。"②

1. 幼儿园安全事故类型

幼儿园安全事故是指入园儿童处于幼儿园管理范围内所发生的人身伤害事故。它既包括幼儿在幼儿园中发生的人身伤害，也包括虽不在园内但发生在幼儿园组织

---

① 蒙台梭利. 童年的秘密 [M]. 江雪, 编译. 天津：天津人民出版社, 2003：24.
② 洛克. 教育漫话 [M]. 傅任敢, 译. 北京：教育科学出版社, 1999.

的活动中，如春游、秋游、节庆活动等。发生范围较广、频率较高的安全事故有：同伴咬伤与打伤、坠落、摔伤、跌伤、烫伤、烧伤、运动器械致伤和尖锐物品戳伤等。食物中毒、药品中毒、破损玩具致伤、拥挤致伤、体罚致伤、走失、交通事故、溺水等安全事故也占有一定的比例。此外，触电、雷击、性侵害等安全事故也时有发生。由此可见，儿童安全事故形势十分严峻，应引起人们的普遍关注。在幼儿园，儿童遇到的安全事故，归纳起来有以下几类：

（1）幼儿园接送车发生的重大安全事故。

- 2005年5月28日，广东省汕头市潮南区峡山镇发生一宗重大交通事故，一辆载有十几名幼儿的接送车坠入埠头村内溪，导致4名幼儿当场死亡；
- 2006年8月26日，湖南省湘潭市岳塘区金瓜子幼儿园的小怡被遗忘在校车内，导致窒息死亡；
- 2006年9月11日上午8时左右，陕西省咸阳市径阳县云阳镇小灵童幼儿园（民办）的接送学生车辆在接幼儿上学途中，与一辆东风大货车相撞，造成车内9名幼儿死亡，8人受伤；
- 2007年1月4日，在湖南省永州市祁阳县八宝镇砖塘村发生的特大意外交通事故中，就读于黄家渡村乐佳幼儿园的6名幼儿当场死亡；
- 2011年9月13日，湖北省荆州市两名幼儿被司机和接车老师遗忘在校车上，因窒息死亡；
- 2011年11月16日上午，甘肃省庆阳市正宁县"小博士"幼儿园的校车行驶至榆林子镇西街道班门口时，与一辆卡车相撞，发生交通事故，造成17名幼儿、1名司机及1名陪护教师死亡；
- 2012年12月24日上午9时左右，江西省贵溪市滨江镇洪塘村发生一起接送幼儿园学生的校车侧翻水塘事故，造成3名幼儿当场死亡、8名幼儿经抢救无效死亡的严重后果。

（2）幼儿园建筑设施导致的事故。

- 2000年8月11日，浙江省义乌市一幼儿园因滑梯未固定牢，导致1名幼儿在攀玩时被翻倒的滑梯击倒身亡；
- 2003年8月27日，河南省巩义市西村镇张沟村一非法家庭幼儿园因邻居废弃的房屋倒塌，造成7名幼儿死亡、8人受伤（其中1人为教师）；
- 2003年9月2日，河南省洛阳市珠江新村一家私人幼儿园因煤气泄漏造成1名幼儿中毒死亡；
- 2004年8月10日，河南省济源市克井镇后沟河村村民非法开办的幼儿班发生房屋倒塌事故，导致2名幼儿死亡、28名幼儿受伤。

（3）**幼儿园管理不善所致的事故**。
- 2001年6月5日，江西省南昌市广播电视幼儿园蚊香引燃被褥，发生特大火灾，事发当时值班教工擅自离开幼儿，造成13名全托幼童葬身火海；
- 2002年5月24日下午，4岁幼儿晶晶（化名）被一名自称其"叔叔"的男子从重庆市某幼儿园带走，摧残得浑身是伤；
- 2011年2月21日，陕西省西安市北郊赵村中心幼儿园发生食物中毒事件，100多名幼儿入院救治；
- 2012年12月20日，海南省琼中县湾岭镇慧儿幼儿园发生食物中毒事件，共有39名幼儿入院治疗。

（4）**园内外活动中的事故**。
- 1997年4月28日，不满5岁的朱某在幼儿园摔了一跤，教师随即带他到医院检查，发现朱某右肱骨髁骨骨折。后虽经医院治疗，朱某的右膀关节仍失去功能；
- 2000年11月2日下午，广东省潮州市潮安县浮洋镇林泉幼儿园5岁儿童与小朋友游戏时相撞跌倒，造成重度颅脑外伤，出现颅内血肿、脑疝症状，伤情严重；
- 2004年5月底，在山东省威海市高区某幼儿园，一名6岁幼儿在做早操时，跌伤左面部下颌，裂口约3厘米长，后经医院缝治后，面部仍留下疤痕；
- 2009年7月，某幼儿园组织幼儿到某大剧院看演出，在教师与孩子一起乘大剧院的电梯上楼出电梯的过程中，一名幼儿的左手被电梯夹住，教师使劲往外拽孩子的左手，造成孩子左手受伤严重。

（5）**外来侵害导致的事故**。
- 2004年8月4日，北京大学第一医院幼儿园52岁门卫徐和平（曾患有精神分

裂症）挥刀连砍15名幼儿和3名教师，导致其中1名儿童死亡；
- 2004年9月11日，江苏省苏州市"小剑桥幼儿园"的28名幼儿被一行凶者砍伤；
- 2010年4月29日，一名47岁持刀男子冲进江苏省泰兴市中心幼儿园，砍伤32人，包括29名幼儿、2名教师和1名保安；
- 2010年5月12日上午8时左右，位于陕西省南部的汉中市南郑县圣水镇林场村幼儿园（民办）发生一起恶性凶杀案，犯罪嫌疑人吴焕明持菜刀闯入该幼儿园，致7名儿童和2名成人死亡，11名儿童受伤。

（6）教师恶意行为和过失行为造成的事故。
- 2009年7月23日下午，浙江省宁波市镇海区庄市街道天天幼儿园发生幼儿在园内昏迷、后经医院抢救无效死亡事件。后查明死者高晨曦系被教师刘小玲用小棒从身后敲打头部，致使高晨曦逃离过程中衣服被窗户铁栅挂住，双脚踩空窒息死亡；
- 2010年11月12日上午，北京市大兴区第一幼儿园两名女教师拧拽、踢踹、打骂一名儿童，被人拍下视频发到网上；
- 2010年12月14日，江苏省兴化市板桥幼儿园7名儿童因上课说话被女老师易某用电熨斗烫伤；
- 2011年5月11日，午饭时间，某幼儿园教师将刚煮熟的热面条盛到碗里，没冷却就端到幼儿餐桌上，导致幼儿刘某在等待吃饭时被碰翻的热面条烫伤大腿，造成"深2度烫伤"；
- 2012年10月24日，网上流传一张幼儿园女教师以拧耳朵的方式虐待儿童的照片。后查明，颜某自2010年在浙江省台州市温岭城西街道蓝孔雀幼儿园工作以来，多次对幼儿以胶带封嘴、倒插垃圾桶等方式进行虐待，并拍照取乐。

（7）因家长、幼儿自身原因所致的事故。
- 2000年6月6日下午1时，郭林杰的父亲带他去浙江省杭州市萧山区浦阳镇洋湖幼儿园上学，因是午休时间，幼儿园的大门关着，郭父并没有敲门将孩子交给幼儿园的老师，就自行回家了。当天下午2时，郭林杰被人发现在位于洋湖幼儿园前方相距200米的池塘里溺水，送至医院后不治身亡；

• 2012年3月21日下午，5岁小女孩罗丹梅在幼儿园午睡时，巡视教师突然发现她全身抽搐，陷入昏迷，该女孩6小时后死亡，疑为癫痫发作。

2. 幼儿园安全事故成因

在"导致幼儿安全事故发生的核心因素"调查中，"安全管理制度落实不到位"成为幼儿安全事故的罪魁祸首，"教师常规管理不当""环境存在安全隐患"以及"安全教育缺失"也是儿童安全的主要杀手（见图1-2）。

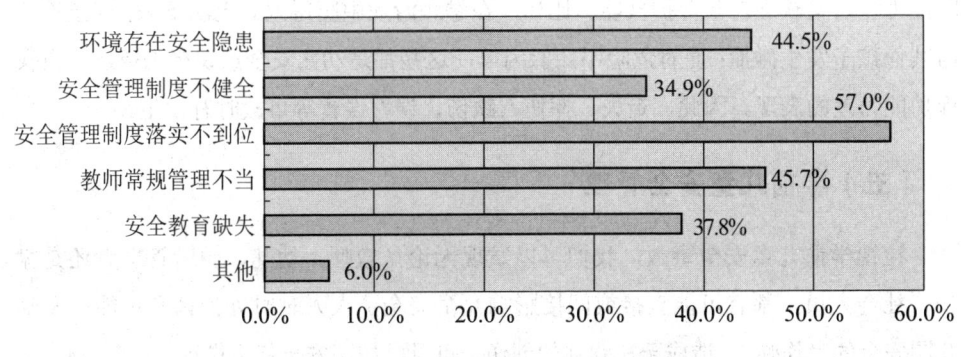

图1-2　导致幼儿安全事故发生的核心因素

（1）**安全管理制度不健全，制度落实不到位**。有的幼儿园对安全管理问题不够重视，幼儿园没有健全的安全制度。有的幼儿园尽管制定了相应的安全管理制度，但形同虚设，制度落实不到位，致使幼儿安全事故频发。比如离园时，有的孩子没有等到家长来就私自出了园门，这很容易导致孩子发生交通事故或走失等。有的幼儿园对于食品的安全缺乏监督，卫生设备也较差，这些也会成为幼儿健康安全的隐患。

（2）**环境存在安全隐患**。幼儿园园内外环境不安全，相关设施设备存在安全隐患，如滑梯、木马、秋千、跷跷板等，这些设施原本是为了丰富幼儿的童年生活，但是也很容易因其陈旧老化、年久失修等原因给幼儿带来安全隐患。还有的幼儿园缺乏相关的安全设施，比如消防器材不齐全、没有消防通道等，这些都会给幼儿的安全带来隐患。

（3）**安全教育缺失**。幼儿教育的首要任务是保护幼儿的生命安全。几乎每个教师都不否认幼儿安全的重要性，但实际上存在着安全教育缺失现象，致使教师成为

"语言上的巨人,行动上的矮子"。由于教师既没有预见到可能存在的安全问题,也没有安全教育措施,更缺乏应对突发事件的能力,导致安全事故一旦发生,教师便束手无策。有的教师不能为人师表、恪守职责,没有担当起护花的重任,反而成为罪恶的帮凶。还有的教师体罚、变相体罚儿童,甚至虐待儿童,"老师妈妈"变成"狼外婆",成为幼儿身心健康的"杀手"。

(4) **幼儿自身安全意识不强,自我保护能力差**。幼儿正处于好奇心强、活泼好动的阶段,由于缺乏生活经验,他们对周围环境中潜在的危险因素认识不足,判断能力差,又缺乏自我保护技能。比如,在攀爬游戏中爬得太高无法下来;任意追逐与其他孩子发生碰撞;面对危险不知躲闪等,这些都是幼儿安全意识极为薄弱、自我保护能力差的表现。因此,走失、摔伤、跌伤、误吞误食等事故时有发生。

(五)学前儿童安全管理

检视学前儿童安全事故,我们可以发现无论是教师、幼儿、园所管理者还是家长、社会人员,都有可能直接或间接影响儿童安全,人人时时处处都有可能引发幼儿园安全的"炸弹",造成无法弥补的创伤。可见,校园安全任重道远。

1. 校园安全立法

"校园安全"问题没有国界之分,面对校园中发生的各种事故及存在的安全隐患,中西方国家都相继出台了"校园安全"方面的法律法规。美国联邦政府和立法、司法机关为保障校园安全采取了一系列法律举措,比如1994年出台了《校园禁枪法》和《校园、社会禁毒及安全法》。《校园禁枪法》要求所有接受联邦教育基金的州通过《改善校园环境法案》,到1995年10月,全美50个州都颁布了相关立法满足《校园禁枪法》的要求。美国的各级教育行政部门都将校园安全保障作为自己的一项重要职责,为学校在人力、物力、财力等方面提供较为充分的支持。瑞典、澳大利亚、英国等国家也都制定了适合本国国情的《校园安全法》。日本文部科学省通过综合治理的手段来维护学校的安全稳定。

我国的《中华人民共和国教育法》(以下简称《教育法》)、《中华人民共和国义务教育法(以下简称《义务教育法》)、《中华人民共和国教师法》(以下简称《教师法》)、《未成年人保护法》中都有关于保障儿童安全的规定。《中小学公共安全教育指导纲要》虽未涉及幼儿园安全教育,但也为幼儿园开展安全教育提供了基础性参考。从 1989 年颁布《幼儿园工作规程》和《幼儿园管理条例》至今，我国又陆续出台了一些幼儿安全方面的法律法规，对幼儿的安全问题予以高度重视。2001 年颁布的《幼儿教育指导纲要（试行）》中指出，"幼儿园必须把保护幼儿的生命和促进幼儿的健康放在工作的首位"；2002 年教育部颁发了《学生伤害事故处理办法》，并将每年 3 月最后一周的周一定为学生"安全教育日"。2006 年颁布的《中小学幼儿园安全管理办法》，为学校开展安全管理指明了方向，2006 年以后出台的有关校园安全工作的各种通知要求，基本上是在此基础上进行强调和细化。2011 年 12 月颁布的《幼儿园教师专业标准》再次强调了"将保护幼儿的生命安全放在首位"。

从以上资料看，我国的校园安全保护法律既不具体，又有严重的法律空白，亟须制定详尽、具体、针对性强的校园安全法。翁莹秀、程德慧、商丙琦等学者都呼吁分级分类进行校园安全立法，以保障儿童的安全。

2. 学前儿童安全管理原则

学前儿童身心稚嫩柔弱、易受伤害，保障他们的安全应是幼儿园的首要工作。为加强中小学、幼儿园安全管理，保障学校及其学生和教职工的人身、财产安全，维护中小学、幼儿园正常的教育教学秩序，根据教育法律法规和国务院的有关规定，教育部、公安部、司法部、建设部、交通部、文化部、卫生部、工商总局、质检总局、新闻出版总署制定了《中小学幼儿园安全管理办法》，自 2006 年 9 月 1 日起施行。

《中小学幼儿园安全管理办法》内容包括安全管理职责、校内安全管理制度、日常安全管理、安全教育、校园周边安全管理、安全事故处理以及奖励与责任，要求学校应当按照本办法履行安全管理和安全教育职责，强调学校安全管理应遵循积极预防、依法管理、社会参与、各负其责的方针。《中小学幼儿园安全管理办法》明确规定了学校安全管理工作：构建学校安全工作保障体系，全面落实安全工作责任制和事故责任追究制，保障学校安全工作规范、有序进行；健全学校安全预警机制，制定突发事件应急预案，完善事故预防措施，及时排除安全隐患，不断提高学校安全工作管理水平；建立校园周边整治协调工作机制，维护校园及周边环境安全；加强安全宣传教育培训，提高师生安全意识和防护能力；事故发生后启动应急预案，对伤亡人员实施救治和责任追究等。

通过调查，教师普遍认为，健全安全管理制度、采用安全操作流程、制定安全应急预案、进行安全教育是有效预防幼儿园、班级安全事故的主要措施（见图1-3）。

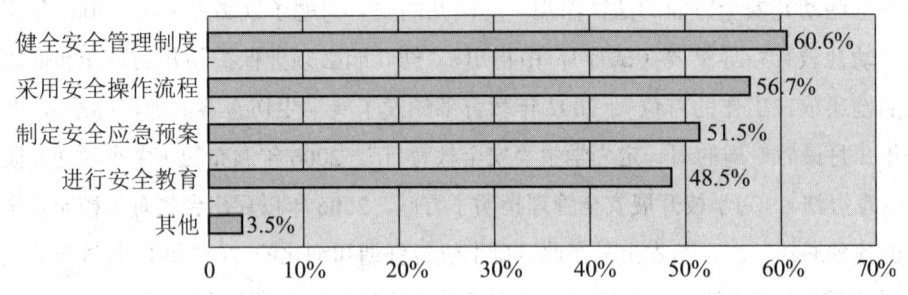

图1-3 最能有效预防班级安全事故的措施

安全管理工作是幼儿园管理机制中不可或缺的基础性环节，依据调查结果和相关法律法规，幼儿园、班级安全管理必须依据以下原则。

（1）**生命安全至上原则**。安全事故的最大危害就是对儿童生命健康的威胁，因此安全管理的核心价值就是保护儿童生命安全。这是"以人为本"的教育观念在安全管理事件中的体现，也是世界各国处理安全事件的基本理念。在进行安全管理时，幼儿园和教师始终都要把维护儿童的生命安全放在首位。

（2）**事先预防制度化原则**。幼儿园对可能发生的种种灾难事件，都应在总结经验教训和吸取相关预防研究成果的基础上制定出预案。从管理理论的角度看，安全事件应对的力量安排应当是：一分应对，九分预防。安全事件的发生发展虽然具有不可预测性，但有一定的规律性。分析、研究和把握其规律性，是完善幼儿园和班级安全管理的基础。

（3）**防灾教育和训练日常化原则**。努力提高师生防灾、减灾和保护生命健康安全的意识和基本技能，对于班级安全管理至关重要。"凡事预则立，不预则废。"为此，幼儿园应加强日常性的安全管理宣传教育活动，增强师生的危机意识，了解各种安全事故可能发生的原因，妥善制定对策，提高他们面对安全事件的心理承受能力和应变能力。只有做到防患未然，教师和幼儿才能在安全事件真正来临时做到沉着应对，尽可能减少事件的负面影响。

（4）**快速反应、协同应对原则**。当安全事件发生后，安全管理者要争取在第一时间赶赴现场，尽快了解情况，迅速做出决策，及时处理危机，尽力减少损失和伤害。各有关组织和个人要树立大局意识和责任意识，在加强自身应急管理工作的同时，还要按照幼儿园的要求，积极做好纵向和横向的协同配合工作。

（5）**及时有效沟通原则**。面对突发的安全事件，幼儿园、教师、家长、社会需要全面配合。因此，有效的沟通是必不可少的。但是由于信息发布不及时，事故发生后总会有许多"小道"消息流行，为避免由于错误的舆论导向而恶化家园关系，幼儿园应采取坦诚的态度，不回避问题，用一种负责任的姿态，及时实施有效沟通，尽快坦诚发布不利消息的真相，这对于平息事态具有重要的作用。同时，幼儿园应经常与媒体保持良好的沟通，在安全事件发生后，要向媒体及时通报真实情况，主动引导其客观公正地报道和评价事件，从而体现出幼儿园勇于接受社会监督的负责任形象。

（6）**依法处理、人性关怀原则**。在幼儿园安全事件的处理中，幼儿园要以现行的法律法规为基准，尊重人权，切忌感情用事、武断决策和违规办事。在处理的过程中必然牵涉事件责任的区分认定，对此，幼儿园一方面要坚持依法办事，勇于承担应有的责任；另一方面，也要注意体现人性化关怀，即使幼儿园自身的责任很小，或是根本没有责任，也应该对受到伤害的幼儿及其家长予以同情和关心，尽力帮助受害者克服困难，这对减轻社会舆论压力、维护幼儿园形象是十分有益的。

3. 幼儿园岗位安全职责

幼儿园班级安全管理单靠班级教师和保育员是不行的，只有加强同园内各岗位人员以及家长的协作，才能把安全管理工作落到实处。幼儿园可以通过制定一系列的安全职责，建构安全职责网络，做到职责清晰、责任到人，保障班级的全方位安全管理。各岗位人员安全职责应全面、规范、细致，具有可操作性，并保证执行到位。

（1）**园长的安全职责**。在幼儿园安全方面，园长需要承担以下职责：

- 作为幼儿园安全工作第一责任人，领导全园的安全工作，对幼儿园安全工作负总责；
- 负责全园安全工作的统筹规划，定期召集领导小组成员召开学校安全工作会议，总结并部署安全工作；
- 随时了解各部门安全工作的开展情况、存在的问题及整改落实情况；
- 加强对幼儿园教育、教学的领导，及时指导制定一切重大活动的安全工作预案，以保障安全工作的顺利进行；
- 不断改善办园条件，完善幼儿园各种保健设施设备，以保证幼儿的健康成长；

- 经常组织教职工及家长的安全知识学习，有计划地做好交通安全、消防安全培训工作；
- 指导教师做好各种传染病的防治工作，果断处理各种突发事件；
- 做好每年教职工、幼儿的体检工作；
- 遇到突发事件时，启动安全工作应急预案，要及时赶赴现场担任总指挥并对善后工作负总责。

（2）**主管副园长的安全职责**。在幼儿园班级安全方面，副园长应该承担的相应职责包括：

- 作为安全工作直接责任人，负责制订分管工作各阶段的安全目标、措施，布置具体的安全工作给各个部门，并督促落实；
- 定期做好水、电、气等设备的安全检查、维护工作，保证幼儿用水、用电的安全，做好重点部位的安全防范工作；
- 负责幼儿园消防器材的管理、使用、保养、维护、更换工作并做好台账记录，定期检查消防通道，保证消防用水；
- 负责外来务工人员的登记、培训工作，协助园长做好与外来务工人员的安全签约工作，并做好日常管理；
- 定期检查食堂的卫生、安全状况和食堂工作人员的卫生、安全工作；
- 配齐公共场所安全性基础设备设施，科学、合理地布置幼儿园大型活动的场地、器材，协助各部门确保大型活动安全举行；
- 检查教师设计、组织实施的活动是否存在安全隐患。提醒、监督教师不组织带有严重安全隐患的活动。提醒教师组织幼儿外出活动时，一定要有两人以上组织、护导；
- 对教师组织活动提供的教具、学具及其放置方式进行安全检查和指导；
- 组织教师进行安全学习，提高教师在组织活动中应对不安全因素的能力；
- 协助园长做好教师执行安全工作情况的考评工作。

（3）**年级组长的安全职责**。在幼儿园班级安全方面，年级组长应该承担的职责包括：

- 负责建立本年级组的师生日常安全管理制度；
- 落实学校的安全管理制度，抓好年级层面的安全工作；
- 定期召开年级组有关师生安全的会议；
- 现场负责做操、集会、演出等大型活动的年级安全管理工作，一旦发生安全方面的事件，及时向上级领导汇报并协助处理；
- 做好幼儿园应急预案中本年级各教师间的协调工作，明确各自分工，做好预案中的各项工作；
- 指导本年级组教师将安全教育融入各学科教学中，并组织交流活动；
- 针对教师在教学中遇到的幼儿安全应急方面的问题，定期召开幼儿意外事故应急处理程序会议。

（4）**教师的安全职责**。在班级安全方面，教师应承担的安全职责主要包括以下几个方面：

- 作为班级安全管理第一责任人，当幼儿发生安全事故或伤害事故时，应把幼儿及时送到医务室或附近医院救治，及时与其家长联系，及时向上级领导汇报并协助妥善处理好事情；
- 明确了解幼儿园应急预案中的相应职责，平时指导好本班幼儿对各种预案的演练。启动预案时，冷静而快速地安置好本班幼儿，尤其是指导好本班幼儿的站位、逃跑路线，充分利用现有条件有效保护本班幼儿；
- 组织园内外集体活动时，要做好活动前的专项安全教育工作；在做操、集会等活动中要做好班级幼儿的安全管理工作，对可能出现的意外情况做好防范措施；
- 当幼儿因事需要提前离园时，要开具离园门条；
- 每天负责教室的门窗、插座、电器等设施的安全检查，发现安全隐患应及时上报；
- 做好常见病、流行病、传染病的预防工作，发现问题及时报告；
- 保持班内环境和设备的清洁、整齐，做好餐前餐后的准备和收拾工作，负责指导幼儿值日生工作；
- 为幼儿添加饭菜时，不要越过幼儿的头顶，要从侧面送到幼儿面前；
- 班级所用的消毒剂、84消毒液等有毒物品，要放在幼儿触摸不到的地方，以

防造成意外伤害；

- 根据天气变化及时为幼儿增减衣物，看睡时要随时巡视，及时纠正幼儿不正确的睡姿，替幼儿盖好被子，如发现异常情况要及时上报。

（5）**保育员的安全职责**。保育员应该承担的班级安全工作职责包括：

- 负责本班教室、卧室环境的清洁卫生工作，做到每天小扫除、每周大扫除、门窗床椅擦净、床上用品定期清洗，做到地面清洁、玻璃明亮、用品干净、物品摆放整齐；
- 保持活动室、卧室空气流通，保证幼儿有个舒适干净的环境；
- 按照消毒制度、流程的规定，认真做好水杯、毛巾、碗筷、玩具、图书、桌椅的消毒工作；
- 做好盥洗室无积水、无污渍，保持无异味、干燥，防止幼儿摔伤；
- 防止幼儿烫伤，按规定将开水、粥、汤等放在幼儿够不着的地方，消除安全隐患；
- 班上发现有传染病要及时对玩具、被褥、用具进行消毒，对体弱幼儿要做特殊照顾；
- 认真做好卫生包干区的卫生工作和保洁工作，每天下班前必须倾倒垃圾，做到垃圾存放不过夜。

（6）**校医的安全职责**。在保护幼儿的安全方面，校医承担的职责包括：

- 执行幼儿园安全卫生条例，执行师幼预防传染病、食物中毒事件的制度和应急预案；
- 定期检查食堂卫生和食品安全，不定期抽查相关工作人员以及幼儿、教师等的卫生情况，做好晨间检查，并做相应记录；
- 通过宣传栏和校园网站等，积极做好幼儿园安全、卫生保健和常见疾病防治等方面知识的宣传，帮助幼儿了解基本公共卫生和饮食卫生常识，使其养成良好的个人卫生和健康行为及饮食习惯；
- 如有传染病、食物中毒事件等发生，及时上报并协助处理；
- 健全幼儿健康档案，做好资料积累工作，掌握有特异体质、特定疾病或异常心

理状况的幼儿情况,并配合家长等有关方面做好教育保护工作;
- 及时采购药品,妥善保管好药品。

(7) **门卫的安全职责**。在保护幼儿的安全方面,门卫承担的职责如下:
- 认真执行幼儿园门卫管理制度,实行24小时治安巡逻,建立门卫台账资料;
- 平时幼儿入园后,关闭幼儿园大门;外来人员进园,必须填写会客单,离园时验收会客单;幼儿中途离园的,须有教师开具的出门证,方可离园;
- 凡师幼携带幼儿园公物出门,必须凭有关部门开具的出门证,经门卫检验后方可出园门;
- 做好校园及周边巡查,认真做好幼儿园安全保卫工作,加强夜间巡视工作,做好关灯、关水龙头、关窗、锁门等安全防范工作,保证报警设备的安全使用,如遇突发事件,及时拨打电话向有关领导报告或报警;
- 门卫应做好消防安全工作,不准使用明火,应经常检查电源插头、电线,发现问题及时报修。

(8) **后勤主任的安全职责**。后勤主任在幼儿园安全方面需要做如下工作:
- 负责后勤人员安全岗位职责的制定;
- 定期做好幼儿园水、电、气等设备的安全检查、维护工作,保证幼儿用水、用电的安全,做好重点部位的安全防范工作;
- 负责幼儿园消防器材的管理、使用、保养、维护、更换工作,并做好台账记录,定期检查消防通道,保证消防用水;
- 定期检查食堂和食堂工作人员的卫生、安全状况;
- 配齐公共场所的安全性基础设备设施,科学、合理地布置幼儿园大型活动的场地、器材,协助各部门确保大型活动安全举行;
- 遇到突发事件,要保证各种物资的供应及时、充分、到位。

(9) **食堂管理员的安全职责**。食堂管理员需要负责以下几个方面的安全工作:
- 作为食堂安全卫生第一责任人,全面负责幼儿园食堂安全卫生工作;
- 督促做好食堂工作人员的身体健康检查,无健康证绝不允许上岗;

- 每学期开学前，重点检查、清理过期的调味品、食品，并全面检查食堂内外的卫生；
- 每天做好对食堂工作人员的检查工作，保证其健康上岗；检查食堂通风、防尘、防"四害"设施及盛放生熟食品的容器、冰箱、冷库，保证各项设施设备齐全并运作正常；监督副食品的定点采购、储存、初加工、烹饪加工以及供应餐具清洗、消毒、保洁各个环节；
- 严格把关副食品原料的进货，查看当天主要货源的原料进货证明、加工时间证明等，一旦发现有疑点，立即向园领导汇报，得到同意后有权拒绝进货；
- 检查每天的食堂卫生打扫工作，不留死角，处理好食品废弃物，定期开展设备检修、消毒、灭"四害"工作，确保食堂的整体环境整洁；
- 每餐饭菜留样保存48小时并做好记录工作；
- 做好幼儿的饮水安全和保证供给工作；
- 做好幼儿的用餐安全、食堂设备安全工作。

四、班级教师安全管理权责与素养

"她们必须在那些母亲和儿童所共同的事情上有技能，因为她们扮演了调解者的角色，所以，她们能够替代母亲去关心和教育孩子。她们必须能够亲自引导家庭主妇以母亲的身份去处理突发情况，同样也能够替家庭主妇承担看管、照料和教育她的孩子的责任。"[1] 福禄倍尔认为，在幼儿园里，作为"园丁"角色的幼儿园教师具有十分重要的地位。因为在"儿童的花园"里，像幼苗一样的儿童如能得到园丁的悉心照料，就能更加健康和茁壮地成长。

---

[1] 转引自：White J. The Educational Ideas of Friedrich Froebel [M]. London: University Tutorial Press, 1907: 13.

（一）班级教师安全管理权责

"教师是履行教育教学职责的专业人员，承担教书育人、培养社会主义事业建设者和接班人、提高民族素质的使命。教师应当忠诚于人民的教育事业。各级人民政府应当采取措施，加强教师的思想政治教育和业务培训，改善教师的工作条件和生活条件，保障教师的合法权益，提高教师的社会地位。全社会都应当尊重教师。"

1. 教师权利与义务

《教师法》规定教师享有下列权利：

- 进行教育教学活动，开展教育教学改革和实验；
- 从事科学研究、学术交流，参加专业的学术团体，在学术活动中充分发表意见；
- 指导学生的学习和发展，评定学生的品行和学业成绩；
- 按时获取工资报酬，享受国家规定的福利待遇以及寒暑假期的带薪休假；
- 对学校教育教学、管理工作和教育行政部门的工作提出意见和建议，通过教职工代表大会或者其他形式，参与学校的民主管理；
- 参加进修或者其他方式的培训。

《教师法》规定教师应当履行下列义务：

- 遵守宪法、法律和职业道德，为人师表；
- 贯彻国家的教育方针，遵守规章制度，执行学校的教学计划，履行教师聘约，完成教育教学工作任务；
- 对学生进行宪法所确定的基本原则的教育和爱国主义、民族团结的教育，法制教育以及思想品德、文化、科学技术教育，组织、带领学生开展有益的社会活动；
- 关心、爱护全体学生，尊重学生人格，促进学生在品德、智力、体质等方面全面发展；
- 制止有害于学生的行为或者其他侵犯学生合法权益的行为，批评和抵制有害于学生健康成长的现象；
- 不断提高思想政治觉悟和教育教学业务水平。

《教师法》规定教师有下列情形之一的，由所在学校、其他教育机构或者教育行政部门给予行政处分或者解聘：①故意不完成教育教学任务给教育教学工作造成损失的；②体罚学生，经教育不改的；③品行不良、侮辱学生，影响恶劣的。教师有前款①、②所列情形之一，情节严重，构成犯罪的，依法追究刑事责任。

2. 幼儿园教师职责

《幼儿园工作规程》规定幼儿园教师对本班工作全面负责，其主要职责如下：

- 观察了解幼儿，依据国家规定的幼儿园课程标准，结合本班幼儿的具体情况，制订和执行教育工作计划，完成教育任务；
- 严格执行幼儿园安全、卫生保健制度，指导并配合保育员管理本班幼儿生活和做好卫生保健工作；
- 与家长保持经常联系，了解幼儿家庭的教育环境，商讨符合幼儿特点的教育措施，共同配合完成教育任务；
- 参加业务学习和幼儿教育研究活动；
- 定期向园长汇报，接受其检查和指导。

《幼儿园工作规程》规定保育员的主要职责如下：

- 负责本班房舍、设备、环境的清洁卫生工作；
- 在教师指导下，管理幼儿生活，并配合本班教师组织教育活动；
- 在医务人员和本班教师指导下，严格执行幼儿园安全、卫生保健制度；
- 妥善保管幼儿衣物和本班的设备、用具。

3. 幼儿园教师安全管理责任

幼儿园教师对本班工作全面负责，对于班级安全管理具有以下责任：

（1）**安全教育责任**。幼儿园教师要根据《教育法》《未成年人保护法》《国家突发公共事件总体应急预案》《幼儿园工作规程》《幼儿园教育指导纲要（试行）》《中小学幼儿园安全管理办法》及《教育系统突发公共事件应急预案》等法律法规，坚持以儿童为本，对幼儿进行安全教育和自救、自护教育，把安全教育贯穿于教育的各个环节，使幼儿牢固树立"珍爱生命，安全第一"的意识，让幼儿掌握基本的安全防范、安全自护和安全自救知识，具备自救、自护的素养和能力。

（2）**安全告知责任**。教师的告知责任可分为四个方面：一是把幼儿园或班级进行的各种活动中有关安全方面应注意的问题告知幼儿。比如，实践活动中的行走、乘车安全注意事项，科学小实验的操作注意事项，体育运动中某些项目的危险性以及必须做好必要的准备活动等内容，都应在活动之前告知幼儿。二是把校园及其周边的设施包括环境中可能存在的安全隐患告知幼儿，如校园内外的施工场所或临时搭建的设施，校园内外水电设备可能存在的安全隐患等。三是把幼儿的有关情况告知家长，如幼儿生病、同伴间发生纠纷或矛盾、幼儿的不良行为习惯以及幼儿发生伤害或意外事故等。四是把发现的班级内部、校园内部及校园周边存在的安全隐患或者发生的安全事故告知园所领导。幼儿园教师履行告知义务，可积极有效地预防安全事故的发生。

　　（3）**安全告诫责任**。教师在教育教学活动中负有对幼儿告诫的责任。加强对幼儿安全意识的培养、规范幼儿的日常行为、保护幼儿的合法权益等是班级安全管理工作的重要内容，特别是对于幼儿的危险行为或潜在的危险行为，幼儿园教师要及时地告诫、制止和纠正。

　　（4）**安全防范责任**。幼儿园教师要对幼儿在园活动中可能出现的安全问题进行防范。比如对流行病、传染病的防范，对幼儿进行的各种活动中可能存在的隐性伤害以及同伴之间的矛盾纠纷进行预防，等等。要防微杜渐、防患未然，而不要亡羊补牢，否则后悔晚矣。

　　（5）**安全救护责任**。幼儿一旦发生安全事故，教师除要及时按制度规定上报外，还要在最短的时间内力所能及地进行自护、自救，并采取得力措施防止事故的扩大，必要时立即将幼儿送往医院救治。

　　教师安全管理责任是儿童安全事故处理的认定基础，班级教师如果在履行安全管理职责上有任何细微之疏忽并致儿童伤害发生，就应承担相应的法律责任。

（二）班级教师安全管理素养

　　"教学是一种艺术，而真正的教师就是艺术家。"[①] "每个教师应当认识到他的职业的尊严；他是社会的公仆，专门从事于维持正常的社会秩序并谋求正确的社会生

---

① 杜威. 我们怎样思维·经验与教育[M]. 姜文闵，译. 北京：人民教育出版社，2005：233.

长的事业。""所有其他的改革都取决于从事教师职业者的素质和性格的改革……正因为教育是人的一切事业中最个人化的、最切己的,它的力量的最后凭借和最终来源便在于个体的训练、品质和智慧。假如能拟订一种计划,使教育这个职业得到有力量、素质好、同情儿童以及对于教学和学术问题有兴趣的人,那么教育改革就不再有一点麻烦,也用不着再去解决其他的教育问题了。"[①] 教师是教育成功与否的关键,应"懂得孩子的本质和发展过程;提高尊重和热爱儿童的思想;熟悉孩子们生存的各种要求和熟悉掌握通过适当保育和教育去满足其需要的本领;引导他们在其工作范围内掌握自然知识和学会照看生命,并由此授予指导孩子和解决问题的能力。"[②] 调查显示(见图1-4),教师在班级安全管理方面存在的最大不足是教师缺乏安全预防与救治的知识和技能,组织管理不当和安全意识不强也是班级安全管理存在的重要不足。教师是履行幼儿园教育工作职责的专业人员,是班级安全管理的主要责任人,需要经过严格的培养与培训,具有良好的职业道德,掌握系统的专业知识和专业技能。

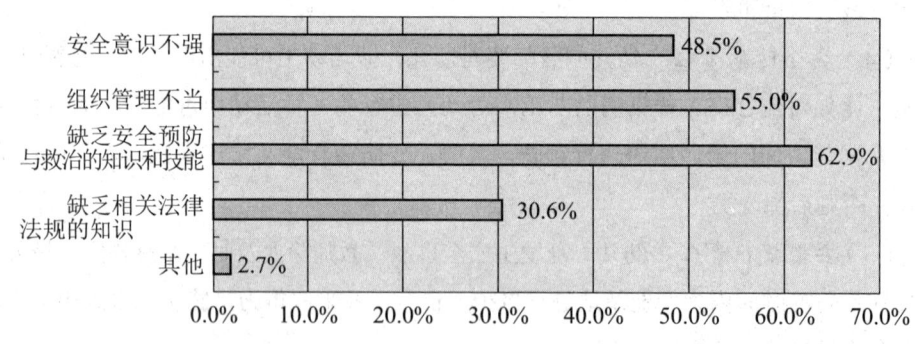

图1-4 教师在安全管理方面存在的不足

1. 虔诚的事业心

教师的事业心包括教师的职业意识与信念、对儿童和教育工作的热爱、认真负责的敬业精神以及开拓、创新的工作精神和自我发展要求等。教师的职业意识与信

[①] 单中惠. 现代教育的探索 [M]. 北京:人民教育出版社,2002:400.
[②] 日本世界教育史研究会. 世界幼儿教育史 [M]. 张举,等,译. 长春:吉林人民出版社,1986:234.

念,是指教师对自己所从事的教育职业的性质、任务、作用、价值以及自身角色与职责的了解、认同和追求。教师的爱心为师魂,是从事教育工作的基础,体现在关心、热爱、尊重儿童和平等对待儿童上。事业心是教师最宝贵和重要的品质,是教师整体素质的核心;事业心既是教师做好本职工作的根本动力,也是自身不断提高和可持续发展的不竭动力,是促进教师其他各方面素质提高的基本保证。有事业心的教师自然具备强烈的职业责任感,能自觉地提高自己各方面的能力和素质,自觉修正自身不适宜的教育观念与行为,积极开拓,创造性地探索教育教学工作,以更好地胜任教师工作。这种职业责任感,是教师献身教育的感情基础。因此,各国都重视教师事业心的培养,重视教师高尚道德品质和良好文明行为的修养,要求教师必须具有热情、坚定、同情、关爱、耐心、自制等品质和献身教育的职业理想。

洛克认为儿童犹如"河源","我们幼小时所受的影响,哪怕极其微小,乃至无法察觉,都有极重大、极久远的影响,这犹如江河的源头。水性极柔,一丁点儿人力便可以影响到河流的流向,乃至使河流的方向根本改变。从源头上加以引导,河流就接受了不同的趋向,最后流向十分遥远的地方。我认为,儿童的心智和源头的水性相近,容易引导,决之东则东,决之西则西。"儿童教育是奠基性教育,从事"源头"之教的幼教工作者,面对"水性极柔"的孩子,应当以虔诚之心对待自己神圣的职业,"因为教育上的错误比别的错误更不可轻犯。教育上的错误正和错配了药一样,第一次弄错了,绝不能借第二次、第三次去补救,它们的影响是终身洗刷不掉的。"[①]儿童是稚嫩的个体,身心各方面尚不完善,需要科学地、合理的照顾和保护;儿童教育是播种的教育,是一项需要童心、爱心和责任心的工作,是崇高而伟大的事业。教师是儿童健康和安全的保护者,是儿童身心和谐发展的引导者,应以慈爱之心呵护儿童生命;应当树立虔诚坚定的事业心,以强烈的责任感和历史使命感,自觉地把培养教育好下一代当作自己不可推卸的责任和神圣的天职,为儿童的终身可持续发展奠定良好的基础。

---

① 洛克.教育漫话[M].杨汉麟,译.北京:人民教育出版社,2006:7.

2. 广博的文化知识

"教师需要有丰富的知识。"[1]"教师具备什么条件才能真正成为社会团体的理智的领导者……第一个条件是他对教材必须具有理智的准备。他应当有超量的丰富的知识。他的知识必须比教科书上的原理，或任何固定的教学计划更为广博。教师必须触类旁通，才能应付意想不到的问题或偶发事件。他还必须对所教的学科具有真正的热诚，并把这种富有感染力地传导给学生。"[2]首先，文化知识是教师教育教学工作的前提条件。一名合格的教师必须具备良好的科学文化素养，具有广博的文化知识。其内容包括科学、哲学的理论修养、精深的专业知识、广博的相关科学知识、基本的教育科学知识等。一般性的科学文化知识是教师知识素养的基础，为其奠定了坚实的科学人文素养。只有以较高的文化素养为基础，才能掌握好专业理论知识，不断提高工作水平。儿童对周围世界有强烈的好奇心，他们对周围世界的认知虽然是肤浅的、表面的，但却是广泛的。同时，儿童教育是启蒙教育，为使儿童对周围世界有一个正确的初步认识，教师应当深入浅出、正确无误地传授知识，解答儿童的问题。因此，教师要对儿童进行全面的和谐教育，必须广泛学习，博采众长，奠定广博的科学文化知识基础。

其次，教师还应具备扎实精深的专业知识，了解儿童身心发展的基本特点和基本规律，掌握儿童教育的理论知识、基本规律和实践方法，以有效地进行教育教学，减少工作的盲目性。教师应当成为心智的研究者，了解关于幼儿生存、发展和保护的有关法律法规及政策规定；掌握不同年龄幼儿身心发展特点、规律和促进幼儿全面发展的策略与方法；了解幼儿在发展水平、速度与优势领域等方面的个体差异，掌握对应的策略与方法；了解幼儿发展中容易出现的问题与适宜的对策；了解有特殊需要幼儿的身心发展特点及教育策略与方法。教师要有专业知识，熟悉幼儿园教育的目标、任务、内容、要求和基本原则；掌握幼儿园环境创设、一日生活安排、游戏与教育活动、保育和班级管理的知识与方法；熟知幼儿园的安全应急预案，掌握意外事故和危险情况下幼儿安全防护与救助的基本方法；掌握观察、谈话、记录等了解幼儿的

---

[1] 杜威. 我们怎样思维·经验与教育[M]. 姜文闵，译. 北京：人民教育出版社，2005：223.

[2] 杜威. 我们怎样思维·经验与教育[M]. 姜文闵，译. 北京：人民教育出版社，2005：224.

基本方法；了解0—3岁婴幼儿保教和幼小衔接的有关知识与基本方法。"他能凭借这类知识观察学生的反应，迅速而准确地解释学生的言行。""这些知识是别人用过而又有成效的方法，在需要的时候，他能凭借这些知识给儿童以适当的引导。"①

再次，教师还应具备丰富的安全常识，掌握基本的安全防护技能，并不断学习《宪法》《教育法》《教师法》《未成年人保护法》《中小学幼儿园安全管理办法》《学生伤害事故处理办法》《学校卫生工作条例》《食物中毒事故处理办法》《学校和托幼机构传染病疫情报告规范（试行）》《幼儿园管理条例》《幼儿园工作规程》等相关规章制度，以及《中华人民共和国民法通则》（以下简称《民法通则》）和《中华人民共和国刑法》中的有关法律处置条款。通过学习，增强教师的法制观念和工作责任心，加强教师的安全防范意识，掌握卫生保健、疾病护理、突发事故处理、消防等基本的安全常识，提高教师安全管理能力，让教师逐步具有一种高度预见性、敏感性、主动性和警惕性等综合防范安全意识。

调查显示（见图1-5），对教师进行安全知识和技能培训是改善教师进行班级安全管理的最有效措施，熟悉安全操作流程、学习安全管理制度以及进行安全应急演练也是教师改进班级安全管理的主要措施。因此，教师只有具备积极的安全防范意识和完善的安全应对技能，才能在日常工作中时刻自觉地提醒自己的管理行为和教育行为，防范伤害事故的发生，促进幼儿的身心健康发展，使班级成为温馨、安全的幸福乐园。

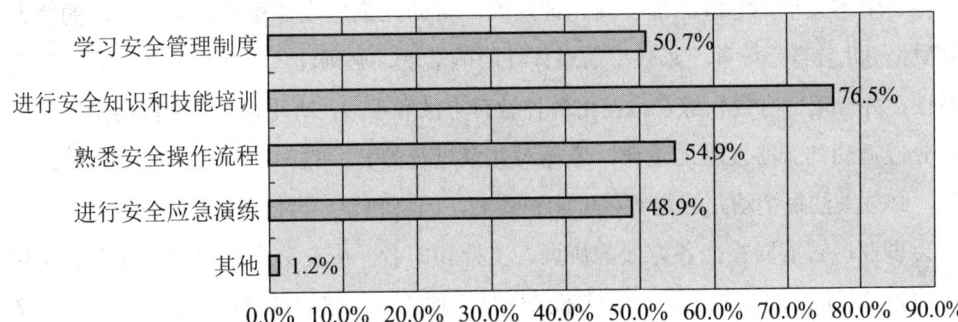

图1-5 教师班级安全管理的改善措施

---

① 杜威. 我们怎样思维·经验与教育[M]. 姜文闵，译. 北京：人民教育出版社，2005：224.

最后，教师还应具备一定的教师基本技能和知识，如唱歌、跳舞、弹琴、绘画、讲故事、三笔字等，这些教师基本技能既是教育的手段，又是教育的内容，是教师知识结构中的一个组成部分。但目前国内却一直存在"重教师技能，轻文化素养"的误区，把幼儿园教师当作"高级技工"培养，忽视了"人类灵魂工程师"综合素质的养成，一定程度上限制了中国幼教师资队伍的可持续发展。

3. 科学的教育观念

教育观念是教师对儿童发展和教育的基本观念与看法的总和，是教师进行教育的基础和心理依据。具体地说，教育观念涉及这样几个问题：教育能起什么作用，有多大意义？教育的最终目的是什么？教育的内容以及内容结构是怎样的？如何实施教育？教育需要什么样的氛围？如何把握和对待教育的结果？对以上问题的回答，涉及这样几个观念：教育价值观、教育目的观、课程观、教学观、教育环境观、教育评价观。教师按照自己对教育的理解，即自身的教育观念来组织教育教学，教师的教育观念决定了其教育策略、态度，进而表现为不同的教育行为。教育观念直接决定了教师工作的实际效果，进而影响儿童的发展。可以说，教育观念是教师从事教育教学工作的心理背景。

作为幼儿园教师，必须认识到：幼儿教育是有目的、有计划地推进儿童在原有水平上得到更好发展的活动，必须认真地、科学地加以组织；幼儿教育是社会主义教育事业的组成部分，教育的目的是培养健全的人格，必须促进儿童在健康、认知、社会性、情感、个性等方面的全面和谐发展，帮助儿童形成健康的人格和良好的个性品质；幼儿教育是一种追求效率的整体性影响活动，必须注重教育内容的适宜性和联系性，并合理、有效和综合地使用各种教育方法和手段；幼儿教育是一门科学，必须充分遵循幼儿身心发展的规律，遵循对儿童进行教育、教学的规律，尊重儿童的兴趣，必须关注每个幼儿的需要、可能和潜力，因势利导，因材施教；幼儿教育是一项社会事业，它需要社会各方面的协调、支持和配合，应充分利用自然、社会、文化中的教育资源；幼儿教育是一项技术，也是一项艺术，它的本质不是灌输，而是创造一种轻松、愉快而富含有效刺激的环境，帮助儿童在与情景中的人、事、物相互作用的过程中主动建构知识，引导儿童在全身心参与的诸多活动中得到发展。

4. 良好的能力素质

能力素质是教师从事教育教学工作的基本素质，包括教育教学能力、科研能力和自我监控能力。其中，尤为重要的是自我监控能力，这包括教师的反思能力和教育监控能力等。只有当教师具有较高的自我监控能力时，教师才可能自觉反思和调控自己的教育行为和教育过程。教师的能力，特别是教育能力直接影响教育质量的好坏，因而在教师素质中备受关注。日本强调教师要有五种能力：富有成效的教学和学习指导能力，对学生的生活、就业指导能力，理解和把握学生心理的能力，教育管理的能力，独立的自修能力。法国招聘教师注重教师的上课能力，与学生交往的能力，指导学生的能力。美国要求教师应有向学生传授知识的愿望和能力。还有些国家则强调教师应具有对未来的开拓创造能力等。通观各国对教师的基本素质要求，以下基本能力素质备受关注。

（1）**观察能力**。观察是人们对周围事物有目的、有计划、有准备的直觉活动。观察能力即人们感知周围事物的能力。教师的观察能力主要是指对作为教育对象的儿童由外表到内心的认识能力。细心地观察儿童并了解儿童的能力是教师的基本功之一，是教师开展教育活动的前提。理解儿童是教育的基础，观察儿童是理解的基础。教师只有具备相应的观察能力，才能把握儿童的个性特点，掌握教育教学的主动权。蒙台梭利强调，一个不会观察的教师是绝对不称职的，每位教师都要将自己的眼睛训练得如同鹰眼般敏锐，能观察到儿童最细微的动作，能探知到儿童最殷切的需要。教师观察儿童的发展状况和差异是为了了解儿童的现有水平和不同幼儿在发展水平、速度、技能、能力上的差异，进一步探明幼儿的内部需要和最近发展区，为教师制订教育计划、创设教育环境、设计和指导教育活动、及时地应答儿童的需要等提供依据。教师迅速而准确、细致而深入、全面而客观的观察能力有助于教师贯彻"因材施教"的教学原则；有利于教师根据随机事件及时、有针对性地调节各教学环节，并灵活、及时地调适教学进度、深浅程度和教学方法，能够自觉地因势利导，以促进有效教学。同时，教师敏锐的观察能力也可以使教师能随时发现教育教学实践中的不足，反思教学行为，有利于促进教师的专业发展。

（2）**沟通能力**。沟通是一种相互理解、彼此接纳对方的观点、行为，在双向交流中彼此协调的默契。教师的沟通能力被很多国家和地区列为教师的基本功，受到高度重视。教师的沟通能力主要包括教师与幼儿、教师与教师、教师与家长的沟通能力和促进幼儿之间相互沟通的能力。沟通能力要求教师通过语言、目光、动作、面部表情等方式，以积极主动、平等的态度，进行安全、温馨、可信赖的有效交流，

调动所有教育资源,引导儿童全面参与活动。

(3) **教育监控能力**。教师的教育监控能力是指教师为了达到预定的教育目标,在教育的全过程中将自己所进行的教育活动和行为本身作为意识的对象,不断地对其进行积极、主动、自觉的计划、监察、反馈、反思、调节的能力。它包括计划与准备能力、反馈与评价能力、控制与调节能力、反思与校正能力。计划与准备能力是指教师为教育活动做准备工作的过程中体现出的教育监控能力。即教师在进行具体的教育活动之前,分析所要面临和解决的教育任务及教育情境中的相关因素,如教材、儿童的兴趣和需要、儿童现有的发展水平和潜能等,结合自己的教育教学能力、风格、特点和经验,确立适宜的教育目标,制订教育计划,明确所要进行的活动内容,然后根据这一特定目标和内容安排教育的步骤,选择教育的策略,构想设计出解决各种问题的方法,并预测教育过程中可能出现的问题及可能达到的教育效果等。"教师要成为领导者,必须对个人所教的学科有特殊的准备。否则,他不是无目的地随波逐流,就是呆板地受教科书的束缚。灵活性、处理意想不到的偶然事件和问题的能力,依靠教师对所教学科具有新鲜和充分的兴趣与知识。在讲课之前,教师应当想到种种问题。"[①]反馈与评价能力表现在教师在教育过程中随时监控班级的状况,密切关注儿童的反应和参与活动的程度,不断获取教育活动各要素变化情况的反馈信息,并根据儿童的反馈或者教师根据实际教育活动、教育行为同预定的教育目标相比较所获得的自我反馈等信息,针对预先设定的教育目标客观地认识和评价教育过程、教育方法、教育策略、教育效果、教育行为以及儿童发展和进步的状况。控制与调节能力是指在教育过程中,教师根据反馈信息和新情况有意识地、自觉地发现和分析教育过程中存在的问题及其原因,并据此及时调节教育活动的各个方面和环节,对下一步要进行的教育活动和教育行为进行调整与修正的监控能力。反思与校正能力是指在一次或一阶段的教育活动完成之后,教师对已完成的教育活动的全过程进行深入的总结和反思,并进行校正的能力。

(4) **组织管理能力**。组织管理能力是指教师组织幼儿一日生活中各项活动的能力,主要表现在善于制订教育工作的计划、备课、组织幼儿日常生活的各项活动与

---

① 杜威. 我们怎样思维·经验与教育 [M]. 姜文闵,译. 北京:人民教育出版社,2005:225.

各个环节上。教师必须充分估计各项活动的时间和内容,要充分考虑幼儿的发展水平及各种具体情况,善于规划自己的行动,做到计划性和灵活性相结合,使幼儿的活动充实、有序。教师还要善于组织全体儿童的注意,调动每个儿童的积极性,使他们能够积极参与活动,并在活动中充分发挥每个幼儿的主体作用,既让儿童的积极性和才能得到发挥,又引导他们相互关心、遵守集体规则。

5. 合格的身心素质

合格的身心素质是教师从事教育教学工作的基本保证。身体和心理健康是对教师的基本要求,教师的心理、人格状况直接影响其教育教学工作的质量和效果。"对儿童来说,教师人格的影响和课业的影响是完全融合在一起的。"[1]教师必须具备良好的心理素质,以缓冲各种压力与突如其来的变化。同时,教师还要具备健全的体魄、旺盛的精力与坚毅的耐力,以应付艰苦的、长时间的、高强度的脑力劳动和体力劳动。因此,身心健康是教师素质中不容忽视的重要保障和有力支撑部分。在日本,甚至把教师身心健康作为教师素质中的第一要素。

女性占据幼儿园教师队伍的主体地位,不仅是国内幼儿园存在的现象,也是国外幼儿园存在的现象。尽管福禄倍尔开始提出培训男士成为幼儿园教师,但他后来却强调妇女才适合培训成为幼儿园教师和儿童保育员,这是因为妇女从其与儿童的密切关系以及妇女的天性等方面来看更适合于幼儿教育工作。女性担任幼儿园教师具有不言而喻的优势,但以年轻女性为主体的幼儿园教师队伍,也体现出易受暗示、思想活跃、情感化、喜欢浪漫等群体特征,加之女性的生理性周期反应,在月经期间易出现疲劳、易怒、情绪波动大等现象,这些都会成为幼儿安全事故的隐形导火索。国外已有人关注到女性周期性生理反应对儿童教育的不良影响,有些国家或地区采取"例假"制度,让女性教师在月经期间带薪休息;有的则是采取心理抚慰措施,以保证女性教师在月经期间也能保持良好的心理状态工作。作为幼儿园教师,也应善于自我调节情绪,随时保持平和心态,维持良好的工作状态。幼儿身心发展的特点决定了幼儿喜欢模仿,情绪易受感染和暗示,所以幼儿园教师的心理健康状况不仅关系到其本职工作的完成质量,还会对幼儿的人际交往、个性发展、情绪处理等

---

[1] 杜威. 我们怎样思维·经验与教育[M]. 姜文闵, 译. 北京: 人民教育出版社, 2005: 57.

方面的发展产生潜移默化的影响。因此,教师要衣着整洁得体,语言规范健康,举止文明礼貌,有意识地培养自己的自控能力,做到乐观向上、热情开朗,有亲和力,努力以积极愉快的情绪状态感染幼儿,与幼儿和睦相处,使班级集体形成一种乐观活泼、积极向上的良好氛围。同时,教师在工作中应注意妥善处理自己的负面情绪,不在幼儿面前任意表露,避免对幼儿成长产生负面影响。

儿童教育是奠基性教育,影响着儿童一生的发展。教育是爱的活动,能影响儿童一生的价值定向和爱的方式的生成。然而现实却越来越缺乏爱心,以至于活动不是以爱为初衷的活动。因此,卢梭在其著作《爱弥儿》中警告教师:令人尊敬的教师,你要谋定而后动,才不会盲目从事,轻易出错,所谓"欲速则不达"就是这个道理。令人尊敬的教师,在你敢于担当这一任务之前,你自己就必须成为一个令人尊敬的模范。同时,你要敞开你的心,牺牲你的时间、你的心血、你的爱,甚至你自己。你要公正而且善良,以仁爱之心待人。令人尊敬的教师,你要保持你的淳朴和热情,做到谨言慎行。你不要在教育孩子分辨善恶的时候,自己却充当了引诱的魔鬼,你的冲动情绪如果被孩子看到了,会对他产生巨大的影响。作为教师,你要严格约束自己。

"在一定时期中,教育是儿童兴趣和能力的自然开展,正如花卉一般,在一定时期内展开并且显露出它的色彩……儿童和花卉没有教师和园丁一样要生长,但是这两者有了照料就生长得更好。正如园丁帮助花卉,使它在开花时把所有的美丽都开放出来;同样,教师帮助儿童实现神所给予他的一切能力。福禄倍尔被这个类比深深触动,把他的学校称为'儿童的花园'(幼儿园)。他把儿童放在生长发芽的种子的地位上,把教师放在细心的、有知识的园丁的地位上。"[1]"我知道,人的发展和教育是一项世纪性的工作。当今时代要求通过一种符合它的要求和培养人的尊严的教育为它打下基础。打下这个基础,就是我的幼儿园的目的……根据幼儿园的理想,幼儿园在过去、现在和将来都是一种雏形的人类生活。"[2]"来吧,让我们与儿童一起生活吧!"[3]"只要我们不回避为幼小的、深层的和统一的生命奠定基础所需要的劳动,

---

[1] Hanschman A B. The Kindergarten System [M]. London: Swansonneoschein, 1897: 119.

[2] Marenholz-Bülow. Reminiscences of Froebel [M]. Boston: Lee and Shepard, 1877: 142-143.

[3] Marenholz-Bülow. Reminiscences of Froebel [M]. Boston: Lee and Shepard, 1877: 295.

生命之树就一定为我们绽放鲜艳的花朵。纤细的枝条将缠绕成花环，浓密的叶子将为我们遮挡太阳，繁茂的树枝将为我们奉献硕果。"①

---

① Froebel F. Pedagogics of the Kindergarten [M]. Wichard Lange (ed.). New York: D. Appletonard Company, 1895: 142.

第二章　班级安全环境创建

> 来，孩子们，让我们到花园里去！①
>
> ——福禄倍尔

环境是教育的一个重要因子，"间接地通过环境对儿童进行教育"。②杜威强调，"有意识的教育就是一种特别选择的环境。这种选择所根据的材料和方法都特别能朝着令人满意的方向来促进生长。"③意大利著名教育家蒙台梭利根据儿童6岁以前的敏感期与吸收性心智，也提出了为儿童提供"有准备的环境"的教育思想，主张创设一个以儿童为本位的环境，让儿童生活于其中。在瑞吉欧教育体系中，把"环境当成第三位教师"，认为环境是一个可以支持儿童探索与学习的容器。《幼儿园教育指导纲要（试行）》中也明确提出："环境是重要的教育资源，应通过环境的创设和利用，有效促进幼儿的发展。"幼儿园既是人生旅程的"出发点"或"始发站"，更是人生历程的"加油站""中转站"。教师要充分认识到环境创设在幼儿教育中的重要作用，认识到环境包含着丰富的教育信息和资源，不仅要充分地利用环境，更要科学地创

---

① Heinemann A H. Froebel Letters [M]. Boston: Lee and Shepard Publishers, 1893: 20.
② 杜威. 民主主义与教育 [M]. 王承绪，译. 北京：人民教育出版社，1990: 25.
③ 杜威. 民主主义与教育 [M]. 王承绪，译. 北京：人民教育出版社，1990: 45.

设环境。

班级环境作为一种隐性课程，具有重要的教育功能，犹如"春风化雨"般地影响着儿童的身心健康。然而，不安全的环境，是引发幼儿身心伤害的最直接原因之一。其中，玩具设施损坏、空间狭小、物品用具摆放不当、幼儿园周边环境存在危险因素成为班级环境的四大安全隐患（见图2-1）。由此可见，班级环境亟须进行科学有效的安全规划，以消除安全隐患。《学生伤害事故处理办法》中明确规定，因"学校的校舍、场地、其他公共设施，以及学校提供给学生使用的学具、教育教学和生活设施、设备不符合国家规定的标准，或者有明显不安全因素"而造成的儿童伤害事故，学校应当依法承担相应的责任。《幼儿园管理条例》也明确要求幼儿园的园舍和设施必须符合国家的安全标准。《教育法》则明确规定："明知校舍或者教育教学设施有危险，而不采取措施，造成人员伤亡或者重大财产损失的，对直接负责的主管人员和其他直接责任人员，依法追究刑事责任。"因此，创设安全的班级环境，让幼儿感到安全、快乐，是保障幼儿健康成长的前提和基础。

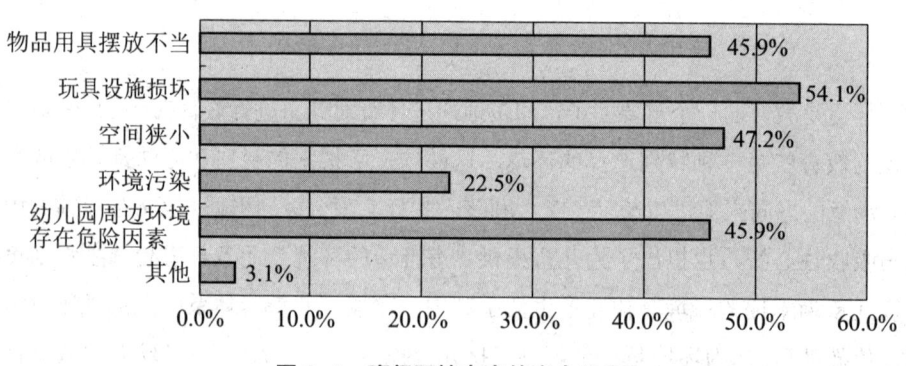

图2-1 班级环境存在的安全隐患

一、班级环境的特点与影响因素

班级环境是指在幼儿园内对不同班级幼儿身心发展产生影响的物质与精神要素的总和。它是由园舍建筑、设施设备、教职工、幼儿以及各种信息要素，通过一定的教育观念、文化习俗所组织、综合起来的一种教育空间、范围和场所。这种空间、范围和场所既是物质的,又是人文的;既是开放的,又是相对封闭的;既是保育的,又是教育的。班级环境按其性质可分为物质环境和精神环境两大类。班级物质环境是班级精神环境的载体,班级精神环境是融合于班级物质环境之中的,并通过物质环境的物质化、具象化而呈现出来。

(一)班级环境的特点

班级环境具有以下几个特点。

1. 环境的教育性

幼儿园作为专门的幼儿教育机构,其环境创设与其他非教育机构有着显著区别。它是根据幼儿园教育目标以及幼儿的身心发展特点,有目的、有计划、有组织地精心创设的。在幼儿园教育中,环境创设不仅是美化的需要,更是教育者实现教育意图的重要中介。教育者根据不同年龄幼儿的生理、心理特点,结合教育内容、教育重点,统筹安排、合理布置,将教育意图隐含其中,让环境说话,让环境引发幼儿的行为。环境是课程的载体,是师幼对话的媒介。教育在环境中进行,幼儿在环境中互动。幼儿在观察、操作中探索和思考,增进了对环境的认知,培养了发现问题、分析问题和解决问题的能力,发展了运用感官认知和运用语言交往的能力。

2. 环境的可控性

班级环境与外界环境相比具有可控性,即班级环境的构成处于教育者的控制之下。具体表现在两个方面:一方面,社会上的精神和文化产品、各种儿童用品等在进入幼儿园时经过了精心的筛选甄别,取其精华,去其糟粕,以有利于幼儿发展为选择标准;另一方面,教师根据教育的要求及幼儿的特点,有效地调控班级环境中的各种要素,维护环境的动态平衡,使之始终保持在最适合幼儿发展的状态。教师通过对环境的调控,为幼儿的发展创造了条件。

班级环境的教育性与可控性之间是相互联系的,环境的教育性决定了环境的可控性,使可控性有了明确的标准和方向,而可控性又保证了教育性的实现,二者具有相互依存、相互制约的关系。

(二)班级环境的影响因素

影响班级环境的因素,主要有以下几个方面。

1. 物质条件

物质条件包括幼儿园的场地、园舍设备、材料、空间结构等，是班级环境的重要组成部分，也是教师与幼儿在园活动的物质基础。物质条件与幼儿园教育的关系十分密切，影响与制约着幼儿园教育的质量。班级是幼儿重要的生活环境与学习环境，具备基本的物质条件，是班级环境创设的基础，也是幼儿发展的基本需求。班级环境的创设，必须考虑满足幼儿身心发展的基本需要，拥有保证满足幼儿在园的各种基本需要的设备、设施与条件，结合幼儿园的各级教育目标，科学合理地选择材料与安排空间。

2. 教师的教育观念和行为

幼儿园教师是幼儿中对幼儿发展影响最大的因素。在一定的物质条件具备后，教师的观念和行为是影响班级环境质量的决定因素。首先，教师的思想、态度、情感和行为本身就是构成幼儿园环境的要素。其次，由于班级的各种环境都是教师根据教育的要求及幼儿的特点精心创设与控制的。因此，如果教师具有正确的观念与行为，就可以敏锐地发现幼儿的各种需要，协调各方面的因素，创设一个良好的发展环境，促进幼儿的发展；如果教师不具有正确的观念与行为，则会对幼儿的需要视而不见，对环境中各种有利的因素不能加以充分利用，对不利因素不能进行有效控制，就不能保证环境的整体质量。

3. 幼儿园文化

相对于人与物等可见的因素而言，幼儿园文化比较抽象，但对班级环境质量的影响是巨大的。我国社会的改革开放、经济的飞速发展，呈现出文化的多元性，有外来的、本土的、现代的、传统的，它们互相交织，渗透到社会的每一个领域，使得人们的生活方式、生活习惯等发生了很大的变化，这一变化也影响到幼儿园的教育生活。浓郁的幼儿园文化是精神环境的重要内容，选择和追求不同，会使幼儿园的文化品位和格调出现高低之分、文野之分、雅俗之分，其教育意义也随之迥然不同。幼儿园文化对于幼儿园整体环境具有十分重要的影响作用，它影响着幼儿园的精神风貌，对全园的教职工和幼儿都有着潜移默化的作用。因此，在围绕教育目标创设班级环境时，教师需要考虑正确的价值观导向，确保班级环境的健康安全、积极向上。

（三）班级环境与幼儿发展

《幼儿园教育指导纲要（试行）》中指出："环境是重要的教育资源，应通过环境的创设和利用，有效地促进幼儿的发展。"儿童的发展是在与环境相互作用的过程中实现的，幼儿的认知、情感和社会化发展始终来自和环境的相互作用中。良好的班级环境可以有利于净化、美化幼儿的生活和学习环境，有利于陶冶师幼的性情，有利于丰富师幼交往的内容，有利于激发幼儿对环境的探索和热爱，起到了树德、增智、强体、溢美、创新的作用，全面促进了幼儿的身心健康发展。

1. 促进幼儿认知的发展

班级环境是一个特殊的教育环境，是教师根据既定的教育目的与要求，有目的、有计划地运用环境中的各种要素，为幼儿创造出来的具有教育功能的环境。《儿童的一百种语言》中写道："让每个孩子的智力、情感、社会性和道德潜力都得到精心的培育和引导，学校的主要教育手段和工具吸引着孩子们在一些诱人的长期方案中流连忘返，而这些方案都是在优美、健康和充满爱意的环境中进行的。"环境是课程设计和实施的要素，教师依据教育目标和幼儿身心发展特点，对环境进行规划、设计和营造，规划幼儿的生活、学习及游戏空间，赋予班级环境以教育功能，使班级环境成为内容丰富、生动形象、富有生命力的活教材，成为幼儿的知识宝库。在教师的精心设计、创设以及合理调控下，班级环境具备了认知激发性和认知指导性，使幼儿处于积极的探究状态。教师精心创设的环境，首先具有各种不确定的因素，这有助于引发儿童主动探究的欲望。大多数材料是低结构、多功能的，这为儿童提供了以多种方式作用于同一材料和以同一方式作用于多种材料的机会。而且，设施具有挑战性，儿童能以较小的步调在自己原有的基础上主动发展。这样的环境可以启发幼儿的智力和调动儿童思维，产生新的想法。其次，环境具有相关性。它能把引起幼儿相互经验的各种因素结合在一起，构筑新知识。最后，环境还具有弹性。它根据幼儿的需要不断变化，也就是让幼儿与环境"对话"。教师通过引发、支持幼儿与周围环境的积极互动来引导幼儿发现问题和解决问题，培养幼儿有效地与环境互动的能力，让幼儿在与环境的互动中学习知识、发展认知，获得学习和探索的方法。

2. 促进幼儿技能的发展

任何实践活动都是在环境中进行的，班级环境为幼儿提供了参与、表现和实践

的机会和条件。幼儿与环境的互动是培养幼儿关键能力的典型，它融合了语言、动作、表征等关键能力的发展。在互动中，幼儿通过对周围环境中大量玩具和材料的操作，体验各种材料的特性，在操作、转换和组合各种材料中，发现事物之间的关系，发展自身的关键能力。室内环境的布置与美化，使环境、教育与幼儿技能发展结合在一起，幼儿通过参与设计、操作实践，激发了好奇心和求知欲以及探索、观察、发现周围事物的兴趣和能力。在这种环境实践中，幼儿掌握了动脑动手、独立思考的基本素养和实践能力，促进了语言能力、动手操作能力的提高，培养了创造意识、创造能力和创新精神，同时也培养了感受美、欣赏美、表现美和创造美的情趣和能力。此外，教师通过角色、情节的创设等适时地指导，还可使不同的区域环境发生彼此间的联系，促进环境间的互动、交流，丰富幼儿的多方面经验，并感受这些经验之间的密切联系，有利于幼儿关键能力的培养和发展，让幼儿体验交流的乐趣，感受合作的快乐和成功的喜悦。

3. 促进幼儿情感的发展

班级是幼儿学习、生活和游戏的重要场所。研究表明，优美的班级环境也是进行美育、促进幼儿良好品德行为习惯的有效途径。优美活泼的班级环境一方面表现出了艺术、审美的集合，是内容和形式的完美统一，处处给人美的享受，可以陶冶情操，起到潜移默化的积极作用，有利于幼儿良好品德和行为习惯的养成。良好的班级环境可以动之以情，激发幼儿的兴趣，愉快地接受教育，帮助幼儿明是非、知善恶、识美丑、言行文明、举止大方。另一方面，优美的环境本身就是一种规范，具有很强的约束力和导向功能，使幼儿最终能够调节心理平衡，达到情感共鸣和理性认同，使自己在身心发展的内在需要上和周围环境融为一体。同时，优美的环境还可以增强幼儿对环境的了解，培养幼儿热爱自然、美化环境、保护环境、热爱环境的良好情感。此外，优美的班级环境还有利于师幼的身心健康。

（1）**使幼儿有一种满足感**。当幼儿一进入优美的班级环境，就会显现出一种心理上的满足感，自己能在这样的环境里生活、学习、游戏，还会激发出其自豪感。

（2）**使幼儿有一种安逸感**。班级优美的自然环境或较多的绿色植物对人的心理有奇妙的安静功能，它使中枢神经放松，并通过中枢神经系统对人的全身起良好的调节作用，使幼儿从喧闹的环境一进入安静优雅的环境时，脑神经系统即可从刺激的压抑中解放出来，心理上感到安逸愉快。

（3）**使幼儿有一种活力感**。班级自然环境中的绿色能促使人体分泌出一种有利于健康的生理活性物质，给师幼以生机勃勃之感。长期在优美的且较大的活动空间中生活、学习、游戏，还能培养幼儿的宽容、豁达的心理品质。

（4）**使幼儿有一种舒适感**。班级绚丽多彩的颜色与释放出的芳香物，对大脑皮层有一种良好的刺激，它可以消除焦虑、稳定情绪，使人感到舒适。研究表明，绿色在人的视野中占25%时，能消除眼的疲劳，使人的精神最舒畅。

二、班级环境的创设原则

班级环境创设的原则是教师创设班级环境时应遵循的基本要求。这些基本要求是根据幼儿教育的原则、任务和幼儿发展的特点提出的，幼儿园应加强环境的管理，遵循这些基本原则，对环境进行科学的创设。

（一）安全性原则

安全性原则是班级环境创设的首要原则。由于幼儿年龄小、自我保护能力差，如果环境的安全系数不高，一旦出现意外，后果就不堪设想。因此，要使幼儿在适合他们健康成长的环境中生活、学习、游戏，安全、卫生是重要的条件。班级环境创设必须服从于安全和卫生的要求，以保证幼儿身心健康发展。

在环境创设中，教师必须顾及幼儿的心理安全和身体安全这两个方面。

1. **心理安全**

考虑环境对幼儿的心理影响，以全体幼儿为立足点，提供尽可能丰富的物质条件与和谐、平等的心理环境，让幼儿能深切地感受到教师的关心和爱护、大家的尊重和欢迎，感到像在自己家里一样的温暖，从而可以轻松愉快地在环境中生活、游戏和学习。

2. **身体安全**

教师要把对设施、设备、玩具、教具、操作材料等所有物质材料的安全和卫生要求放在首位。班级环境的创设一方面要注意设备设施、玩具器材、操作材料等放置的位置要确保安全、适宜，另一方面还要注意提供的材料对幼儿是否容易造成伤害。幼儿园应当采用坚固性比较好、不宜破碎、无锐边利角、无毒、无害、无细小零件脱落的材料，使用前应先将这些材料进行清洗，设计制作要尽可能做到轻巧、美观，易保持清洁、可清洗、可消毒。区域投放的材料要符合卫生要求，定期更换、清理、消毒，让幼儿在活动时有安全感和舒适感。大型体育玩具如转盘、蹦床的螺丝要定期检修，破损的地方要及时修补，要确保孩子在活动过程中不会因为器材的不安全而出现意外。对较为贵重的设备材料，要先教会幼儿掌握操作规则，并可以先在教师的指导和帮助下进行操作活动。幼儿活动的场地应平整，避免有凹凸。不同界面之交角处应做成圆弧形，还应采用适当的、有相当柔性和防滑的材料，绿地不得选种带有毒性、带刺状或有黏液排出的植物及有极强染色特性的植物。基地边界、游戏场地、绿化等用的围护、遮挡设施应安全、美观、通透。另外，还要关注安排的场地空间是否狭小、拥挤，活动时是否会互相干扰，检查场地是否平坦，场地周围是否有破碎的玻璃、铁钉等。同时，还要教育幼儿不要接近危险的地方，如电插座、电线等。

（二）目标一致性原则

班级环境是幼儿园教育的重要资源，是幼儿园课程设计和实施的要素，教师要提高对环境教育功能的认识，更新教育观念，增强创设环境、利用环境的自觉意识，积极提高现有环境的利用率。在创设班级环境时，应使环境创设的目标与幼儿园教育目标相一致，使班级环境能够影响与控制幼儿的行为，引发幼儿产生符合教育目的与要求的行为，充分发挥班级环境的教育性功能，避免只追求美观，盲目提供材料布置环境的现象，做到环境为教育目标服务。

1. 环境创设要有利于教育目标的实现

幼儿园教育目标是促进幼儿的全面发展，这就要求教师在环境创设时，要根据幼儿身心发展全面性的特点，关注幼儿的体、智、德、美四方面教育，从整体上设计安排，克服随意性和盲目性，把它渗透到整个班级环境创设中，使班级环境创设也具有全面性的特点，让环境的每一部分都有利于幼儿体、智、德、美全面的发展，对幼儿的身心发展产生整体效应。

2. 依据幼儿园教育目标，对环境设置做系统规划

为了保证环境的教育性，教师在创设环境时应目标明确，而且要把目标落实到

月计划、周计划、日计划以至每个具体的活动中，以目标为依据，与教学内容相结合来创设环境。在制订学期、月、周、日及每一个活动计划时，根据教育目标与任务和幼儿当前的兴趣与需要以及幼儿身边的人或事等课程生成来源进行规划，考虑为了达到目标需要有怎样的环境与之配合，现有的环境因素中哪些因素对教育目标的实现是有用的，哪些环境因素还需要创设，等等，将这些列入教育计划并积极实施，围绕课程创设环境。班级环境的创设要根据当前的教育目标和幼儿的现有水平做整体考虑，分期变换创设，使环境具有动态发展性，环境创设服务于课程的发展。

（三）适宜性原则

适宜性原则是指根据幼儿的年龄特点和能力、个性的差异，设计多层次的班级环境，使其适宜于每位幼儿。同一年龄阶段的幼儿，其兴趣、能力、学习方式方面都存在很大差异，其发展的速度也具有一定的差异。环境创设要适应幼儿的这种差异，教师不但要从本班幼儿的知识基础和实际能力出发，在尊重幼儿共性的基础上，还要关注个别差异，既要考虑发展快的幼儿，又要照顾发展慢的幼儿，也要兼顾有特殊需要的幼儿，要让每个幼儿的兴趣、爱好在不同的环境中得到提高和发展，促使每个幼儿学会与环境交往，并都能在适宜的环境中获得不同程度的发展。

幼儿正处在身体、智力迅速发展以及个性形成的重要时期，有多方面的发展需要。同时，处于不同年龄阶段的幼儿，身心发展特点和需要表现出不同的年龄特征，对环境的要求也有所不同。并且，幼儿的身心特点和发展需要还会随着年龄的增长而发展变化。幼儿的生理和心理年龄特征决定了他们对学习环境和学习内容的兴趣，幼儿的兴趣、需要又制约着幼儿园教育主题、内容及其表现形式。班级环境创设应与幼儿身心发展的年龄特点和发展需要相适宜，尊重幼儿的年龄特征与兴趣爱好，环境创设的内容、形式和材料投放都要体现层次性、递进性和适宜性，其难度在小、中、大各年龄班的分布呈螺旋形连续上升状态。各年龄班之间应有承上启下的过渡联系，才能满足不同年龄阶段幼儿的需要。因此，班级环境是一个螺旋式发展过程，使不同年龄、多方面发展需要的幼儿都能在不同时期、多姿多彩的班级环境中获得全面发展。此外，班级环境应联系幼儿的生活实际，强调更多地通过幼儿对生活中实际问题的探究来获得直接经验，提高幼儿解决实际问题的能力，为幼儿的自我教育创造一个有效的平台。

（四）引导性原则

为幼儿创设的环境应该是开放式的、生动活泼的，能够影响与暗示幼儿的行为，引发幼儿产生符合教育目的与要求的行为。幼儿不仅能够利用环境中的各种设施材料，自由选择材料与活动内容，与环境中的各种材料交流，而且能够与环境中的人（教师和同伴）进行自由交往，让环境为幼儿的交往服务，为教育服务，促进每一个孩子在不同交往水平上的发展。教师创设的环境应能使课程朝纵深方向发展，引导幼儿的不断探索。课程生成于幼儿的活动，幼儿的活动反映幼儿的兴趣，这些活动的开展如果没有得到教师的鼓励和支持，有可能很快就随情景的变化使幼儿无法探索，也可能只停留在原有的探索水平上。如果教师能及时发现幼儿的活动，并创造相应的环境，引导幼儿深入探讨他们所关心的问题，那就既可以满足幼儿的需要，又可以使课程往纵深方向发展。班级环境创设应强调环境的引导性、支持性、启发性和丰富性，支持幼儿和活动材料间的相互作用所形成的动态的、能诱发幼儿主动发展的氛围。第一，由于幼儿不是消极被动地接受外界环境的影响，他们总是按照自己的兴趣、需要、知识经验、能力和意愿对客观环境做出选择性反应，并主动地与这些环境进行交互作用。教师创设的环境应适宜幼儿的年龄特点、身心发展水平、兴趣、能力、幼儿的知识经验和认识水平，充满童心童趣。第二，教师创设的环境应具有丰富性。环境里蕴含的信息量越多、对幼儿的刺激越强烈，越能激发幼儿主动地去获取大量信息的积极性。因此，在班级环境创设中要尽可能地体现出多元文化信息、能力经验、智力与非智力因素。第三，教师创设的环境应体现启发性和引导性。环境中所提供的信息刺激无论在形式上还是内容上，不仅要能引起幼儿观察，还要能诱发幼儿利用这些信息进行积极思考和探索，引导幼儿的行为和发展。

（五）参与性原则

班级是以幼儿为主体的活动场所和环境，其中的一切都是为幼儿的教育活动而准备的，所以班级环境的创设应该把有利于幼儿的参与放在首位。班级环境的教育性不仅蕴含在环境之中，而且蕴含在环境创设的过程中。班级的环境创设必须以幼儿为主体，创设幼儿熟悉、喜爱和积极投入的环境，让幼儿感觉到自己是环境的主人，并能主动参与到环境的布置中去，从参与过程中获得知识，促进幼儿的认知和操作技能的发展。环境创设的过程是幼儿与教师共同参与合作的过程，教育者要有让幼儿参与环境创设的意识，给幼儿创造条件，为他们提供机会，采纳和吸收幼儿的建议并请幼儿一起参与环境的创设，使幼儿主动参与到活动中，保证幼儿有充分利用环境的自由。通过幼儿集体构思、设计、制作和布置等过程，师幼共同讨论主题，共同设置布局，人人出谋划策，人人都来承担一份责任，真正发挥幼儿的主体性和参与性，使教师由环境的主宰者变成观察者、倾听者、合作者、决策者；幼儿由被动的依附者变成计划者、设计者、布置者，充分认识到自己的能力，意识到自己是环境的主人，真正展示和发展了任务意识、责任意识、主动学习意识与分工合作、讨论、决策的能力以及发现问题、解决问题的能力，让幼儿在其中发现自己、了解自己，体验成功、找到自信。

（六）经济性原则

经济性原则是指创设班级环境应考虑幼儿园自身经济条件，勤俭办园，因地制宜办园。近几年来我国经济发展速度较快，但由于人口多、底子薄，经济水平仍相对较落后，所有的幼儿园都应当发扬艰苦奋斗的精神，勤俭办园。幼儿园普遍存在资金紧张现象，班级环境创设要坚持低费用、高效益的经济性原则，以物质条件对幼儿发展的功能大小和经济实用性为依据，勤俭节约，根据本园实际、本地实际，因地制宜、因时制宜、就地取材，充分挖掘、利用已有条件并开发各种可利用的环境资源，使环境的创设都必须服从于内容和需要，充分利用环境设备发挥教育效应。在保证清洁、卫生的前提下，废物利用，一物多用，不浪费宝贵资源，不盲目攀比，不追求设备设施的高档化和园舍装修宾馆化，不奢华浪费，应充分发挥环境的综合功能和内在潜能。如：可用瓦楞纸、废旧挂历纸等代替吹塑纸、纸绒纸；可用一次性纸杯、果冻盒做花篮、风铃等装饰节日环境；农村可用自然材料高粱秆、麦秸秆等装饰环境。

此外，幼儿园的教育不仅是对幼儿园内部资源的开发与利用，还应该本着开放的原则，将可利用的幼儿园以外的人、财、物等资源充分利用起来。教师应采取积极的态度，不仅要考虑幼儿园内环境要素，同时也要重视园外环境的各积极要素，主动获得家庭、社区的支持和配合，充分利用社区资源，开源节流，选择、利用外界环境中有价值的教育因素,充分发挥幼儿园外部教育资源优势,总结积累有关材料和资源,使班级内外环境有机结合,实现环境资源共享,协同一致地对幼儿施加影响。

三、班级物质环境的安全规划

班级物质环境是指幼儿园内对幼儿身心发展有影响作用的各种物质要素的总和,包括园舍建筑、园内装饰、场所布置、设备条件、物理空间的设计与利用、各种材料的选择与搭配等。班级物质环境应以幼儿园教育目标为出发点,根据不同年龄幼儿的生理心理特点,结合教育内容、教育重点,有目的、有计划、有步骤地进行统筹安排、合理布置。

(一)园舍规划

幼儿园是幼儿生活的场所,是每个幼儿健康成长的摇篮。幼儿园须按照《托儿所、幼儿园建筑设计规范》的要求,使各类建筑、设施符合安全标准,尤其是要有足够的防火设备。适宜的地段、合理的房舍、清新的空气、合乎要求的采光与照明、宽阔的活动场所以及合适的设备和材料等,不仅是保证幼儿园教育教学活动顺利进行的必要物质条件,也是促进幼儿身心健康发展所必不可少的物质基础。

1. 园址选择

建立一所现代化幼儿园,必须选择卫生、安全的园址。首先,其面积要符合国家卫生标准。无论是何种类型的幼儿园,园地面积均需按幼儿人均面积来要求,全日制园所人均面积应为15~20平方米,寄宿制园所人均面积应为20~25平方米。如若活动场地和绿化地带面积不足,可以利用附近公园和社区活动场地来扩大幼儿的活动空间。其次,园舍周围环境应清洁安全,无危险、无污染、无噪音。园舍应地势平坦,土质干燥,地下水位离地面大于1.5米,日光照射良好,有清洁的水源和安全方便的电、气能源。要避免废气、废水、废渣和噪声的污染,离交通干线距离须大于80米,离火车道距离须大于300米,避开工厂、码头、飞机场等噪声源,园内噪声应小于50分贝,工厂区建园应在污染源的上风地带。园舍、场地应相对独立，确实不能独立的，必须有独立的出入通道和相应的安全防护设施，并按要求领取《消防合格证书》。最后，建园时还要考虑幼儿入园和家长接送方便。幼儿园的服务半径（以幼儿园为圆心划圆，表示服务对象的来源范围）约400米为宜，这是因为大于500米的步行距离，幼儿心理上会产生远的感觉，另外也得考虑我国城市居民生活密度的实际情况。

对不符合上述建园卫生要求的老幼儿园可进行改造，如扩大面积、加强绿化以防噪防尘、调整招生计划以控制办园规模等。

2. 园内布局

幼儿园的园舍规划要考虑整个园内的布局，需做整体规划，因地制宜、合理布局，体现以小见大、功能齐备、和谐统一。要对幼儿园进行整体规划布局，并将科学、自然、和谐、现代、适合幼儿成长的需要作为规划布局的基调。一般来说，幼儿园的占地面积都不大，特别是城市幼儿园，尤其是小区配套幼儿园。充分利用每一寸土地，在有限的空间里尽可能地增大环境的扩张力，因地制宜、合理布局就显得尤为重要。

（1）**房舍**。幼儿园房舍总的建筑基底面积宜为园地总面积的10%，以留有更大的空间作为活动场地和绿化地带。主体建筑物正面宜朝向南方或东南方；与相邻建筑物的距离应为相邻建筑物垂直高度的2倍，以保证房舍内有良好的通风和充足的光线。根据幼儿的生理特点，建筑物以3层为宜，楼梯宽1.2米以上，坡度2至3:1，每级台阶高12厘米，深30厘米，楼梯应有保护拦和扶手，可以在楼梯一侧设置滑梯道，使幼儿在下楼时也能活动和游戏。考虑到消防和隔离需要，宜设置户内户外多处楼梯，楼上窗户应安上保护装置，阳台应有70厘米高的围墙，阳台、用作户外活动的屋顶平台、窗台，必须有净高1.3米以上的护栏。幼儿经常接触的1.3米以下的室外墙面不应粗糙，室内墙面宜采用光滑易清洁的材料，墙角、窗台、窗口竖边、桌椅、柜等棱角部位必须做成小圆角，避免突出物，电源插座要隐蔽，墙面和地面不用粗糙材料。

园内布局上还要注意合理的功能分区。一所规范的幼儿园按其功能可分为若干个单元，如各班的保教单元、集体活动单元、行政管理单元、后勤事务单元、隔离单元等，全园各单元之间要加强有机联系，以利于幼儿生活、学习和幼儿园保教管理。幼儿生活和活动用房应光线充足，通风透气，整洁卫生。幼儿园必须有幼儿活

动室、厕所、盥洗室（或流动水洗手池）、保健室、厨房、教师办公室等基本用房。寄宿制幼儿园必须有幼儿专用、每人一床的独立寝室、疾病隔离室、浴室、洗衣房、教职工值班室、家长接待室等。活动室及寝室应有防暑降温、防寒保暖设备，厨房、保健室、活动室应有消毒设施。活动室、寝室、音体活动室应设双扇平开门，其宽度不应小于1.2米。疏散通道中不应使用转门、弹簧门和推拉门。

每班要有独立的活动室，活动室之间封顶间隔。寝室（必须安装防蚊纱窗）独立设置，活动室面积不低于50平方米，与寝室合并设置的活动室面积不低于80平方米。全日制幼儿园必须在每层楼房设置专用的卫生间及盥洗室，每个卫生间、盥洗室不得多于3个班使用，每个卫生间及盥洗室的使用面积不少于10平方米，卫生间及盥洗室内应设置标准的儿童厕所，设有适合幼儿自由开关的流水设施及盥洗槽，水龙头不少于6个。寄宿制幼儿园的卫生间及盥洗室应与班级活动室、寝室配套设置，卫生间内还应增设使用面积5平方米以上的独立浴室。幼儿园必须设立独立的音体活动室（全园共用的不少于90平方米）、游戏活动室等两个功能室，有条件的还应设图书室、美术室、电教室、科学活动室等，各室使用面积不少于50平方米。

幼儿园必须设专用独立厨房，厨房内应设主副食品加工间、配餐间、储物间且流程顺畅，配餐间必须独立设置。厨房要有生熟食分开放置的设施，必须设有3个炉灶；4~6个浸洗池，其中2~3个生洗池，2~3个洗碗池。浸洗池的标准为60厘米（长）×45厘米（宽）×30厘米（高）。厨房面积按规模设置：3~6个班规模，厨房总使用面积不少于40平方米，其中配餐间使用面积不少于8平方米；7~12个班规模，厨房总使用面积不少于50平方米，其中配餐间使用面积不少于10平方米。幼儿园应按要求领取《卫生许可证》。

幼儿园必须配备保健室和隔离室。幼儿园的保健室使用面积不少于10平方米，应配备相应的现代化设施，如冰箱、电子消毒柜、高压蒸汽消毒锅、杠杆式磅秤等。保健室还可以储备一次性注射器、弯盘、拆线剪刀、拔刺镊子等。隔离室应远离幼儿集体活动室，设置专用的盥洗用具和便具，可安置1~3张床位。

幼儿园房舍外观担负着传达信息、美化环境等作用，其外观形象及色彩需要体现场所的性质，同时也要体现它在同类性质场所中的特质。以房舍外观形象与色彩来营造幼儿园形象是比较经济、高效的设计方法。每个幼儿园因其所处地区、教育特色、办学理念的不同，其外观形象设计也应有所不同，以表明此处是幼儿园，甚至具体到它是××幼儿园或它是怎样的一所幼儿园。幼儿园的园舍建筑可采用童话城堡式建筑，要造型新颖，错落有致，富有童趣。在色彩上要温馨、恬静、淡雅，给人以童趣和美感；也可以采用粉色系列的建筑群，配上深色的琉璃瓦，充满活泼和动感。

（2）*户外活动场地*。幼儿园的户外活动场地包括游戏场、体育场和凉棚等，3~6个班规模的园所其户外占地面积不少于500平方米，7~12个班规模的园所其户外占地面积不少于700平方米，户外活动场地（包括可利用的阳台、走廊）人均不少于2平方米，生均占地面积、建筑面积均不少于6平方米。各班应有专用游戏场，并靠近各班活动室；游戏场面积每名幼儿应为2.5平方米，一般每班有60平方米，要求地面平坦、沥水，可环绕1.5米高的冬青树或篱笆围栏。在有条件的幼儿园可以设置公共体育场，总面积以每名幼儿2.5平方米计算。还可设淋浴装置和喷水戏水池，池水深为0.25~0.3米，面积为16~20平方米，以调节温、湿度，美化环境。凉棚可设置在各班游戏场附近，面积按每名幼儿2平方米计，棚高为4~5米，以便幼儿能四季户外活动。

户外活动场地是幼儿体育活动的主要场所，要让幼儿亲近阳光和空气，遵循安全、实用的原则，尽量不要出现水泥地，有条件的幼儿园要有草地、泥地和坡地。也可在地上铺上塑胶地毯，配备坚固、耐用、平滑的大型活动器具及简单、轻巧、美观的高密度塑料组合玩具。户外活动区内的运动器械可以以鲜艳、丰富的色彩吸引儿童，营造充满童趣、童真的乐园，激发他们参与活动的积极性。但在铺装、维护物上需要适当地控制色块的大小与种类，避免环境色彩过于复杂。

户外环境要做到绿化、净化、美化、儿童化。户外活动场地要卫生、安全、舒适，幼儿在场地上开展丰富多彩的晨间锻炼和户外体育活动，幼儿可以随意在地上走、跑、跳、坐、卧、滚、爬。根据幼儿园的经济条件，还可以设置石子路、土堆与盘山小路、砖地、小石桥等，使户外活动场地有高有低、有凹有凸、有硬有软、有曲有直、有阶梯有平地，使户外活动环境立体化、层次化、动态化，满足幼儿好奇好动的天性，给予幼儿多种感官刺激，体现从整体布局到局部功能开发的环境探索价值，使其各具特色又交相辉映。

国外很多幼儿园的活动场地都非常有限，但他们在环境创设上注重为儿童创设一种自然的环境，多用原木类的材料做成的设施，一些堆成的小土坡，自然生长的

草地，用绳索吊在树上自制的秋千等，这一切都力图让幼儿与自然相亲近，获得人与自然的交往体验。而这种自然的环境也减少了像塑胶等化学制品可能造成的污染。日本幼儿园中的绝大部分户外活动场地采用了硬沙土地，以减少摔倒后的损伤程度；单杠、爬竿等攀爬类设施下面垫上塑胶垫子；秋千周围设置围栏或用白线标示，以提示孩子秋千摆动的安全位置。美国幼儿园的户外活动操场多是采用橡胶木之类质地的材料，但同时也有适合幼儿开展不同活动的不同地面，如草地、水泥地、沙地等。美国非常重视安全检查工作，有每日、每周、每月的定期或不定期的安全检查工作。在《美国幼儿园环境安全评估标准》中，对幼儿园的各项安全工作都制定了严格的标准，作为安全检查的参照。

（3）绿化。绿色植物调节气候，美化环境，保护生态平衡，杀菌，防噪音，是促进幼儿身心健康的重要物质条件。绿化、美化应是幼儿园室外环境的突出特色。《幼儿园工作规程》明确指出："应根据幼儿园的特点，绿化、美化园地"。国家教委、建设部在《城市幼儿园建筑面积定额》中规定："绿化用地每生不少于2平方米，有条件的幼儿园要结合活动场地铺设草坪，尽量扩大绿化面积。"幼儿园要尽量为幼儿开辟绿化带、绿化群以及便于幼儿种植的绿化网点，避免草地缺乏、没有"绿洲"现象，有条件的幼儿园还可以建花房。要尽量增加幼儿园的绿化面积，一般要求每名幼儿多于2平方米，绿化面积占全园总面积的40%～50%以上较为理想，绿化覆盖率不得低于20%。面积受限的幼儿园可采用屋顶花园、垂直绿化等多种形式。主体建筑物周围要有5～10米宽的绿化地带；园内的绿化应以花草为主，乔灌木为辅，尽可能种植一些适宜本地区气候条件的、常见的花草树木。可结合科学教育种植一些常见树木和蔬菜，不宜种高大树木，以免影响室内采光；也不能种有毒植物或茎叶上带刺的植物，以避免幼儿意外伤害。

在进行场地规划设计时，应合理选择树种，充分利用植物造景，将自然界中季节变换的节奏和韵律，用各种园林植物生动地表现出来。精巧、简单大方的设计，为儿童营造一个多彩的、童话般的世界，让他们置身于这样的环境里，感受花开花落的轮回和季节的变化；用自然界提供的沙石、水、泥和动植物等材料，创建一个充满自然风貌的环境，使他们接受更多的刺激与体验，感受成长的快乐。

（二）班级房舍规划

幼儿园保教单元的房舍应以班为单位进行设计，每班都要有一套功能齐全的教养单元，包括活动室、卧室、盥洗室、厕所、挂衣室和贮藏室等，每班单元有各自的出入口和通向游戏场地的过道。除了选择具有观赏性、视觉距离适宜的作品和材料装饰外，教师要考虑活动室、寝室、走廊的整体安排，将现有设备如橱柜、玩具柜、桌椅、小床、钢琴、电视、空调等摆放在最佳、最能发挥作用、最有利于幼儿活动的位置，使得空间安排具有韵律感和美感，使幼儿产生舒适、安宁、轻松、快乐的感觉，以形成一个造型美观、色彩和谐、童趣盎然并且便于幼儿与环境互动的整体。

1. 活动室

活动室是供幼儿室内游戏、生活、活动的用房，是幼儿园园舍的主体，要求通风良好，阳光充足，有足够的面积和空气容量。国家教委规定，每间供 30 名幼儿使用的活动室面积应为 90 平方米，即每名幼儿 3 平方米，如减去设备和材料的占地面积，约为 2.5 平方米。国内外学者曾做过研究，人均面积低于 2.3～2.4 平方米时幼儿的侵犯行为增加，和同伴交流与合作行为减少。如按 2.5 平方米来规定，我国目前城市幼儿园多数达不到这个标准，有的幼儿园为了创收，每班幼儿达到 50 多人，而传统的 50～60 平方米的活动室未变，使孩子们的生活密度加大，身心问题增多。生活空间还要考虑到空气的容量，活动室的高度要在 3.3 米以上，使每名幼儿空气容量达到 8～10 立方米，以适应他们的身心需求。活动室的窗应朝南，窗台高 50～60 厘米，窗上缘离地面高度要大于 2.8 米，挂浅色窗帘以调节光线。室内墙壁色调要淡，宜为白、米黄、浅蓝或浅绿色；地面宜铺地板，并有防潮设备。活动室室内温度宜保持在 15℃～20℃，要有降温和取暖设备，保持冬暖夏凉。

活动室的布局要有利于幼儿学习操作和对环境的探索，强调和谐、美观与可变性，可利用家具等设备分隔成各种活动区，如科学区、美工区和游戏区等，各活动区注意开放和封闭相结合，并适当设置一些便于幼儿个体游戏的活动角，使活动室发挥最大的教育功能，成为幼儿喜爱的环境。活动室也可兼做卧室，可使用活动式床铺，以节省室内空间，充分利用场地。

2. 卧室

卧室面积按每名幼儿 3～4 平方米计算，空气容量为每名幼儿 12～16 立方米。必须保证每生有 60 厘米×130 厘米的睡床，寄宿制幼儿园应配备儿童单人床。床的摆设要避免拥挤干扰，便于管理，床头间距 0.5 米，行间距 0.9 米。室内最好铺地板，防潮、保温、清洁，无条件配卧室的幼儿园可在活动室装设翻板壁床、壁橱等。卧室可采用浅色木材的色彩或蓝色、绿色，采用避光性较好的冷色、单一或纹样简单的窗帘，床单采用单一色彩，可用蓝色发光二极管灯以促进幼儿睡眠。

3. 盥洗室、厕所

盥洗室和厕所应临近活动室或卧室，安置水龙头 5～6 个，大便器 2～3 个，小便池一个；寄宿制幼儿园还应设淋浴池一个；要有专门的毛巾架，毛巾悬挂时须保持一定距离，一钩一巾，两巾间隔 10 厘米，毛巾上下间不得有重叠，以免传播疾病；每班要有供幼儿随时使用并安全设置的开水桶；茶杯架必须分隔设置，并配纱门（布）遮挡。幼儿使用的牙刷等盥洗用品也应设专用橱具摆放。

4. 门厅、走廊与楼梯

门厅、走廊等室内活动区域属于过往环境，是非正式的活动区域，尽可将色彩设计得丰富活泼，但需要注意其色彩与幼儿园整体环境色彩的协调。首先，色彩的选用要有主次，可使用幼儿喜爱的颜色如大红色、洋红色及对比鲜明的搭配如红黄、黄绿、黄蓝等，以此激发幼儿活动的积极性，提高幼儿的兴奋度，培养其对幼儿园环境的喜爱之情。

楼梯是上下楼的通道，上下位置应能引导幼儿向上或向下走。楼梯间装饰物不宜过于花哨、繁杂，内容应单一，色彩应简单明快、一目了然，避免幼儿集体通过时驻足观看，发生拥挤，出现意外。

（三）活动区域规划

活动区（或活动区域）就是利用活动室、睡眠室、走廊、门厅及室外场地，通过提供并投放相应的设施和材料进行区域功能划分，为幼儿创设的分区活动场所。如把活动室划分为若干个区域，把幼儿活动材料按类别分别放入这些区域，赋予每个区域不同的功能，突出区域功能的教育性和针对性，并设有屏障构成若干相对固定的半封闭区域。

1. 活动区类型

活动区的设置需要全面考虑本园目标、儿童兴趣、班级空间和儿童人数，根据幼儿的认知、情感、动作、语言、社会性等发展的需要。为儿童创设的活动区一般有以下几个。

（1）**角色游戏区**。此区备有家具、餐具、洋娃娃、服饰等设备和材料，儿童在此可以进行超市、小吃店、美容院、娃娃家、银行等角色游戏，通过角色的扮演，帮助幼儿形成良好的情感体验，培养社会性能力，积累社会经验。

（2）**科学/数学区**。此区拥有动植物标本、鱼缸与金鱼、贝壳与石子、磁铁、放大镜、钳子、天平、组合与计数等材料，儿童可以利用各种材料进行按数取物、图形宝宝归类、排序等数学操作和游戏；还可以养殖各种"动物"和"植物"，如种植蒜苗、白菜、豌豆，养殖乌龟、蜗牛、春蚕等，利用听筒、沙漏、量杯、地球仪等探究追寻自然奥秘，使得儿童通过探究、比较、测量、实验发现事物之间的关系，萌发对科学的兴趣。

（3）**生活训练区**。此区有扣子、拉链、鞋带、铅笔、剪刀、线绳、卡片、拼图板等，儿童在此可以进行穿脱衣服、整理衣物、编辫子、系鞋带、扣扣子、切水果、刨瓜皮、浇花、插花等活动，以发展小肌肉的力量，增强手指的灵活性，提升生活技能。

（4）**建构区**。此区有拼图、雪花片、大型积木、插塑、智力拼板、七巧板、废旧包装盒以及各种模型和图案、照片等，儿童在此可以利用各种材料，建构自己感兴趣的物体，如农场、大桥、飞机场、儿童公园、动物园等，但堆搭物体的高度不能超过自己的身高。建构区的活动有利于儿童认识物体的形状、大小、长度、系列，掌握空间关系，发展手眼协调能力和想象力。

（5）**图书/语言区**。此区应设在安静、明亮之处，通过图书架等物体与其他区域分割开来。此区应有适合儿童且反映不同文化的图书，有小地毯、沙发、枕头、充气垫；图书封面朝着儿童摆放，高度与儿童的视线相当。儿童在此可以舒适、放松地阅读、静息和听讲，包括听录音、合作猜谜、剪贴废旧图书、玩卡片找朋友（字画配对）等，培养阅读的习惯和兴趣以及对图书的热爱，发展语言能力。

（6）**艺术区**。美工区应安放在靠近水龙头的地方，有画架、纸张、颜料、画笔、刷子、小桶等。儿童在此对纸或布、羽毛、棉花、毛线、纽扣、肥皂等材料进行加

工，包括泥工、纸工（折、剪、撕、贴、玩）、绘画、涂鸦、废旧物品制作画等，创造各种艺术品。音乐区放置有收录机、儿歌磁带、打击乐器与各种制造声音的材料、律动器材以及各式表演性服装、道具等，可以方便儿童自由选择材料进行音乐表演创作活动，培养幼儿的美感，提升幼儿的艺术感受力、表现力和创造力。

（7）**沙水区**。此区靠近水源，备有不锈钢水槽、多件沉或浮的物品、肥皂、吸管、染料等；或备有一个沙地、铲子、小桶等。儿童在此可以使用多种器具玩沙或玩水，以了解物体的结构、体积、性能，掌握测量的技术，知晓沙、水的基本特性。

（8）**木工区**。此区有刨子、锯子、锤子、铁钉、树干、木块、瓶盖等材料，儿童在教师的监督下，在此进行安全的活动，享受敲打的乐趣，理解部分与整体的关系，发展动手能力、设计能力。

（9）**计算机区**。儿童在计算机上学习读、写、算的基础知识，玩游戏、画图、欣赏音乐以及多媒体课件、打印材料等，提高自己利用现代科技自我学习的能力。

（10）**健身区**。此区大多设置于室外，远离静态活动区，有攀登架、滑梯、梯子、箱子、平衡木、秋千、三轮车、皮球等。儿童在此可以进行走大鞋、踩高跷、走平衡、钻爬、在垫上运动、跳绳等活动，发展大肌肉活动能力，激发对体育活动的兴趣，增强身体素质。

2. 活动区域设置

活动区域的设置在于创设能鼓励幼儿自由选择、便于操作、大胆探索的环境，更好地促进幼儿身心全面和谐的发展。区域环境创设既要充分考虑幼儿园自身条件，为幼儿创设一个安静有序的良好环境，又要积极引导幼儿主动地参与环境创设，师幼互动，才能使活动区真正成为幼儿喜爱的、健康成长的园地。因此，教师可以与幼儿共同讨论班级里需要哪些区域活动，让幼儿根据自己的需要提出想法，设计区域活动标志。此外，还要根据儿童的兴趣及时调整、更换区域，并适当增开新的活动区以满足幼儿不断变化的需要。具体应做到：

（1）**区域安全化**。创设安全有效的活动区域，以避免安全事故的发生。区域间的铺设物可选用柔软的地毯，桌椅可选用无角圆形的，以避免幼儿磕碰。各区域间要标有清楚的走动线，引导幼儿正常游戏。分割物的高低视幼儿的年龄特点而变换，但分割物不宜太高，要使幼儿能随时看见教师，以增强心理安全感，也便于教师指导。

（2）**布置儿童化**。环境布置应儿童化、和谐有序。区域活动的环境布置必须符合幼儿年龄特点，色彩鲜艳、明亮、富有童趣，引起幼儿联想、思索，这样才符合幼儿的心理需求，激发幼儿兴趣，充分发挥幼儿的自主性，使之积极投入到活动当中去。教师可充分利用教室的地面、墙面、桌面、材料、设备等布置环境，每个区域应有分类架或游戏筐，便于幼儿选取和整理材料。为幼儿提供一个有准备的、丰富的、精心设计的有序环境，同时又是一个开放的、变化的、有多种探索发现机会的环境，使蕴涵的教育因素充分发挥作用，儿童能够充分活动，获得和谐发展。

（3）**分割适宜化**。区域间的分割应得当适宜，动态活动区和静态活动区相分离，长久活动区与临时活动区相配合，既要考虑到幼儿之间能相互交流、共同合作，又要注意彼此之间互不干扰，从而让幼儿专注地进行探索活动。各区域间的分割以桌子、柜子、隔板等物体分割，每个活动区约能容纳4名幼儿，且各活动区之间是开放联系的，方便幼儿出入和区间交流，增强幼儿的交往与合作。区域之间可用同质地的铺设物（如地毯、地板等）来暗示区域的界限或改变光照明度，既界定了游戏的范围和特性，又可以增加不同区域之间的互动，同时铺设物还有利于消除噪声。

3. 活动区域材料投放

材料是区域活动的物质载体，是幼儿发展的媒介，具有教育暗示性的作用，一定程度上决定了区域活动方式和价值水平。教师要根据教育目标和本班幼儿的身心发展水平、兴趣、需要，精心设计并慎重选择活动材料，注意材料的目标性、丰富性、层次性、动态性。依据幼儿的个别差异，提供既符合幼儿原有水平，又能提升幼儿经验的具有开放性和多样性的材料，便于幼儿操作和自由选择，能够激发幼儿积极主动地与物质材料发生作用，进行大胆探索，促进幼儿身心全面和谐的发展。

（1）**材料的目标性**。材料投放应具有目标性，根据近阶段的教育目标和幼儿的活动需求，有针对性地选择、投放多种活动材料，让材料的教育功能与幼儿的发展目标相对应，有目的地引导幼儿进入区域进行活动，使区域活动目标与主题教育目标达成一致。根据幼儿对新鲜、变化的事物较易产生兴趣的心理发展特点和规律，活动区的材料要根据教育目标不断调整、充实，让幼儿总有耳目一新的感觉。即使是在完成同一目标时，设计、提供的材料也应力求做到角度不同、丰富多样，并不断地变换材料，以激发幼儿操作的兴趣，满足幼儿反复操作的需要。同时，充分挖掘材料在不同区域内的多种教育作用，一个目标可以通过若干材料的共同作用来实现，一种材料也能为达到多项目标服务。

（2）**材料的丰富性**。丰富的活动材料可增强儿童活动的乐趣，引发幼儿独立思考和想象，让幼儿勇于探索和创造。活动区的材料投放要具有丰富性，要考虑到其教育性与艺术性，注意物美价廉、经济适用和卫生安全，并要注意材料的多样化、新颖性和多变性，以满足幼儿的身体活动、社会性活动、建构性活动、戏剧性活动等区域活动的需要。在提供活动材料时，应符合幼儿的年龄特点，给低龄幼儿以提供成型玩具为主，适当提供一些半成品玩具。随着年龄的增长，逐步增加半成品材料和低结构性材料，这些材料简单、多变、可替代，能够引发幼儿的思考和探究，对幼儿具有一定的挑战性，以满足他们的探究和自主发展的需求。同时，积极鼓励幼儿、家长参与活动区材料的收集和制作，慧眼发现、利用大自然的材料和日用物品的教育价值，将一些自然物（如树枝、麦秆、稻草、卵石、沙子、小草、树叶等）和简单的废旧日用物品（如塑料瓶、空盒子、纸箱、轮胎、靠垫等）纳为活动材料，这样不仅丰富了活动的内容，而且有助于发展婴幼儿的智力和想象力，使其养成勤俭节约的好习惯，为幼儿提供更为广阔的参与空间和发展契机。但需要注意的是，应选择无毒、无味、对幼儿无安全隐患的活动材料，采用的废旧物品和自然材料必须经过清洗、消毒，确定卫生才能投放使用。在保障安全的基础上，注意操作材料的色彩搭配和便于操作，使其在具备教育功能的同时，充分将其艺术性展现出来，以吸引幼儿对活动材料充满兴趣，使幼儿积极参与到活动中来，有利于区域活动的顺利开展。

（3）**材料的层次性**。不同年龄班活动区域中应根据本年龄段幼儿的身心特点投放活动材料，体现年龄维度上的多层次性，做到有的放矢，具有针对性和计划性。同一个活动区也应提供具有多层次操作水平的原材料、半成品材料和成品材料，这样才有利于幼儿的操作探索，更大程度地鼓励幼儿的自主学习。同时，要根据幼儿不同发展水平的需要，提供不同层次、不同要求的材料。教师应及时观察、分析幼儿在各个领域的发展情况，充分了解每个幼儿的发展水平，考虑个体和个性差异，为幼儿设计、提供多层次、不同要求的材料，根据幼儿的个体差异投放材料，在活动区内提供难易程度不同的操作材料，让幼儿量力而行，供不同程度的幼儿选择，使不同发展水平的幼儿都有表现能力和获得成功体验的机会，从而增强幼儿的自信心，促进每个幼儿在自己原有水平上获得不同程度的提高。

（4）**材料的动态性**。活动区的材料应保持动态性，这就要求教师依据幼儿的兴趣和需要，经常变换活动材料，以保持区域活动的新鲜感，提高幼儿的活动兴趣，吸引幼儿参与活动。同时，根据不同教学内容、知识层次及时调整、补充、变换与之相应的材料，保持活动材料的探究性，引发幼儿动手、动脑，支持幼儿与活动材料的积极互动。此外，材料的动态性还体现在各年龄段及平行班之间的互动上，各班教师应及时沟通、交流幼儿区域活动的情况，做到材料的互补、资源共享，让材料真正地为活动提供服务。

（四）班级环境呈现

班级环境呈现的一般原则是安全、自然、美观，有利于互动，而特殊原则是因地制宜、顺应变化、张扬个性。教师要根据教育目标和幼儿不同的兴趣、需要和身心发展特点，以幼儿喜欢的方式呈现儿童化、审美化、教育化的班级环境。

1. 色彩上，应以色彩艳丽的纯色为主

班级环境色彩在视觉上应当充分表现出童趣，让所有的人都能感受到童年的温馨与美好。班级环境中的色彩应以幼儿的身心发展规律为依据，做到既丰富又协调，艳而不繁，艳而不乱。环境色彩宜单纯、接近自然，这样的色彩能令纯洁的孩子们产生丰富的想象，如广袤无边的绿色草原、茂密的森林、辽阔的蓝天、飘浮的白云、蔚蓝的海洋和可爱的小动物们。这些单纯、源于自然的色彩，易使阅历短浅的幼儿产生共鸣，易于他们理解，便于他们欣赏、借鉴、表现。幼儿们喜爱明快的色彩对比，活泼好动的幼儿从中可以感受到色彩变化的节奏和共鸣。在为幼儿创设对比、跳跃色彩的同时，应考虑画面的整体美，采用较大浅色块支撑，可使画面既有局部美的变化，又有整体协调感，使环境更具艺术化。

2. 造型上，应以稚拙、简洁为主要表现手法

造型圆浑、敦实、稚拙、简洁的美术造型最能吸引幼儿，因为尚未完全走出视觉模糊阶段的幼儿，对圆浑的造型能淋漓尽致地感知。敦实、稚拙的模样令他们产生更多的关注和怜爱，而简洁的美术造型，可以吸引幼儿的感知。同时，由于造型概括、简洁，绘画操作过程相对简单易行，更适用于班级环境布置内容多、更换周期快的需要。对于班级环境的设计，在满足儿童使用功能的基础上，还应满足儿童富于幻想的、多变的要求，增添趣味性。

3. 内容上，应创设符合幼儿心理需求的环境

幼儿往往对不熟悉的环境感到害怕，熟悉的环境容易使幼儿产生安全感和归属感。在走廊、楼梯可悬挂幼儿作品，还有幼儿活动、演出的照片，教师的儿童画等。这些作品被幼儿所熟悉，色彩鲜艳，符合幼儿心理特点，更能培养幼儿的审美情趣。而且，看到自己的作品展出，幼儿更能增加一份成就感、自豪感。研究证明，用幼儿熟悉的玩具、用品等把小班班级环境布置成"家"，可以很好地缓解幼儿的分离焦虑，减少恐惧感，解决小班幼儿的入园适应问题，使幼儿能很快地融入幼儿园集体生活中。

4. 方式上，应依据教育需要呈现

具体的呈现方式如下。

（1）**专题呈现**：即根据幼儿当前学习的一个重点来建构墙面环境与材料环境，以保证单位时间内幼儿的学习效率。

（2）**一次性呈现**：即将幼儿一次活动或一个系列活动的成果一次性发布，这种方式比较适合幼儿作品展出和进行阶段性活动小结。

（3）**持续呈现**：即环境创设由一个小的切入点展开，伴随着幼儿的活动不断丰富，逐步形成一个具有主题的环境，这种方式比较适合于反映幼儿生成性的学习过程。

（4）**根据活动组织形式呈现**：即根据幼儿学习活动的形式以集体、小组、个别的形式呈现他们的学习成果。

（5）**根据活动内容变化的需要呈现**：这主要体现在幼儿操作材料的提供上，即相同的材料由于活动功能的不同，其呈现的方式也应有所不同。

（6）**根据幼儿表达方式的特点呈现**：即根据幼儿选择的记录活动的符号来呈现幼儿的学习成果。

（7）**以交流为目的的呈现**：即教师选择幼儿个体学习过程最有价值的内容加以整理，以一种结构化的方式呈现在环境中，以此为线索引发幼儿间积极的互动。

四、班级精神环境的安全规划

营造温暖、轻松的心理环境，可让幼儿形成安全感和信赖感。班级精神环境是指幼儿园内对幼儿身心发展产生影响的一切精神要素的总和，主要包括教育观念与

行为、幼儿园制度、文化氛围等。它虽然是无形的,但却直接影响着幼儿的情感、交往行为和个性发展。良好的班级精神环境能使幼儿产生积极愉快的情绪和安全感,有助于幼儿形成活泼、开朗、信任、自信的性格特征,有助于幼儿的身心健康。反之,不良的班级精神环境,会使幼儿情绪不佳,整天生活在紧张而恐惧的气氛中,从而导致生理功能的障碍和紊乱,影响幼儿的身体健康,更严重的是会使幼儿形成孤僻、抑郁、胆怯、不信任等性格特征,极大地扼杀幼儿的童真和天性,甚至对其今后一生的健康和幸福产生深远的影响。因此,创设文明有序、健康安全、和谐温馨、积极向上的班级精神环境是幼儿健康成长的需要。

(一)营造温馨的班级氛围

幼儿需要一个充满心理安全与心理自由的环境,民主、向上、和谐的班级氛围能给幼儿一种"润物细无声"的教育,身处其中的幼儿会萌发学习的热情,获得情感的满足,得到心灵的陶冶。教师作为教育者,应该在创设优良班级精神环境的过程中起到调节和指引作用,引导幼儿之间建立相互信任、团结、互助的同伴关系,引导幼儿和教师建立轻松、和谐的师幼关系。同时,教师还应为人师表,与同事、家长建立和谐、平等的协作关系,营造融洽、和谐、健康、安全的班级氛围,让幼儿乐在其中。

1. 师幼关系

师幼关系是幼儿园教育过程中最基本、最重要的人际关系,是幼儿全面发展的支持系统。师幼关系是一种亲密的类亲子关系,儿童向师性的特点使得教师成为班级集体的精神领袖。幼儿会由于教师的亲近、关怀、鼓励而高兴、自信、活跃,也会由于教师的疏远、拒绝、冷淡而沮丧、自卑。爱的理解是师幼双方价值升华的一个重要因素,体现在教师关心、热爱、尊重儿童和平等对待儿童上。幼儿教育法律法规都明确指出:"应尊重幼儿的人格和权利""关注个别差异""促进每个幼儿富有个性的发展"。中国共产党第十八次全国代表大会报告进一步强调:"大力促进教育公平""让每个孩子都能成为有用之才"。教师应尊重幼儿人格,维护幼儿合法权益,平等对待每一个幼儿。不讽刺、挖苦、歧视幼儿,不体罚或变相体罚幼儿;教师应信任幼儿,尊重个体差异,主动了解和满足有益于幼儿身心发展的不同需求;教师应关爱幼儿,重视幼儿身心健康,将保护幼儿生命安全放在首位;教师应重视班级生活对幼儿健康成长的重要价值,积极创造条件,让幼儿拥有快乐的班级生活。教师作为儿童班级生活的支持者、合作者、引导者,是班级集体的核心,应以关怀、接纳、尊重的态度与儿童交往,为儿童提供安全、温馨的成长环境,培养儿童在集体中的安全感、归属感和自信心,呵护幼儿的童年快乐与幸福。"幼儿园是我家,老师爱我我爱她,老师说我好娃娃,我说老师像妈妈。"这首儿歌便是和睦亲密的师幼关系写照。

2. 同伴关系

班级生活是儿童生命历程中的重要组成部分,也是童年生活的主要组成部分,成为儿童由家庭生活走向学校生活的过渡。在班级生活中,儿童除了学习知识、技能外,更重要的是养成良好的学习习惯、方法和态度,并掌握集体生活规则,学会做事、生活与生存,为同伴、集体所接纳。同伴、集体的接纳可以让儿童找到归属感,并通过同伴、集体实现自我认知。

教师应引导幼儿学会相互交流思想和感情。通过引导幼儿向同伴交流自己的思想和感情,有利于幼儿了解同伴的各种需要,进而产生帮助、合作等行为,同时也能使得到帮助行为的幼儿学会正确的反馈方法。教师应通过班级的日常生活,引导幼儿在生活细节中分享、协作、友爱,让幼儿与同伴相互表达感受,学会观察他人的喜怒哀乐,了解他人的情绪情感状态等,让幼儿学会正确地关心他人,建立相互关心、友爱的同伴关系,消除攻击性行为,建立良好的同伴关系,让幼儿在集体生活中感到温暖,心情愉快,形成安全感、信赖感。教师要鼓励缺乏交往技能或过分害羞的幼儿积极参与到班级活动中来,并通过鼓励其他幼儿与其交往,使其获得同伴交往的愉快感和集体归属感,体验集体生活的乐趣。

3. 同事关系、师长关系

教师与教师之间、教师与家长之间的人际交往对幼儿的身心发展具有重要的影响,是儿童同伴交往的重要榜样,是儿童心理安全的风向标。同事之间、教师与家长之间要团结友爱、互助合作,以良好的成人人际环境带动良好班级精神环境的形成。成人间关系的不和谐,会导致幼儿产生担忧、焦虑和不安全感。教师与教师之间、教师与家长之间如果相互尊重、相互关心、相互帮助,则会给班级带来一种温馨、和谐的气氛,让幼儿耳濡目染,学会体察别人的情绪、情感,产生心理安全感。因此,教师应具有团队合作精神,同事之间、教师与家长之间积极开展协作与交流;

教师应乐观向上、热情开朗,有亲和力;教师应衣着整洁得体,语言规范健康,举止文明礼貌,为人师表。

(二)创设完善的安全制度环境

在"最能有效预防班级安全事故的措施"调查中(见图2-2),"健全安全管理制度"被排在了第一位,由此可见制度保障的重要性。除了营造良好的班级氛围,安全的班级精神环境还需要幼儿园建立健全的安全制度体系,制定与幼儿园行政、教学、保育等各项工作相关的安全管理制度,形成全方位的安全制度网络,为幼儿创设一个完善的安全制度环境。

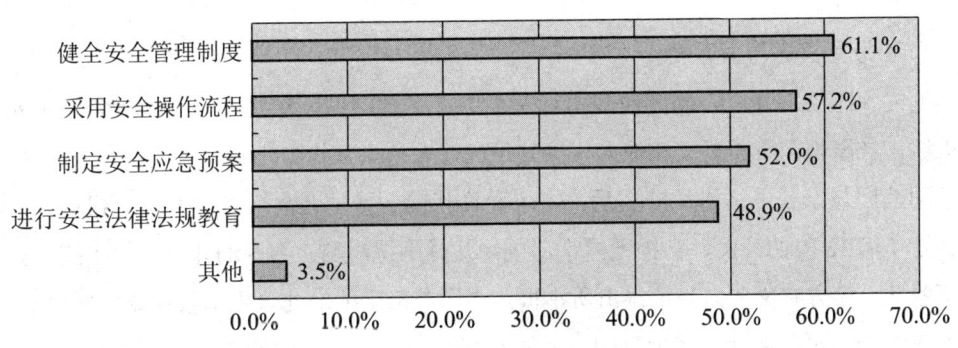

图2-2 最能有效预防班级安全事故的措施

《中小学幼儿园安全管理办法》明确规定了中小学、幼儿园的校内安全管理制度,幼儿园应当遵守有关安全工作的法律、法规和规章,建立健全园内各项安全管理制度和安全应急机制,及时消除隐患,预防伤害事故发生。

1. 建立园内安全机构

幼儿园应当建立园内安全工作领导机构,实行园长负责制;应当设立保卫机构,配备专职或者兼职安全保卫人员,明确其安全保卫职责。

2. 健全门卫制度

幼儿园应当健全门卫制度,建立园外人员入园的登记或者验证制度,禁止无关人员和园外机动车入内,禁止将非教学用易燃易爆物品、有毒物品、动物和管制器具等危险物品带入园内。幼儿园门卫应当由专职保安或者其他能够切实履行职责的人员担任。

按规定的时间开关园门，开门时，门卫要站岗值班，每天开门时间为：早上7:15—8:30，下午4:30—5:30。提高警惕，随时注意门户安全。外来人员及参观来访人员，需要出示介绍信和证件，通传有关部门允许后方能入园；加强节假日值班保卫，要安排好值班人员，值班人员不得请假、缺席。值班人员要坚守岗位，严格执行门卫制度，并认真做好值班登记；值班人员在值班时间要定时巡视园舍一周，同时检查门窗、电器、火种是否符合要求；节日、假期值班时间不接待亲友，尽量不带亲属，如带小孩回园值班；应注意保持园舍环境清洁；住园值班人员，每晚睡前检查园舍一遍，住园人员未经允许，不得带外人在园留宿；门卫人员必须坚守岗位，不能擅自离岗；接送高峰时要站岗，切实做好安全保卫工作，严防幼儿走失，文明有礼，认真做好接待工作。

3. 制定接送管理制度

为保障幼儿安全，幼儿园应实行家长专人接送制度，幼儿入园刷卡后方可进入班级。当家长因事需要委托他人代接时，代接人须执家长委托书及代接人有效证件，经幼儿园与家长电话沟通证实后，方可允许代接。接幼儿离园时，家长及代接人必须是年满18岁的公民，精神无异常，接幼儿时不得酗酒。否则幼儿园有权拒接，如不服从，园方有义务向当地派出所举报。由园车接送的幼儿，跟车教师要做好家长、本班教师、跟车教师的签名登记，并检查清楚幼儿人数，把幼儿安全送到家长或本班老师手中；司机每天检查园车行驶状况，确定安全后再出车；每次接送后，仔细检查，确保车上无人遗留。

4. 建立定期检查和危房报告制度

幼儿园应当建立园内安全定期检查制度和危房报告制度，按照国家有关规定安排对学校建筑物、构筑物、设备、设施进行安全检查、检验；发现存在安全隐患的，应当停止使用，及时维修或者更换；维修、更换前应当采取必要的防护措施或者设置警示标志。幼儿园无力解决或者无法排除的重大安全隐患，应当及时书面报告主管部门和其他相关部门。幼儿园应当在校内高地、水池、楼梯等易发生危险的地方设置警示标志或者采取防护设施。保证幼儿园房屋、场地、设施、设备、玩具、生活用品以及体育器械的使用安全，定期由专人检修，避免摔伤、砸伤、烫伤等事故发生。

（1）定期检查、维修房舍、游戏场地和大型运动器械。检查整修房舍内外墙、地板、天花板、房顶、门窗，以及室内设施如供暖设备、上下水管道及家具。加强对各类用房的保养与管理，制订计划，采取有效措施，定期整修，保持房屋和各种设备的整洁完好。检查排水渠道是否通畅，体育活动场所和游戏场地雨后能迅速排水，保持环境清洁和便于活动的进行。要经常检查场地是否有瓦砾石块、钢筋等危险物品，大型维修后要及时清理场地，以保证幼儿活动的正常进行并确保安全。对大型运动器械要安排专人负责管理，经常进行安全检查，定期维修。场地上的运动器械必须避免失修状态，否则幼儿的安全就得不到保证。

（2）**全园教师各司其职，及时检查相关设施设备**。每学期开学前一周由电工、木工全面检查电源、电器、床铺、门窗等，发现问题及时处理。定期检查，落实设施、设备、大型玩具的安全，每周全园教职工检查包干地段的设备、设施、用具、电器、玩具，发现问题时及时维修或采取保护措施。厨房人员每天下班前检查厨房设备设施是否安全并登记。值夜班门卫每晚接班时巡视园舍一遍，检查门窗、电器、火种是否安全，并做好检查记录。

（3）**让不安全物品远离幼儿**。班级所使用的壁纸刀、剪刀、体温计等尖锐物品，统一存放在幼儿拿不到的地方。加强幼儿早、午、晚检查，将幼儿所携带的尖锐物品一律没收，尤其加强对幼儿睡前的检查（尖锐品、小纽扣、棉花、橡皮、卡子、线团等）。严禁在幼儿活动范围内放置烧水器、暖水瓶、打火机、蚊香、电炉等不安全物品。各班教师在打热水时不可直接使用暖水瓶或电壶提水，要使用水桶打温度适宜的水，切记不能直接打滚烫的热水，并且各班保温桶必须上锁扣。床铺、桌椅要有序摆放，以免摔伤幼儿，教育幼儿不在床上打闹。

5. **落实消防安全制度**

幼儿园应当落实消防安全制度和消防工作责任制，对于政府保障配备的消防设施和器材加强日常维护，保证其能够有效使用，并设置消防安全标志，保证疏散通道、安全出口和消防车通道畅通。灭火器应放在显眼地方，教职工应掌握使用方法，灭火器要定期检查、更换，确保正常使用。

6. **建立水、电、气设备的安全管理制度**

幼儿园应当建立用水、用电、用气等相关设施设备的安全管理制度，定期进行检查或者按照规定接受有关主管部门的定期检查，发现老化或者损毁的，及时进行维修或者更换。教室的电源开关、插座要装在幼儿接触不到的地方。园内的一切电

器设备非电工人员不准擅自安装、修理，严禁工作人员在电线上乱拉、乱扯、乱挂。严禁幼儿触摸各种电器开关，应对幼儿进行安全用电教育。使用一切电器设备，要严格遵守电器操作规程，录音机、电视机、计算机一次开机时间不要太长，用完后要立即切断电源。在擦拭开关时要用干抹布。各教学班、各岗位工作人员要严格遵守人走或停电时切断电源的要求，下班前要仔细、全面检查核实后方可离开幼儿园。离园后应有人检查门窗、水管、电灯、风扇、录音机、空调等，防止意外发生。

7. 严格执行食品、厨房卫生操作规范

幼儿园应当严格执行《学校食堂与学生集体用餐卫生管理规定》《餐饮业和集体用餐配送单位卫生规范》，严格遵守卫生操作规范。食堂工作人员必须持有效的健康证和卫生知识培训合格证，认真贯彻执行食品卫生法规和有关部门制度，培养良好的卫生意识。建立食堂物资定点采购和索证、登记制度与饭菜留验和记录制度，检查饮用水的卫生安全状况，保障师幼饮食卫生安全。

（1）*食品采购验收制度*。采购的食品原料及成品必须色、香、味、形正常，严禁采购腐烂变质的食物，购进原材料要求无毒、无害，采购成品、成型食物应向厂家索取卫生许可证或有关部门证件，符合食品卫生标准和营养要求；采购肉类食品必须索取卫生检验合格证；采购定型包装食品时，商标上应标有产品名称、生产厂家、厂址、生产日期、保质期等内容；采购乳制品、酒类、饮料、罐头、调味品等食品时，应向供方索取本批产品的检验合格证或检验单位；采购的食品每天必须经验收人员、保健医生及主管人员检查并填写《食品安全检验登记表》后方能食用。

（2）*食品贮存卫生制度*。食品应存放在专用仓库，并放置有能正常使用的防鼠、防蝇、防潮、防霉、通风等设施；食品要分类、分架、隔墙离地存放，各项食品有明显标识，有异味或易吸潮的食品应密封保存或分库保存，易腐烂食品要及时冷藏、冷冻保存；库存食品要生熟分开，防止交叉感染；包装食品要离地存放，散装食品应用容器加盖存放，注意保质、保鲜；要有专人负责管理，设立台账制度，做好出入仓登记，做到食品勤进勤出、先进先出；每周清仓检查，防止食品过期、变质、霉变、生虫等，及时清理不符合卫生要求的食品；成品、半成品食品及食品原料应分开存放，食品不得与药品、杂物等物品混放；冷藏设施及控温设施必须正常运转，冷藏设施、设备不能有滴水现象。

（3）*食品卫生检查制度*。食品的洗切、加工必须遵守"一洗、二浸、三烫、四炒"的烹饪程序，饭菜煮熟、煮透，符合卫生要求，加工用器、容器、餐器应严格遵守消毒、保洁规程，严防二次污染事故的发生。初（粗）加工的择洗、解冻、切配、加工工艺流程必须合理，各工序必须严格按照操作规程和卫生要求进行操作，确保食品不受污染；加工后肉类必须无血、无毛、无污物、无异味；水产品无鳞、无内脏；蔬菜瓜果必须无泥沙、杂物、昆虫，瓜果蔬菜加工时必须浸泡半小时；做好加工制作过程的卫生管理工作，确保产品卫生安全；不选用、不切配、不烹调、不出售腐败、变质、有毒、有害的食品；块状食品必须充分加热，烧熟煮透，防止外熟内生；食物中心温度必须高于70℃；厨房人员严禁加工劣质食品，隔夜食品必须倒掉，夏季食品购进必须进行冷藏处理。

（4）**厨房卫生检查制度**。厨房工作要做到每项工作完成后清洗场地卫生，厨房卫生实行包干制，每天下班前搞好每人各包干区内环境卫生，每周大搞室内外环境卫生一次，每周进行园环境卫生评比检查；各类检查要有检查记录，卫生检查情况实行奖惩制度；检查内容包括食品加工、储存、发放的各种防护设施、设备及运送食品工具的卫生情况，各种防尘、防鼠、防蝇设施的有效情况，冷藏食品的存放情况，食具、用具的洗消、保洁情况等。此外，还要检查厨房人员的个人卫生情况，包括健康情况、个人卫生情况。严禁闲杂人员进入工作间，工作人员应注意个人卫生，工作时穿戴工作衣、帽，要保持室内外环境的卫生。

（5）**用餐制度**。厨房工作人员必须对热饭、热水做降温处理，凡超过40℃的汤、粥、菜不能进入活动室，防止烫伤幼儿；开饭时先把食物分好后，再让幼儿上桌吃饭。为幼儿提供营养均衡的膳食，定期计算幼儿食量和营养摄取量，注意饮食卫生；幼儿自带的食品要检查出厂日期和保质期。

8. 建立实验室安全管理制度

幼儿园应当建立实验室安全管理制度，并将安全管理制度和操作规程置于实验室显著位置。化妆品、油漆等必须由专人妥善保管，严禁幼儿接触。幼儿园应当严格建立危险化学品、放射物质的购买、保管、使用、登记、注销等制度，保证将危险化学品、放射物质存放在安全地点。

9. 建立卫生保健制度

幼儿园应当按照国家有关规定配备具有从业资格的专职医务（保健）人员或者兼职卫生保健教师，购置必需的急救器材和药品，保障对幼儿常见病的治疗，并负责幼儿园传染病疫情及其他突发公共卫生事件的报告。有条件的幼儿园，应当设立卫生（保健）室。新生入园应当提交体检证明，并查验预防接种证。幼儿园应当建立幼儿健康档案，组织幼儿定期体检。

内服药、外用药要严格分开放置，药品一定要放置在幼儿取不到的药箱里，并贴上标签，用后要放回原处。凡幼儿自带的药品，药袋里必须要有病历和家长填写好的《幼儿入园服药登记表》，表内要填写清楚班级、姓名、用量、时间以及家长的签名，要求家长直接把药物送给保健员，不得把药物放进书包里，保健员晨检后把药物送到各班教师手中，做好药物交接记录。教师要按时给幼儿服药，并做好记录，服药要仔细核对姓名、药名、用量，避免误服或过量服用，未经过医务人员的许可，不得随意给幼儿服药，严防医疗事故发生。

10. 建立幼儿安全信息通报制度

幼儿园应当建立幼儿安全信息通报制度，将幼儿园规定的幼儿入园和离园时间、幼儿非正常缺席或者擅自离园情况以及幼儿身体和心理的异常状况等关系幼儿安全的信息，及时告知其监护人。对有特异体质、特定疾病或者其他生理、心理状况异常的幼儿，幼儿园应当做好安全信息记录，妥善保管幼儿的健康与安全信息资料，依法保护幼儿的个人隐私。

11. 建立住宿幼儿安全管理制度

寄宿制幼儿园应当建立住宿幼儿安全管理制度，配备专人负责住宿幼儿的生活管理和安全保卫工作。幼儿园应当对幼儿宿舍实行夜间巡查、值班制度。学校应当采取有效措施，保证幼儿宿舍的消防安全。

12. 建立车辆管理制度

购买或者租用机动车专门用于接送幼儿的幼儿园，应当建立车辆管理制度，并及时到公安机关交通管理部门备案，对接送车辆的审批手续、配车资格、车辆种类、驾驶人员、跟车监护、车况检查、接送范围等做好具体规定。幼儿园要会同公安、交通部门对幼儿园所用车辆、驾驶人员的从业资格（包括安全知识、驾驶经验、近期是否发生过重大交通事故等）进行检查。接送幼儿的车辆必须检验合格，并定期维护和检测。接送幼儿专用园车应当粘贴统一标识。标识样式由省级公安机关交通管理部门和教育行政部门制定。幼儿园不得租用拼装车、报废车和个人机动车接送幼儿。接送幼儿的机动车驾驶员应当身体健康，具备相应准驾车型3年以上安全驾驶经历，最近3年内任一记分周期没有记满12分记录，无致人伤亡的交通责任事故记录。坚决杜绝超载车辆、无证无牌车辆从事营运，防止交通事故的发生。

13. 建立活动安全制度

幼儿园应建立活动安全制度。在活动安全方面，要加强安全教育，强化在园幼儿的安全观念和自我防护能力。加强活动场地、器械等的安全检查，预防事故发生。加强活动的组织，教师要自始至终在现场进行管理，所有活动要根据幼儿的年龄和能力发展状况组织实施。组织幼儿活动，教师不得离开或闲谈，保证幼儿在教师的视野之内活动。出入教室、上下楼要有秩序，不拥挤，不打闹。组织园外活动时，活动地点要由教师事先熟悉环境，了解周围是否有水塘和危险物等。带幼儿外出活动必须有3名以上教师跟随照顾，活动范围要在教师视野之内。活动前后要对幼儿进行安全、纪律教育，详细检查幼儿情况（人数、健康、衣着等）。教育幼儿不做危险动作，不随意采摘、品尝花、草、种子、果实等，备小药箱或常用药物。

14. 建立大型活动审批制度

幼儿园应建立大型活动审批制度。凡幼儿园组织的旅游、社会公益活动等，必须依照有关规定于事前向主办单位和县（市）区教育行政部门征求意见。对于参加人数多、时间长、路程远的大型活动，必须经市教育行政部门批准。

15. 建立安全工作及突发事件报告制度

幼儿园应建立安全工作及突发事件报告制度。幼儿园要将安全工作报告上报主办单位和上级教育行政主管部门。对幼儿园发生的各类突发性事件，要在6小时以内向上级教育部门报告，对发生的重大、特大安全事故要在2小时以内向上级教育部门报告，并每隔6小时汇报一次事故处理情况。

16. 建立安全工作档案

幼儿园应当建立安全工作档案，记录日常安全工作、安全责任落实、安全检查、安全隐患消除等情况。安全档案作为实施安全工作目标考核、责任追究和事故处理的重要依据。

当我们能够创设安全的幼儿园环境和班级环境时，我们就可以大声地对孩子

们说:"来,孩子们,让我们到花园里去!"① "那里铺满鲜花和绿叶,到处都是清新、浓荫、碧绿和芳香,自然作我们的向导,幸福和欢乐作我们的伙伴,处处洋溢着童真的欢笑……"

---

① Heinemann A H. Froebel Letters [M]. Boston: Lee and Shepard Publishers, 1893: 20.

第三章　班级安全教育

> 平安成长比成功更重要。[①]
> ——王大伟

幼儿阶段是儿童身体发育和机能发展极为迅速的时期，也是形成安全感和乐观态度的重要阶段。幼儿身心稚嫩，自我保护意识淡薄，自我保护能力弱，需要成人的精心呵护和照顾，幼儿园必须把保护幼儿的生命和促进幼儿的健康放在工作的首位。《中小学幼儿园安全管理办法》要求幼儿园应当将安全教育纳入教学内容，对幼儿进行安全教育，培养幼儿的安全意识，提高幼儿的自我防护能力。幼儿园安全教育是指针对3—6岁儿童所进行的有目的、有计划、有组织的安全防护教育活动，以培养幼儿的安全意识，使幼儿掌握必要的安全知识和技能，养成在日常生活和突发安全事件中正确应对的习惯，最大限度地预防安全事故发生和减少安全事件对幼儿造成的伤害，保障幼儿健康成长。但调查显示（见图3-1），幼儿园在安全教育方面存在的最大不足之处是未进行安全防护技能训练，其次是未进行安全知识宣传，未进行安全事故后的心理安抚也是目前幼儿园安全教育的不足之处。因此，班级安全教育要以儿童为本，遵循不同年龄班幼儿的身心发展规律，把握本班幼儿的认知特

[①] 王大伟. 平安成长比成功更重要[M]. 北京：中央编译出版社，2009.

点,加强安全知识宣传和安全防护技能训练,关注事故后幼儿的心理抚慰,把安全教育贯穿于幼儿园一日生活的各个环节,注重实践性、实用性和实效性,做到由浅入深,循序渐进,使幼儿具备自救自护的基本素养和能力。

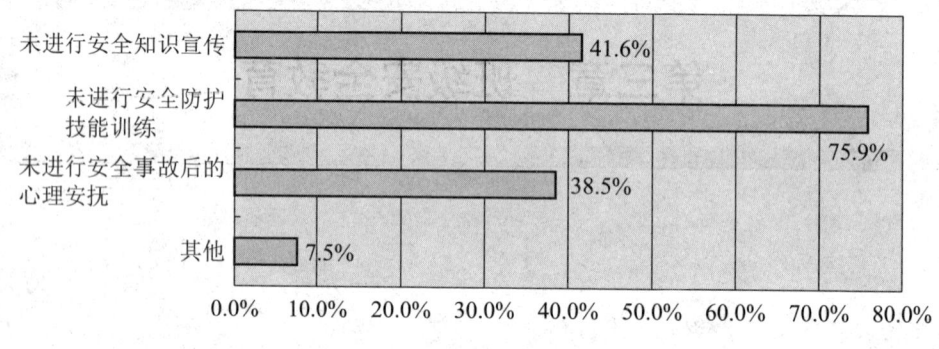

图3-1 在安全教育方面存在的不足之处

一、班级安全教育目标

教育是人类一种自觉的、有目的、有计划的社会实践活动,其自觉性、目的性、计划性表现在对教育结果的预期上,这种预先期望就是教育目标。教育目标是教育的方向盘和指南针,它不仅影响着教育内容、方法、手段和教育活动的组织形式,指导和支配着教育的实施过程,同时也制约着教师的教育观念和行为,进而决定着儿童的发展。安全教育目标是对幼儿安全教育的目的和要求的归纳,是向幼儿实施安全教育的方向和准则。安全教育目标规定了安全教育内容的范围、幼儿发展的要求,同时安全教育目标也是衡量幼儿发展是否达到预期目标的标准。依据安全教育目标,可以考察、评价在安全教育中教师的行为表现、幼儿的发展状况,也可依据安全教育目标,考察、评价安全教育的计划、手段、方式等。因此,安全教育目标是安全教育的起点,也是安全教育的归宿。

(一)班级安全教育目标的制订

在制订班级安全教育目标时,既要依据相关法律法规,又要考察班级幼儿身心

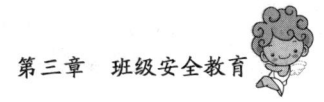

发展特点,做到依法执教、科学执教。

1. 体现儿童的年龄特点

儿童是教育的对象,儿童的身心发展水平、需要以及发展的可能性和发展的规律性,是教师制订班级安全教育目标的依据之一。教师只有对儿童的身心发展特点进行深入的研究和思考,才能制订出符合本班儿童发展特点的安全教育目标。儿童的发展包括认知、动作技能、情感态度等方面,每一个方面的发展都不是一个独立的过程,而是相互影响、相互促进的整合性发展过程。在进行安全教育时,必须考虑儿童的整体发展,所提出的安全教育目标应是全面的、综合性的,应包括认知经验、动作技能、情感态度等方面的教育要求。此外,儿童的发展具有明显的年龄特点和个别差异。儿童的认知不仅与成人有着质的差别,而且不同年龄阶段的儿童认知结构也不完全一样,每个年龄阶段都有其独特的认知结构,表现出与前后各阶段不同的认知特点。而同一年龄阶段的儿童,由于遗传、家庭生活条件、早期学习经验等方面也都存在着很大的差异。因此,目标制订要依据本班幼儿的实际,只有在研究和把握本班幼儿身心发展的实际水平、发展需要和可能性的基础上,才能确定幼儿进一步发展的潜力、方向和步伐。教师要观察、了解儿童发展的现状及内在需要,使安全教育目标处于幼儿的最近发展区内,并促进幼儿潜在发展水平向现实水平过渡。班级安全教育目标的制订应符合幼儿身心发展规律,既不能低于幼儿的身心发展水平,也不能超越幼儿的身心发展水平。教师要针对不同年龄阶段的幼儿提出不同的安全教育目标。同时,教师还应针对各个幼儿的实际发展水平和需要提出适宜的安全教育目标,以促进其在原有水平上获得更好的发展。

2. 依据相关法律法规

儿童是家庭的希望、国家的未来,儿童的安全涉及亿万家庭的生活与幸福,关系着整个社会的稳定与和谐。目前,各级各类政府、教育行政部门和幼儿园都非常重视儿童安全工作,不断规范和强化幼儿园安全工作。但幼儿园安全工作的形势依然严峻,各类儿童安全事故仍然时有发生,一些恶性事故危及儿童的健康和生命,甚至造成了群死群伤事件。儿童安全教育任重道远,责任重于泰山。教师应根据《教育法》《未成年人保护法》《国家突发公共事件总体应急预案》《中小学幼儿园安全管理办法》《教育系统突发公共事件应急预案》《幼儿园工作规程》《幼儿园管理条例》《幼儿园教育指导纲要(试行)》《3—6岁儿童学习与发展指南》以及《中小学公

共安全教育指导纲要》制订班级安全教育目标,做到依法执教、科学执教。班级安全教育目标要针对班级所有幼儿的需要和现有水平,结合安全教育法律法规以及幼儿的生活实际,从浅到深依次推进,层层深入,体现班级安全教育目标的层次性和适宜性。

(二)班级安全教育目标的内容

《幼儿园教育指导纲要(试行)》中明确规定,健康教育应让幼儿"知道必要的安全保健常识,学习保护自己",并要求"密切结合幼儿的生活进行安全、营养和保健教育,提高幼儿的自我保护意识和能力"。依据《中小学幼儿园安全管理办法》,幼儿园安全教育目标为:了解并遵守各种公共场所活动的安全常识,认识与陌生人交往中应当注意的安全问题,逐步形成基本的自我保护意识;了解基本公共卫生和饮食卫生常识,养成良好的个人卫生和健康行为及饮食习惯;了解出行时道路交通安全常识,初步识别各种危险标志;初步学会在事故灾害事件中自我保护和求助、求生的简单技能,学会正确使用和拨打110、119、120电话;学习躲避自然灾害引发危险的简单方法,初步学会在自然灾害发生时的自我保护和求助及逃生的简单技能;与同伴、老师友好相处,不打架,初步形成避免在活动、游戏中造成误伤的意识;学习当发生突发事件时听从成人安排或者利用现有条件有效地保护自己的方法。

《3—6岁儿童学习与发展指南》明确规定了各年龄班幼儿应具备的基本安全知识和自我保护能力。

(1)**小班幼儿**:不吃陌生人给的东西,不跟陌生人走;在提醒下能注意安全,不做危险的事;在公共场所走失时,能向警察或有关人员说出自己和家长的名字、电话号码等简单信息。

(2)**中班幼儿**:知道在公共场合不远离成人的视线单独活动;认识常见的安全标志,能遵守安全规则;运动时能主动躲避危险;知道简单的求助方式。

(3)**大班幼儿**:未经大人允许不给陌生人开门;能自觉遵守基本的安全规则和交通规则;运动时能注意安全,不给他人造成危险;知道一些基本的防灾知识。

班级安全教育的目标必须符合班级幼儿的年龄特征,安全教育目标的定位应是:让幼儿懂得珍惜生命,乐于学习一些基本的安全保健知识和相应的自护、自救方法,学会保护自己;自觉锻炼身体,增强体质;养成有利于安全的行为习惯;在意外事故发生时敢于呼救，尽可能保护自己，使身体免受或少受伤害。安全教育目标可分为三层逐步深入：首先，通过感知生命的重要，帮助幼儿树立安全意识；其次，引导幼儿学习必要的安全保健常识，提高自我保护意识和能力；最后，培养帮助幼儿养成良好的行为习惯，减少伤害事故的发生。

依据《幼儿园教育指导纲要（试行）》《3—6岁儿童学习与发展指南》《中小学幼儿园安全管理办法》等相关法律法规，各年龄班安全教育目标为：

1. 小班

- 初步了解五官的功能，知道保护五官的方法，不将危险物品放入口、鼻、耳中；
- 不要、不吃陌生人的东西，不跟陌生人走，不让陌生人触摸自己的身体；
- 离园时拉着家长的手，不乱跑，不在幼儿园内逗留、玩耍；
- 上下楼梯时不推搡拥挤，靠右边一个跟着一个上下；
- 知道自己的姓名以及家长的姓名、电话；
- 不做危险动作，如不爬窗、不跳楼梯、不玩门、不从高处往下跳等；
- 不玩插座、电器，懂得玩火、玩水的危害；
- 不随身携带刀、牙签等锐利的器具；
- 不拿玩具和同伴打闹，不抓、咬、打同伴；
- 活动、游戏时遵守规则，有序活动，不相互追逐、打闹；
- 外出活动时听从教师的安排，不离队，远离窨井、水井、变压器、建筑工地等危险区域；
- 靠右边走路，不在马路上玩耍，不自己过马路；
- 受到伤害时及时告诉教师或家长；
- 不随便逗玩猫、狗等动物；
- 不喝生水，不吃腐烂、变质、有异味的东西；
- 不乱吃药，不碰开水，不玩刀、剪刀或其他尖锐器物，会正确使用剪刀；
- 不在楼梯上玩耍，不独自乘坐电梯；
- 知道发生火灾时要镇静，听从成人指挥。

2. 中班

- 记住自己的姓名、家庭住址、父母的全名及工作单位，知道在遇到危险时拨打

紧急呼救电话；
- 独自在家时，不随意开门；
- 不触摸电器的开关、插头，不将手指、别针、回形针等放进插座，以免触电；
- 不攀爬登高，不在阳台、窗边以及楼梯口嬉戏，避免发生坠楼和滚落楼梯事件；
- 吃东西时先征得成人的同意，不随便捡拾东西吃，不边吃边跑；
- 不玩清洁用品和杀虫剂，捉迷藏时不躲在柜子、箱子内；
- 不独自进浴室玩水，不在浴室内推、拉、打、跳，不随意开启热水龙头；
- 不用塑料袋或棉被蒙头，不把绳子绕在脖子上，也不把花生、纽扣、弹珠等小东西放进鼻孔或嘴里，以免吸入；
- 不开启煤气开关，不用手触摸明火；
- 学会爱惜玩具、与同伴分享玩具，不与同伴争抢玩具，以免因抢夺玩具受伤；
- 了解消防栓、灭火器的用途，知道幼儿园的安全通道出口，养成在公共场所注意观察消防标志和疏散方向的习惯；
- 知道报警电话110、119，掌握报警电话的拨打方法；
- 不轻信陌生人的话，未经允许不跟陌生人走，不让陌生人触碰自己的身体；
- 不反锁房门，不玩煤气、炉火、打火机、开水壶、饮水机、药品等危险物品；
- 不独自过马路，不在马路上逗留、玩耍；过马路时应遵守交通规则，靠右边走路；
- 到野外活动时不随便采摘花果、抓捕昆虫，不尝食野生瓜果，以防中毒；
- 初步了解雷电的危害，知道雷雨天不在大树和屋檐下避雨；
- 初步知道台风、暴雨、地震的危害以及简单的自我保护方法。

3. 大班

- 在活动或游戏时听从教师的安排，遵守纪律，有序活动，避免互相追逐打闹，不远离集体；
- 不拿玩具和同伴打闹，不抓、咬、攻击同伴；
- 上下楼梯靠右边走，不从楼梯扶手往下滑，不做爬窗、扒窗、跳楼梯、玩门、从高处往下跳等危险动作；
- 外出散步或活动时听从教师的安排，不离队，远离窨井、水井、变压器、建筑

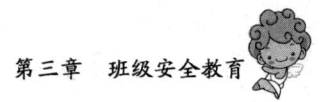

工地等危险区域；
- 懂得玩火、玩电、玩水的危害；
- 了解消防栓、灭火器的用途，知道幼儿园的安全通道出口，养成在公共场所注意观察消防标志和疏散方向的习惯；
- 知道自己的姓名、园名、家长姓名、单位、家庭住址、电话，紧急情况时会使用各种报警电话；
- 不轻信陌生人的话，未经允许不跟陌生人走，不让陌生人触碰自己的身体，懂得只有家长、医生、护士才能触摸自己的身体。如果陌生人触摸自己的身体，懂得拒绝或尽快逃离；
- 不反锁房门，不玩煤气、炉火、打火机、开水壶、饮水机、药品等危险物品；
- 不乱动煤气、药品、化学品、化妆品、消毒剂、杀虫剂、农药等有毒物品，不乱吃药；
- 到野外旅行或活动时不随便采摘花果、抓捕昆虫，不捅马蜂窝，不尝食野生瓜果，以防中毒；
- 不玩火，不宜进入厨房，不玩耍火柴、打火机，懂得玩火的危害性；
- 不动暖瓶、开水、饮水机，不玩水，不扭动自来水开关，不在湖边、河边玩耍和打闹；
- 不触摸、玩耍正在运转的电风扇等电器产品，不触摸插座。不用湿手触摸电源开关，不随便乱动电器设备；
- 懂得节约用电、安全用电，做到随手关灯，及时关闭电视；
- 不把铅笔、筷子、冰棍、玻璃瓶或尖锐的东西拿在手里或含在嘴里到处跑，避免扎伤自己或他人；
- 不把塑料袋当作面具套在头上，以免引起窒息死亡；
- 初步知道台风、暴雨、地震、雷电的危害以及简单的自我保护方法。

二、班级安全教育内容

班级安全教育的内容是实现班级安全教育目标的媒介和保证，是将目标转化为儿童发展的重要中间环节，也是班级安全教育活动设计和实施的主要依据。因此，必须科学合理地进行选择和安排。

（一）选择班级安全教育内容的依据

基于班级儿童的实际、来源于儿童的生活并有效指导儿童的生活，且符合班级安全教育目标的教育内容才是适宜的、科学的。

1. 符合班级安全教育的目标

班级安全教育目标是依据本班幼儿实际和相关法律法规的精神，以培养幼儿的安全意识、提高幼儿的自我防护能力而提出的。因此，班级安全教育内容必须符合班级安全教育目标。《幼儿园工作规程》《幼儿园教育指导纲要（试行）》《3—6岁儿童学习与发展指南》《中小学幼儿园安全管理办法》是根据我国全面发展的教育目的和儿童身心发展的规律而确定的，为班级安全教育目标的制订和班级安全教育内容的选择提供了方向性和指导性的依据。《中小学幼儿园安全管理办法》中对学校幼儿园的安全教育做出了明确规定：学校应当对学生进行用水、用电的安全教育，对寄宿学生进行防火、防盗和人身防护等方面的安全教育。学校应当对学生开展安全防范教育，使学生掌握基本的自我保护技能，应对不法侵害。学校应当对学生开展交通安全教育，使学生掌握基本的交通规则和行为规范。学校应当对学生开展消防安全教育，有条件的可以组织学生到当地消防站参观和体验，使学生掌握基本的消防安全知识，提高防火意识和逃生自救的能力。学校应当根据当地实际情况，有针对性地对学生开展到江河湖海、水库等地方戏水、游泳的安全卫生教育。学校可根据当地实际情况，组织师生开展多种形式的事故预防演练。学校应当每学期至少开展一次针对洪水、地震、火灾等灾害事故的紧急疏散演练，使师生掌握避险、逃生、自救的方法。依据班级安全教育目标，班级安全教育可分为四类：一是日常生活中的安全教育——防触电教育、防溺水教育、防火教育、防煤气中毒教育、家务劳动安全教育、防烫伤教育、食品卫生安全教育、交通安全教育、玩具安全教育等；二是应对灾难教育——消防安全教育、地震逃生教育、防雷电教育等；三是活动安全教育——运动器械安全教育、游戏安全教育、放鞭炮安全教育等；四是社会治安教育——防拐骗教育、防伤害教育等。

2. 贴近班级儿童的生活实际

陶行知认为教育源于生活，是生活所原有、生活所自营、生活所必需的教育。这也就是说，教育不能脱离儿童的生活，教育要为改造儿童的生活而服务，教育与生活应紧密相连，是生活决定教育；只有与生活相结合的教育才是真正的教育，教育脱离了生活就不是教育。陈鹤琴认为，幼稚园的课程主要是帮助儿童过好目前的生活，而不是为未来的生活做准备。因此，课程要从儿童的真实生活出发，不能把幼稚园的生活与儿童的实际生活截然分开，必须以儿童的生活和经验为基础，但它又不能是儿童个体经验的简单重复和延续，它必须既合于儿童的需要，又顾及社会生活的意义及社会生活的重要。因此，在选择班级安全教育内容时，不仅要考虑安全知识本身的科学性，还应符合班级儿童的认知发展特点和生活实际。班级安全教育内容的选择还应当与幼儿的生活经验相联系，将安全教育的内容融入幼儿的生活之中，多选择幼儿感兴趣、实用、密切联系儿童生活的教育内容。"从生活而来，从生活而开展，也从生活而结束。"[①]

（二）班级安全教育的内容

依据相关法律法规，结合幼儿的生活实际，教师应选择适宜的安全教育内容对幼儿进行教育，以增强他们的自我保护意识和能力。班级安全教育内容应包括：

1. 珍爱生命教育

让幼儿知道生命的珍贵，每个人的生命只有一次，要懂得珍爱自己的生命；知道身体各部位的名称，了解眼、耳、口、鼻的保护方法；身体不舒服及时告诉成人，生病要吃药等。

---

① 戴自俺. 张雪门幼儿教育文集 [M]. 北京：北京少年儿童出版社，1994：1088.

英国的《儿童十大宣言》

一、平安成长比成功更重要——安全的权利。

教育儿童人人有若干权利,如呼吸权。这种权利任何人不能剥夺。告诉儿童,任何人也无权剥夺儿童的安全权。安全重于一切。

二、背心、裤衩覆盖的地方不许别人摸——保护自己身体的权利。

儿童应当知道身体属于自己,身体的某些部分应被衣服覆盖,不许别人看,不许触摸。儿童有拒绝亲吻、触摸的权利。

三、生命第一,财产第二——生命第一的权利。

告诉儿童在遇到暴徒时有权获得朋友的帮助或坚决拒绝暴徒的要求。许多暴徒表面凶狠,内心却很胆怯。如果许多儿童齐心协力,一齐高喊:"快报警!"这通常能把坏人吓跑。万一遇到真正的身体威胁,儿童身小力薄,一般只能向坏人屈服。同时,应告诉儿童他们的身体安全比财产更重要。

四、小秘密要告诉妈妈——向父母讲真话的权利。

向儿童保证,无论发生什么事情,只要儿童向父母讲明真情,父母都不会怪罪,而且会尽力帮助儿童。当儿童向大人说实话时,他们应被充分信任。大人应当马上信任儿童并及时帮助他们。

五、不喝陌生人的饮料,不吃陌生人的糖果——拒绝毒品与危险品的权利。

孩子有权不听陌生人的话,不喝陌生人的饮料,不吃陌生人的糖果。

六、不与陌生人说话——与陌生人不打交道的权利。

孩子有权不和陌生人说话。当陌生人与儿童说话时,儿童可以假装没听见,马上跑开。生人敲门可以不回答、不开门。告诉儿童,对陌生人不理睬是对的,小孩没有能力帮助陌生人。

七、遇到危险可以打破玻璃,破坏家具——紧急避险的权利。

为了保护自己,儿童有权打破所有规章与禁令。告诉儿童,在紧急之中,他们有权大叫、大闹、踢人、咬人,甚至打破玻璃、破坏家具。

八、遇到危险可以自己先跑——果断逃生的权利。

遇到坏人、地震、大火,儿童应当果断逃生,拔腿就跑。自警、自救、自助。

> 九、不保守坏人的秘密——面对侵害不遵守诺言的权利。
>
> 告诉儿童,即使他曾发誓不告诉别人,但遇到坏人欺负一定要告诉家长,这些秘密千万不要埋藏在心里。
>
> 十、坏人可以骗——对坏人可以有不讲真话的权利。
>
> 遇到坏人,可以不讲真话。机智应对,才是好孩子。

2. 交通安全教育

交通安全教育应帮助幼儿初步形成交通安全意识,养成遵守交通规则的良好习惯,了解基本的交通规则,认识常见的交通标志等,主要包括以下几个方面:了解基本的交通规则,如"红灯停,绿灯行";行人走人行道;上街走路靠右行;不在马路上踢球、玩滑板车、奔跑、做游戏;不横穿马路等。认识交通标志,如红绿灯、人行横道线等,并且知道这些交通标志的意义和作用。教育幼儿从小要有交通安全意识,养成遵守交通规则的良好习惯。在对幼儿进行交通安全教育时,可选用一些儿歌或故事以增强趣味性。

3. 消防安全教育

消防安全教育要让幼儿懂得玩火的危险性;掌握简单的自救技能,增强幼儿逃生能力。主要包括:要让幼儿懂得玩火的危险性,让幼儿掌握简单的自救技能,比如教育幼儿一旦发生火灾要马上逃离火灾现场,并及时告诉附近的成人;当发生火灾,自己被烟雾包围时,要用防烟口罩或干、湿毛巾捂住口鼻,并立即趴在地上,在烟雾下面匍匐前进;带幼儿参观消防队,看消防队员的演习,请消防队员介绍火灾的形成原因、消防车的作用、灭火器的使用方法及使用时应注意的事项等。另外,可以进行火灾疏散演习,事先确定各班安全疏散的路线,让幼儿熟悉幼儿园的各个通道,以便在发生火灾时,能在教师的指挥下统一行动,安全疏散,迅速离开火灾现场。

4. 食品卫生安全教育

幼儿大多爱吃零食,也喜欢将各种东西放入口中,因而容易引发安全事故。幼儿园除了要把好食品采购、储藏、烹饪等方面的卫生关外,还必须教育幼儿不吃腐烂的、有异味的食物。幼儿在幼儿园误食有毒、有害物质的情况更是多种多样的,如园内投放的各种花花绿绿的毒鼠药,因教职工工作失误而误放在饮料瓶中的消毒药水等,都可能被幼儿误食。因此,教职工在平时要教育幼儿不随便捡拾和饮用不

明物质。另外，目前孩子服用的药大多外观漂亮、口感好，深受孩子"喜欢"，有的孩子甚至把药品当零食吃，因此，要教育孩子不能随便吃药，一旦要服药，一定要按照医生的吩咐在成人的指导下服用。饮食安全教育的另一方面是饮食习惯的培养。如教育孩子在进食热汤或喝开水时必须先吹一吹，以免烫伤；吃鱼时，要把鱼刺挑干净，以免鱼刺卡在喉咙里；进食时不嬉笑打闹，以免食物进入气管，等等。

5. 防触电、防溺水教育

对幼儿进行防触电教育，首先要告诉幼儿，不能随便玩电器，不拉电线，不用剪刀剪电线，不用小刀刻画电线，不将铁丝等插到电源插座里，等等。其次要告诉幼儿，一旦发生触电事故，不能用手去拉触电的孩子，而应及时切断电源，或者用干燥的竹竿等不导电的东西挑开电线。对幼儿进行防溺水教育，要告诉幼儿四点：一是不能私自到河边玩耍；二是不能将脸闷入水中；三是不能私自到河里游泳；四是当同伴失足落水时，要及时就近叫成人来抢救。

6. 玩具安全教育

幼儿玩不同的玩具，应有不同的安全要求。如：玩大型玩具滑梯时，要教育幼儿不拥挤，若前面的幼儿还没滑到底并离开，后面的孩子不能往下滑；玩秋千架时，要注意坐稳，双手拉紧两边的秋千绳；玩跷跷板时，除了要坐稳，还要双手抓紧扶手，等等。玩中型玩具游戏棍时，不得用棍去打其他幼儿的身体，特别是头部；玩小型玩具玻璃球时，不能将它放入口、耳、鼻中，以免造成伤害，等等。

7. 生活安全教育

教育幼儿不随身携带锐利的器具，如小剪刀等。在运动和游戏时要有秩序，不拥挤推撞；在没有成人看护时，不能从高处往下跳或从低处往上蹦。要告诉幼儿不爬树、爬墙、爬窗台。不从楼梯扶手上往下滑。推门时要推门框，不推玻璃，手不能放在门缝里。乘车时不在车上来回走动，手和头不伸出窗外。上下楼梯要靠右边走，不推挤。不轻信陌生人的话，未经允许不跟陌生人走，等等。在家中，要告诉幼儿，当他独自在家、有陌生人叫门时，不随便开门；不随意开启家用电器，特别是电熨斗、电取暖器等；不玩弄电线与插座；不独自玩烟花爆竹；不逗弄蛇、蜈蚣、蝎子、黄蜂、毛毛虫、狗等动物；打雷闪电时不站在大树底下，等等。

三、班级安全教育途径

班级安全教育途径是指实施班级安全教育所采取的活动组织形式。安全教育有着自身的特点和规律，需要教师系统地、有目的地精心设计和组织教育环境和活动以启发引导幼儿发展，同时幼儿的年龄特点和安全教育的特点决定了渗透性安全教育和"三位一体"安全共育也是十分必要的。可见，班级安全教育的途径是十分灵活而丰富多样的。

（一）专门的安全教育活动

专门的安全教育活动是指教师组织或安排专门的时间让儿童参与的专项安全教育活动，专门的安全教育活动包括集体教学活动和安全演练。

1. 集体教学活动

集体教学活动是指根据幼儿园教育目标，教师有目的、有计划地组织幼儿学习特定内容从而促进幼儿发展的一种活动形式。集体教学活动是幼儿园各种教育活动中的一种重要形式，在幼儿园中往往会有不同的名称，如专门的教学活动或经典的教学活动，是由教师针对班级幼儿的发展水平，组织全班幼儿或多数幼儿进行的以集体的经验、情感等为价值导向的集体性学习活动，一般计划性、学科领域性较强，组织比较严密，活动结构清晰，时间比较固定。

集体教学具有鲜明的计划性、目标性、系统性、组织性、直接指导性等特点，具体表现在以下几个方面：有特定的活动要求和需要全体儿童都要达到的活动目标；有具体细致的教学活动计划和设计；由教师规定的活动内容和提供统一的活动材料；教师为所有儿童提供相同的材料；全班或几组儿童在同一时间内进行同一种操作活动；教师须为所有儿童的活动提供较大的空间；教师的直接指导较多，儿童基本上在教师指导下有步骤地开展活动，强调教师的作用；组织形式以集体为主；儿童参与活动的时间基本上由教师掌握。各年龄班有相对固定的时间段，一般在上午时段进行，小班为10～20分钟，中班为20～30分钟，大班为30～35分钟。

集体教学是一种传统的、基本的幼儿园教育活动形式，也是一种既经济又有效的活动形式，有其自身独特的特点和教育功能，具有不可替代性。同时，由于我国

的幼儿园特别是中小城市和城镇的幼儿园,一般存在着班额偏大、师幼比高的问题,给小组教学造成了一定的困难。面临现实困难,有着丰富的集体教学经验的教师可充分发挥集体教学的优良教育功能,不断优化集体教学效果,将集体教学作为完成安全教育任务、实现安全教育目标的主要组织形式。集体教学是教师按照安全教育目标和班级幼儿的发展水平与特点,精心制订教育计划,把幼儿组织起来,进行目的明确的安全教育活动,有效地促使幼儿获得各种安全知识技能,对幼儿的安全教育起着重要的作用。

苏联学前教育专家乌索娃把要求儿童掌握的知识分为简单知识和复杂知识两类。对于简单知识,儿童在与成人的日常交往中,在游戏、劳动和观察中就可以获得,无须专门教学,但是儿童获得的这些知识多是零散的。要使儿童掌握复杂知识,则必须经过专门的作业教学(即集体教学)。乌索娃认为,后一类知识在儿童的知识总量中虽然只占很小的一部分,但对他们的智力发展却具有决定性影响。安全防护的关键知识、技能以及观念是全体幼儿都应该掌握的。同时,具有身心发展统一性特点的同龄幼儿,有着共同的经验基础和能力水平,需要教师帮助幼儿积累、提升和分享必需的经验与重要的体验。因此,基于大部分幼儿的兴趣和需要的集体教学是儿童获得安全关键经验的一种最经济有效的活动形式。

2. 安全演练

安全演练是指以事先制定的安全事故应急救援预案为依据,对实际突发安全事件应急救援过程的模拟。安全演练的目的是为了掌握各种避险、逃生、自救的方法,提高应急反应能力。《中小学幼儿园安全管理办法》规定,学校可根据当地实际情况,组织师生开展多种形式的事故预防演练。学校应当每学期至少开展一次针对洪水、地震、火灾等灾害事故的紧急疏散演练,使师生掌握避险、逃生、自救的方法。通过安全演练,创设仿真情境,让幼儿感受环境的恶劣、情况的紧急甚至是内心的恐惧,以培养幼儿的应变能力,不至于在真正遇到危险时束手无策。在进行安全演练时,必须遵循以下要求。

(1)依照预案,精心组织。各年龄班应当以幼儿园制定的安全应急预案为依据,在进行安全演练之前进行精心的策划,落实演练中的每一个细节。

(2)科学安排,循序渐进。各班级在进行安全演练时,应当根据幼儿园的具体情况安排演练的内容,一般每学年第一学期安排相对简单的演练,第二学期可以安排一些相对复杂的演练，切勿盲目安排超过幼儿园应急能力的演练内容。

（3）**结合实际，讲求实效**。各班级在进行安全演练时，应充分结合本园的实际情况，安排一些最实用的安全演练。在演练的过程中，不要过分注重演练的形式，要注重演练的实际效果，让师幼熟悉应急自救的具体步骤是最重要的。

（4）**过程控制，确保安全**。各班级在进行演练之前，必须提前设立一些演练的控制程序，以便及时调整演练的过程，当发生意外时，可以随时暂停演练的进行，避免事故的发生。

（5）**收集资料，及时反馈**。各班级在演练之前，应当提前安排利用摄影、摄像等设备对演练的过程进行记录，以便在演练之后进行分析总结。

（6）**分析协商，纠正问题**。当安全演练结束后，各班级应当组织有关人员对整个演练过程进行总结，分析演练结果的成败原因，为今后的班级安全教育理清思路。同时，针对演练过程中暴露出的实际问题和人为失误，要进行纠正直至问题得到彻底解决，以免为以后的班级安全教育留下隐患。

安全演练是以最直接的方式，让幼儿处在一种类似于真实的"危险"中，引导幼儿设想出各种各样自救自护的方法，有意识地训练幼儿的自救技能。通过幼儿多次的演练活动，可以使幼儿学会应对安全问题，做到快速、有序地应对各种突发事件，避免安全事故发生，往往能起到事半功倍的效果。例如，幼儿园可以和消防大队联系并合作，让幼儿在消防演练活动中学会一些基本的逃生方法以及自救技能，如匍匐前进，用湿毛巾捂住口、鼻等，通过这样的活动，既培养幼儿的安全意识，又让幼儿从中获得力所能及的避害、逃生方法和自我保护的经验。

（二）渗透的安全教育活动

渗透的安全教育活动是指除专门的安全教育活动以外的，渗透于儿童日常生活和其他教育活动中的安全教育活动。

1. 日常生活中的随机安全教育

日常生活是一种养成式的教育，在日常生活中让幼儿掌握一些基本的生活技巧，不仅可以培养幼儿良好的生活习惯，而且可以提高幼儿的自我保护能力。"如果从儿童现实生活中进行教育，就会使儿童感觉到学习的需要和兴趣，产生学习的自觉性和积极性；由于他们自愿学习和在生活中真正理解事物的意义，这种教育乃是真实的、生动活泼的。"① 幼儿一日生活的各个环节，如晨检、喝水、吃饭、盥洗、上厕所、上下楼梯、上下床等可以说都是安全教育的好时机，教师要充分挖掘和利用其中的安全教育因素，进行随机教育，将安全教育渗透于幼儿的一日生活中。教师应密切观察幼儿的一举一动，及时抓住幼儿生活、活动中瞬间的偶发事件，时时处处关注幼儿安全，并给予必要、适时的安全提醒，使其在潜移默化中树立安全意识，学会自我保护。例如，幼儿早晨入园时主动不将小刀、玻璃球等危险物品带进幼儿园；进餐时要保持安静，不打闹嬉戏、大声谈笑，可以避免异物进入气管；饭前、饭后半小时内不做剧烈运动，以免进餐后引起腹部不适；睡眠时不咬被角、不蒙头睡觉，可以避免呼吸不畅；起床后，未穿好衣服、扎好腰带、系好鞋带之前，不要跑动、玩耍，以免绊倒摔伤；自由活动时，不把小物品放进口、鼻、耳等部位，可以避免异物进入的危险情况发生；户外运动时，要避免摔伤、磕伤或被尖锐物扎伤，等等。教师应结合幼儿在日常生活、活动中出现的问题，适时、及时地提醒幼儿，给予必要的、合理的安全教育。教师应围绕儿童的生活，通过生活，在生活中进行安全教育，并在日常生活中巩固已有的安全知识、强化随时出现的安全行为，在生活中培养幼儿的安全意识，让安全行为在幼儿的生活中逐渐习惯化。"使人们乐于从生活本身学习，并乐于把生活条件造成一种境界，使人人在生活过程中学习，这就是学校教育的最好的产物。"②

2. 游戏活动中的安全教育渗透

游戏是童年幸福的象征，能促进幼儿的身心发展，能给幼儿快乐，其重要性仅次于母乳喂养和母爱。《幼儿园教育指导纲要（试行）》中规定："幼儿园教育是基础教育的重要组成部分，是我国学校教育和终身教育的奠基阶段。"幼儿教育的目的是"使他们（幼儿）在快乐的童年生活中获得有益于身心发展的经验"。幼儿教育应"以游戏为基本活动"，幼儿教育离开了游戏就如同躯体没有了灵魂，游戏与幼儿教育的这种特殊关系，是幼儿教育区别于中小学教育的一个显著标志。

将安全教育渗透入游戏之中，能使幼儿在轻松、愉快的气氛中养成安全意识，巩固自我保护技能。利用各种游戏活动，教给幼儿一些安全自护的知识，并激励幼

---

① 杜威. 民主主义与教育[M]. 王承绪，译. 北京：人民教育出版社，1990：15.
② 杜威. 民主主义与教育[M]. 王承绪，译. 北京：人民教育出版社，1990：60.

儿进行脱险自救。如通过音乐游戏"鸡妈妈的宝宝""迷路的小花鸭"等教育幼儿不要随便离开集体，要和大家在一起。如果万一走失，要胆大、心细，记住父母的姓名、工作单位、电话号码、家庭住址及周围明显的建筑特征，激励幼儿想出一些脱险自救的具体方法。利用表演游戏"公共汽车"，使幼儿懂得"上下车不拥挤，不把头、手伸出窗外，不在车内乱跑"等乘车常识；利用体育游戏"红绿灯"让幼儿了解交通规则，知道红灯停、绿灯行的道理；通过游戏"大马路"让幼儿知道绿灯亮了才能过马路，而且要走人行横道线，外出要跟随大人，不能在马路上玩耍，避免交通事故的发生。此外，丰富多彩的游戏活动也提供了丰富多彩的游戏规则和活动规则，也是教育幼儿有序活动、遵守规则的重要途径。教师可采取多种方法让幼儿理解遵守规则、互相谦让的重要性，从而让幼儿在游戏中养成遵守游戏规则、有序活动的良好习惯。

游戏是幼儿最喜欢的活动，同时也是最有效的教育方式，最符合幼儿的心理特点、认知水平和活动能力。教师可以根据本班幼儿的年龄特点，开展丰富多彩的游戏活动，将安全教育内容融入游戏之中，让幼儿亲身经历整个过程，在游戏中亲自尝试发现的问题，并促使其思考脱险自救的方法，使其在轻松、愉快的气氛中进行自救技能训练，进而主动建构一种应对危险的防御意识和能力，提高自我保护能力。

3. 各领域活动中的安全教育渗透

除健康以外的其他领域活动中，也包含了丰富的安全教育资源。在这些教育活动中，教师可以充分挖掘安全教育资源，将安全教育与领域活动有机渗透，有效巩固、加深、补充和促进幼儿的安全保护能力，使安全教育内容更为生动、丰富。因此，各领域活动中的安全教育渗透也是向幼儿进行安全教育的一个辅助手段和必要途径。如运用故事、儿歌、歌曲与安全教育巧妙结合，可以使单调、抽象的安全教育转变成欢快活泼、生动形象、富有情趣的艺术形式，寓教于乐，让幼儿在愉悦中获得安全教育。此外，在科学、美术、社会等活动中，也包含丰富的安全教育资源，教师应科学地进行安全教育渗透，帮助幼儿掌握基本的安全知识和初步的防护常识，提高幼儿自我保护的意识和能力。总之，重视知识间的相互联系和相互渗透，有机整合各个发展领域的教育内容，向幼儿进行安全教育是极其重要和有效的。

四、班级安全教育保障

《中小学幼儿园安全管理办法》规定：教育行政部门应按照有关规定，与人民法院、人民检察院和公安、司法行政等部门以及高等学校协商，选聘优秀的法律工作者担任学校的兼职法制副校长或者法制辅导员；兼职法制副校长或者法制辅导员应当协助学校检查落实安全制度和安全事故处理、定期对师生进行法制教育等；教育行政部门应当组织负责安全管理的主管人员、学校校长、幼儿园园长和学校负责安全保卫工作的人员，定期接受有关安全管理培训；学校应当制订教职工安全教育培训计划，通过多种途径和方法，使教职工熟悉安全规章制度、掌握安全救护常识，学会指导学生预防事故、自救、逃生、紧急避险的方法和手段；学生监护人应当与学校互相配合，在日常生活中加强对被监护人的各项安全教育。安全教育是幼儿园、家庭和社会的共同责任。班级安全教育需要建构"社会、家庭、幼儿园"三位一体的安全共育网络，充分挖掘本园、家庭以及社会教育资源，实现"儿童为本""安全第一""齐抓共管"的安全共育目标。

（一）幼儿园

幼儿园要保证安全教育的时间，可根据实际情况，结合不同年龄班的课程方案和要求，采用课程渗透和专题教育相结合的方式，确保完成安全教育内容，并要安排必要的时间，开展自救自护和逃生实践演练活动。教师是班级安全教育的主要实施者，各级教育行政部门和幼儿园要重视教师队伍建设，把安全教育列入全体在职教师继续教育的培训系列和教师培训计划，分层次开展培训工作，学习安全启蒙教育知识。通过文字资料、观看录像、外请专业人员来园培训等途径学习国内外先进的安全教育理念、知识，学习和掌握卫生保健、疾病护理、突发事故处理、消防等基本的安全常识，以指导幼儿预防事故、自救、逃生、紧急避险，不断提高教师开展安全教育的水平。同时，幼儿园要加强教研活动和课题研究，把安全教育研究列入课题研究规划，保证经费，及时总结、交流和推广研究成果。幼儿园要充分调动教师的积极性，有针对性地开展安全教育的园本研究，要把教师开展安全教育的情况作为教师考核的重要依据。此外，幼儿园要创设符合安全教育要求的物质环境和人文环境，使幼儿在潜移默化中提高安全意识，促进幼儿学习并掌握必要的安全知识和生存技能，认识、感悟安全的意义和价值。

（二）家庭

《幼儿园工作规程》规定："幼儿园应主动与家长配合，帮助家长创设良好的家庭教育，向家长宣传科学教育幼儿的知识，共同担负幼儿教育的任务；家长是幼儿园教师的重要合作伙伴。应本着尊重、平等的原则，吸引家长主动参与幼儿园的教育工作。"教师要采取积极措施帮助家长强化对幼儿的安全教育意识，指导家长了解和掌握公共安全教育的科学方法，主动寻求家长和社会对安全教育的支持和帮助。教师要积极做好各项提高幼儿自我保护意识的宣传工作，让家长了解、参与幼儿园活动，使他们明白培养幼儿自我保护能力的可行性和必要性，增强家长的紧迫感和责任感。利用家长会向家长介绍研究计划、活动安排、培养幼儿自我保护能力对幼儿成长的重要意义。通过家园栏，开辟"安全、自救"知识宣传和"每日一问"，将一些日常生活中的安全常识介绍给家长，提高家长自身的安全意识。让幼儿在父母的帮助下，掌握在家中的一些安全自护知识。比如，在家中有许多危险物品像炉子、热水瓶等，不能因为危险就设置各种禁区，应注意对孩子独立行为能力的培养；父母出门在外，幼儿在家中独处时，千万不要给陌生人开门，等等。家庭与幼儿园密切配合，对幼儿实施安全自护的家园同步教育，是幼儿健康、安全成长的必要保证。

（三）社会

利用社会资源加强对孩子的安全教育。幼儿园要与公安消防、交通、治安以及卫生、地震等部门建立密切联系，聘请有关人员担任安全教育辅导员，根据幼儿身心特点系统协调承担安全教育的内容，并且协助幼儿园制订应急疏散预案和组织安全演练活动，如邀请消防员给幼儿讲解有关用火的注意事项、请交通警察演示交通安全规则等。相关部门应为儿童的安全教育提供一些免费的、可进行安全教育的资源，让幼儿参观消防局、警察局等相关安全部门，或为幼儿提供一些与安全有关的画册等。同时，公安消防、交通、治安以及卫生、地震等相关部门要重视对儿童安全教育活动的督导和评价。教育行政部门要制定科学的幼儿安全教育评价标准，并将其列入幼儿园督导和园长考核的重要指标之一。评价的重点应注重幼儿安全意识

的建立、基本知识技能的掌握和安全行为的形成,以及幼儿园对儿童安全教育活动的安排、必要的资源配置、实施情况以及实际效果。此外,在利用社会资源对幼儿进行安全教育的同时,还应注意避免社会上一些不良现象和资讯的影响。现代资讯发达,电视、网络等为人们提供了大量的信息,但有些信息属幼儿不宜,应该防止幼儿接触,才能避免伤害。

平安成长比成功更重要!幼儿好奇、好动、好探索,但生活经验和生活常识不足,缺乏分辨安危的能力和自我防护意识,在活动中对危险事物不能做出正确判断,不能预见行为后果,面临危险也不会保护自己,自我保护能力差。《幼儿园工作规程》提出:"幼儿园应保教并重,应加强对幼儿的安全教育。"《教育——财富蕴藏其中》一书中指出,教育的目的就是使儿童学会学习、学会做事、学会共同生活、学会生存。对幼儿实施科学的安全教育便是一项基本的生存教育,可使幼儿逐步形成安全意识,掌握必要的安全知识和技能,提高幼儿的生存能力。

第四章 班级活动安全流程

> 因为教育上的错误比别的错误更不可轻犯。教育上的错误正和错配了药一样，第一次弄错了，绝不能借第二次、第三次去补救，它们的影响是终身洗刷不掉的。①
>
> ——洛克

对幼儿来说，无论是幼儿园生活还是家庭生活，都是社会生活中较为有序的生活形式。幼儿园作为教育机构，应为幼儿提供健康、丰富的班级生活，满足他们多方面发展的需要，使他们在快乐的童年生活中获得有益于身心发展的经验。幼儿的身心发展特点决定了幼儿教育必须是保教并重的，必须寓教育于一日活动之中。幼儿园生活是依据幼儿的身心发展规律和教育规律为幼儿创设的生活，是真正适合并能引导幼儿充分发展的生活。班级活动是从幼儿发展的现实需要出发，从幼儿所处的特定生活背景出发，基于幼儿的生活养成教育而进行合理组织安排的综合性活动，是幼儿园课程的重要组成部分，是幼儿教育的重要途径。班级活动是实施幼儿园保育教育的主要途径，是保教活动的总和，可以相对划分为生活、运动、游戏、集体教学等活动，是幼儿和保教人员共同经历的、家长参与的活动过程。教师应尊重幼

---

① 洛克.教育漫话[M].杨汉麟，译.北京：人民教育出版社，2006：7.

儿人格与权利，尊重发展规律，关注生命安全与需要，重视安全教育，遵循安全流程，为幼儿提供健康、丰富的生活和活动环境，满足他们多方面发展的需要，使他们在快乐的童年生活中获得有益于身心发展的经验，为幼儿一生的发展打好基础。

一、生活活动安全流程

生活活动是指满足幼儿生命基本需要的活动，是幼儿班级生活的重要组成部分，具有发展幼儿生活自理、与人交往、自我保护等能力和培养幼儿规则意识和健康生活习惯的作用。生活活动包括：入园、盥洗、餐点、饮水、如厕、睡眠、离园等活动。教师应根据幼儿生理和心理发展的需要，建立科学的生活常规，既有利于形成集体生活秩序，又能满足幼儿个别的合理需要，不强求一律、整齐划一；引导、支持和鼓励幼儿，参与生活规则的建立。教师组织和指导幼儿的生活活动时，要进行充分的预设和准备，减少不必要的等待现象，避免隐性和显性的时间浪费；要满足幼儿受保护的需要和独立的需要，避免包办代替。活动前，教师应进行安全教育，要确保幼儿生活活动安全，在活动中能随时进行安全提醒，并有处理突发事件的应对措施。

（一）入园

入园是幼儿从自由的家庭生活转入幼儿园集体生活的过渡阶段，是幼儿园一日生活的开始。入园环节存在的最大安全隐患是晨检不细致，其次是让幼儿独自入园和家长未跟教师进行交接（见图4-1）。此外，小班还是入园环节最易发生安全事故的班级（见图4-2）。因此，保教工作人员应加强入园的晨检和幼儿交接工作，衣着整洁大方，以饱满的热情站在教室门口或幼儿园门口，礼貌亲切地接待幼儿入园，并与家长做好有关物品的交接与存放工作。幼儿要携带手帕，衣着整洁地来园接受晨检，将外衣、帽子放在固定地方，向教师、保育员、同伴问好，并进行自由结伴的分散活动或简单的劳动，如整理图书、擦桌椅等。入园活动结束时简短的晨间谈话，可以是主题性谈话，也可以是发散性谈话，以便于及时了解幼儿的情况，解决活动中出现的问题，交代一日活动安排，激发幼儿参加下一个活动的积极性，保证幼儿积极、愉快地参与到集体生活中。

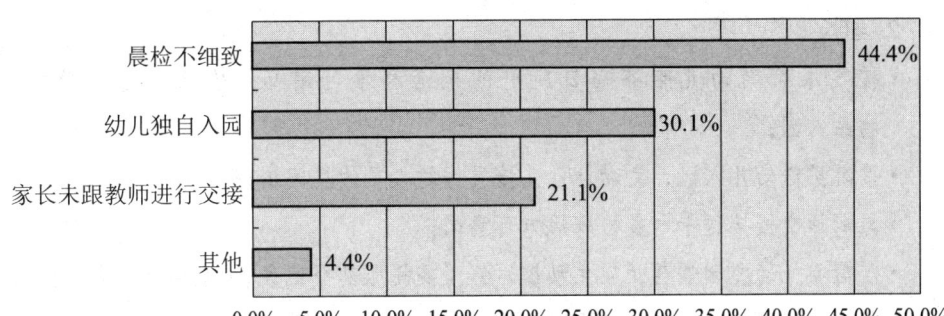

图 4-1 入园环节存在的安全隐患

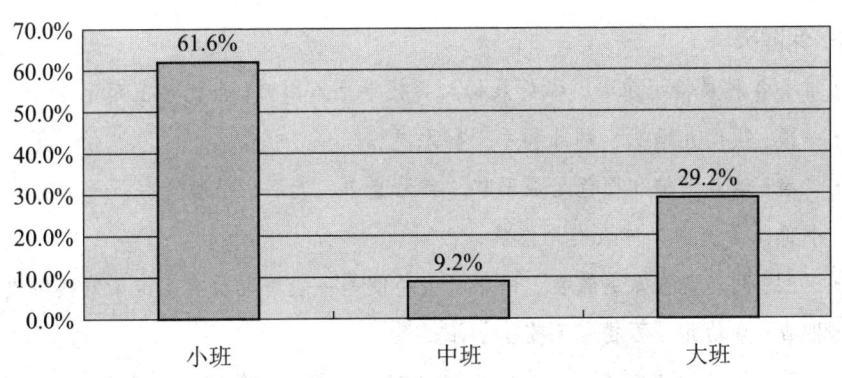

图 4-2 不同年龄班级在入园环节发生安全事故的占比

1. 保育员

- 幼儿入园前将活动室、寝室开窗通风,保持室内空气清新。根据季节提前做好防寒保暖、防暑降温工作;

- 做好安全防范工作。用煤炉取暖的幼儿园,煤炉周围要设立安全牢固的防护罩;

- 室内外清洁做到"六净":地面、桌椅、门窗、玩具柜、口杯架、毛巾架保持干净;

- 做好当日餐巾、口杯、洗脸巾的消毒工作,口杯、洗脸巾定位使用;

- 准备好当日足量的、温度适宜的、安全的饮用水(每个幼儿每日400~600毫升);

- 做好早餐准备。

2. 家长

- 按要求帮助幼儿带齐当日所需的生活和学习用品，确保幼儿不带危险物品入园；
- 按时护送幼儿入园，主动让幼儿接受保健人员的晨间检查；
- 与老师交接接送卡和晨检牌后方可离园；
- 若需委托幼儿园喂药，应主动填写好《委托服药登记表》（服药者姓名、性别、年龄、班级、药品名称、服药计量、服药方法）交保健人员；
- 主动向保健人员和当班教师报告幼儿的特殊情况，尤其是身体的不适。

3. 保健员

- 准备各种晨检记录表，做好晨检。日托早上入园时；全托早上起床盥洗后；
- 一摸：摸幼儿额头、颈部和手心有无发热；
- 二看：幼儿精神和面色是否正常，有无流涕、流泪、结膜充血，身上有无皮疹，咽部是否充血，体表有无伤痕；
- 三问：问幼儿在家的饮食、睡眠、大小便等一般情况及有无传染病接触史；
- 四查：查幼儿是否携带不安全物品；
- 五防：传染病流行季节，应重点检查有无传染病接触史及早期症状和体征；晨检中发现幼儿有传染病或其他疾病表现时，通知家长带到医院检查、治疗；
- 在晨检基础上，向幼儿发放晨检牌，向健康幼儿、服药幼儿、待观察的幼儿发放不同的晨检牌，由幼儿或家长带回班级；
- 检查家长填写的《委托服药登记表》，并核对药品。药品必须由保健医生妥善保管在保健室内幼儿拿不到的地方；
- 做好晨检记录。

4. 教师

- 主动、热情、礼貌地迎候幼儿和家长；
- 观察幼儿身体、情绪和精神面貌；
- 查看幼儿的晨检牌，检查其是否携带不安全物品，是否按要求带齐当日所需用品；
- 有针对性地向家长了解幼儿的情况；

- 组织提前入园的幼儿自愿有序地进入活动区活动，观察、了解幼儿活动的情况，适时提供材料，创设、调控活动环境；组织幼儿开展观察、劳动、值日、自主活动等，避免消极等待现象；
- 清点幼儿出勤情况，并做好记录。及时与未到园幼儿的家长取得联系，了解原因。

5. 幼儿

按要求带齐当日所需的生活和学习用品；着装整洁舒适，便于活动；按时、愉快入园，有礼貌地向老师、同伴问好；愿意接受晨检，身体不适能告诉保健老师；主动参加晨间活动。

（1）**小班幼儿**：高高兴兴地上幼儿园，向老师问早、问好；携带手帕，衣着整洁，能高兴地接受晨检，插放晨检标志；进班后，在教师的指导下，将脱下的衣服和帽子放在固定的地方；学习搬小椅子，双手轻拿轻放小椅子。

（2）**中班幼儿**：衣着整齐，主动地接受晨检，插放晨检标记；进班后，学习将帽子、外衣叠放在固定的地方；学习擦桌椅并放整齐。

（3）**大班幼儿**：衣着整洁，愉快入园，有礼貌地和老师、小朋友见面；会告诉老师自己的身体有无不舒服的感觉；有礼貌地和家长告别；积极地投入晨间活动。

（二）饮水

1. 保育员

- 保证班上随时有饮用水，准确掌握幼儿的饮水量，根据幼儿的身体状况、活动量大小及天气情况及时调整饮水量，保证饮水充足；
- 提醒、帮助幼儿正确取水和取放口杯；
- 引导和帮助幼儿按需饮水，提醒有特殊需要的幼儿多饮水；
- 保温桶上锁，放在安全适宜的位置；
- 保温桶每天清洗，幼儿个人专用饮水杯每天清洗并消毒一次。

2. 教师

- 组织、指导幼儿有秩序地喝水，帮助新入园幼儿接水，保证水温冷热适宜，

中、大班幼儿要在教师的组织指导下安全有序取水,培养良好的饮水习惯;
- 运动后、上下午各组织一次集体饮水,提醒并允许幼儿随时喝水,夏季应增加饮水次数;
- 观察幼儿饮水量,保证幼儿日饮水量达400～600毫升;
- 指导幼儿根据幼儿的身体状况适当调整饮水量,喝完后将水杯放回原位。

3. 幼儿
- 愿意定时饮水,需要时会主动取水喝;
- 不喝生水,喝水时不说笑,不边走边喝水;
- 剧烈运动后稍事休息再喝水;饭前、饭后半小时内少饮水;
- 用个人专用口杯喝水,口杯用后放回固定的地方且杯口朝上;
- 正确取水,不浪费水。

(三) 盥洗

幼儿的盥洗包括洗手、洗脸、刷牙、漱口等,关系到幼儿清洁卫生习惯的养成和自我服务能力的提高。盥洗环节最易存在的安全隐患是盥洗组织不当,其次是盥洗习惯不良(见图4-3),且在盥洗活动中最易发生安全事故的是小班幼儿(见图4-4)。因此,教师必须规范活动组织行为,要求幼儿能逐渐掌握洗手、洗脸、刷牙、漱口的方法,盥洗时保持地面干爽、清洁,饭前、便后、手脏时能主动洗手,大小便能基本自理。

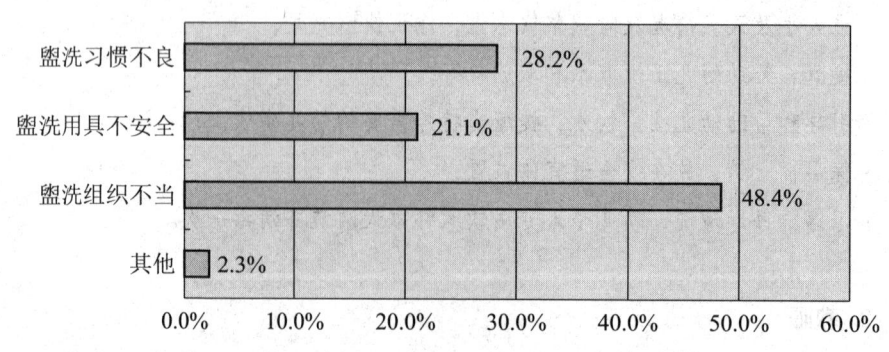

图4-3 盥洗环节存在的安全隐患

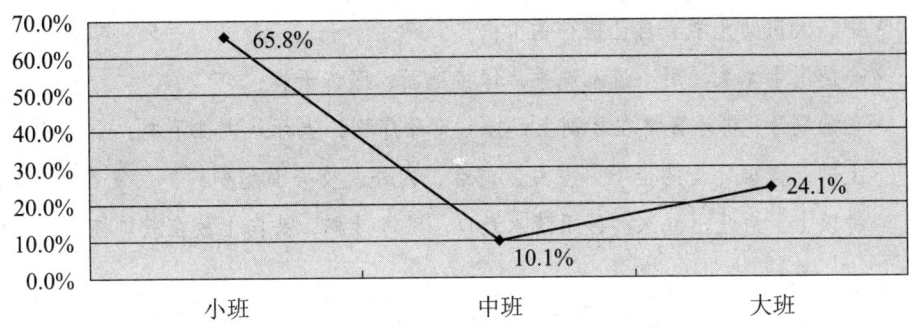

图4-4 不同年龄班级在盥洗环节发生安全事故的占比

1. 保育员

- 做好盥洗准备,保证幼儿用肥皂、流动水洗手,用消毒毛巾擦脸。为全托幼儿准备好早晨、晚上的盥洗用具及盥洗用水;
- 指导幼儿学会正确的洗手方法:卷衣袖、打开水龙头(让幼儿知道水开多大是适宜的)、使用六步(湿、搓、冲、捧、甩、擦)洗手法将手洗干净,用自己的毛巾擦干;
- 保持幼儿衣着的清洁干爽;
- 根据季节定期为全托幼儿洗头、洗澡;定期为全托幼儿更换衣、裤、袜。

2. 教师

- 教师在饭(点心)前、便后及户外活动后,组织幼儿有序盥洗;
- 指导幼儿正确盥洗。将正确的盥洗方法、爱清洁、节约用水等内容用图示、简单的文字、童谣等简明形象的方式,呈现在幼儿盥洗处,并提醒幼儿遵守;
- 检查或指导中、大班值日生检查幼儿盥洗结果。

3. 幼儿

- 随时保持手、脸清洁;饭前、饭后、便后、手脏时会自觉洗手;
- 正确洗手:卷衣袖;双手向下把手淋湿;抹肥皂;搓手心、手背、手指、手缝、手腕;冲洗净肥皂水;关好水龙头,在水槽里把手甩干,用自己的毛巾将手擦干;
- 正确洗脸:展开毛巾,先擦眼睛,再擦嘴巴和鼻子,再将毛巾翻面擦额头与脸颊,并将毛巾放在固定的地方;

- 中、大班幼儿学会自己搓拧毛巾；
- 会使用水龙头，用小流水洗手，保持地面、服饰干爽；
- 正确刷牙：将牙膏挤在牙刷上，按一定顺序刷，上牙从上往下刷，下牙从下往上刷，保证牙齿的上下、左右、前后、内外及咬合面均刷到，反复多次（3分钟以上）后吐出泡沫，再用清水漱口。洗净牙刷，头向上放在漱口杯内。

（四）如厕

1. 保育员

- 准备好肥皂（洗手液），督促幼儿便后用流水洗手；
- 准备好卫生纸，方便幼儿随时取用；
- 帮助有困难的幼儿擦屁股，整理服装；
- 及时为遗尿的幼儿更换和清洗衣裤；
- 督促幼儿便后用肥皂、流水洗手；
- 保持厕所清洁通风，随时对厕所进行清洗、消毒，做到清洁、无异味。提倡幼儿使用蹲式厕所。在幼儿使用便盆后，立即清洗和用消毒液浸泡消毒。

2. 教师

- 组织、指导幼儿有秩序地如厕，避免拥挤和打闹，培养良好的如厕习惯；
- 掌握幼儿的大小便习惯，及时提醒幼儿如厕，不限制幼儿如厕次数。教育幼儿有便意时大胆告诉教师，不拉、尿裤子，不随地大小便。如出现遗尿的幼儿，不得进行批评和嘲笑，要安抚幼儿的情绪，及时帮助幼儿处理、换洗、清洁衣服；
- 指导幼儿正确使用便纸，提醒或帮助幼儿整理好衣裤，便后洗手；
- 观察幼儿大便情况。如发现异常，及时与家长联系并做好记录；
- 适时帮助个别幼儿掌握正确的如厕方法，大小便入池。指导中班、大班幼儿独立如厕，便后冲厕，整理衣裤。提醒容易遗尿的幼儿及时小便。

3. 幼儿

- 逐渐学会能自理大小便，解便入坑；

- 解便时不弄湿自己和同伴的衣裤,便后会整理服装;
- 便后会用手纸自前向后擦屁股,并用肥皂(洗手液)、流水洗手;
- 不在厕所逗留;
- 大小便有异常情况能主动告诉教师和保育员。

(五)餐点

餐点环节是保教人员渗透饮食、营养教育的重要途径,这个环节要求幼儿餐前洗手,安静入座进餐;能够正确使用餐具;细嚼慢咽,不挑食,不剩饭菜;注意桌面、地面整洁,注意衣服整洁;餐后擦嘴、漱口,安静活动等。调查显示(见图4-5),餐点环节(包括餐前、餐后)最易存在的安全隐患主要是餐食过烫和餐后追逐打闹,且事故多发生在小班(见图4-6)。

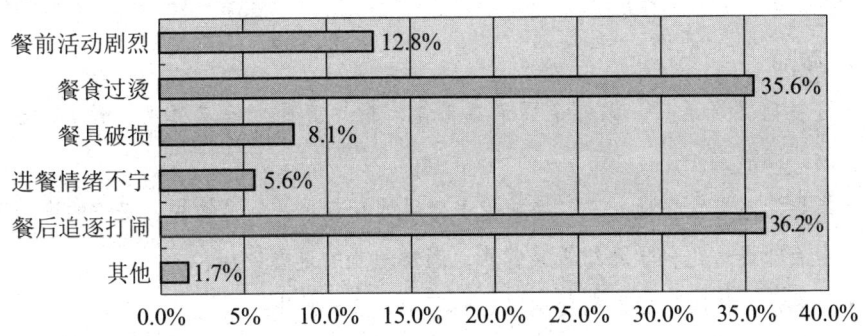

图4-5 餐点环节存在的安全隐患

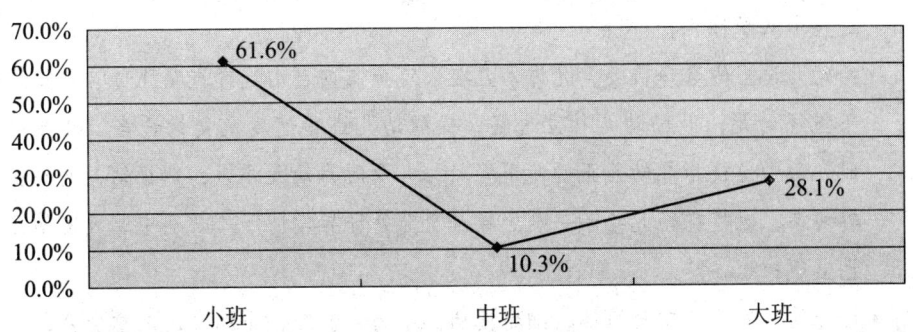

图4-6 不同年龄班级在餐点环节中发生安全事故的占比

1. 保育员

- 分餐前用肥皂洗手，用消毒水擦桌子；
- 指导值日生做好餐前准备工作；餐巾、渣盘上桌；备好漱口的凉开水等；
- 提供的食物温度适中，避免食物过烫、过冷，剔出鱼刺或骨渣，严禁进食不卫生食物。避免餐具造成的划伤、戳伤；
- 领取和分发餐（点），必须使用食品夹或消毒筷。除冬季外均应做到分盘，做到随到随分、随吃随分；
- 保证每个幼儿吃饱、吃好。掌握幼儿进食情况，鼓励食量小的幼儿，控制暴食的幼儿。做到不给幼儿汤泡饭；
- 督促指导幼儿餐后漱口；
- 在所有幼儿进餐结束后，及时送回碗筷，收拾餐桌，清扫地面，清洗餐巾和漱口杯并进行消毒。

2. 教师

- 进餐前摆好桌椅，做好桌面消毒工作，指导值日生分发餐具、餐巾，轻拿轻放，摆放整齐；
- 指导幼儿有秩序地入座，播放优美舒缓的轻音乐，创造愉快、安静的进餐氛围；由教师或幼儿科学介绍饭菜营养，激发幼儿的进餐欲望；
- 组织幼儿按时进餐，两餐间隔时间不少于3.5小时；
- 餐前餐后半小时不做剧烈运动，进餐前后15分钟内组织安静活动；
- 增强幼儿食欲，为幼儿介绍当餐食品。时常变换幼儿的就餐座位、餐具等，使进餐形式多样化；
- 给幼儿适当的选择机会，允许幼儿在一定范围内自由选择进餐座位、食物等；
- 不批评幼儿，鼓励幼儿独立进餐，提醒幼儿进餐速度及食量适当。幼儿进餐时，教师巡视指导幼儿正确使用餐具，并及时为幼儿添饭，纠正幼儿的不良进餐习惯，对特殊幼儿给予个别照顾，及时处理异常情况。鼓励中、大班幼儿自己盛饭；
- 培养幼儿良好的饮食习惯，细嚼慢咽，不高声喧哗，不偏食，注意坐姿，保持桌面、地面和衣服清洁；

- 提醒幼儿在用餐时间内进餐完毕（中、大班不少于30分钟，小班不少于40分钟），不催促幼儿用餐；
- 引导幼儿餐后擦嘴、漱口，把残渣放到指定位置，餐具分类轻轻放好，接着洗手。摆放好小椅子后，进区角活动或者阅读；
- 教师组织幼儿饭后散步，不做剧烈运动，引导幼儿观察周围环境的变化，以20分钟为宜，然后组织幼儿午睡。

3. 幼儿

- 餐点前自觉洗净手、脸；
- 愉快、认真地进食，不边吃边玩，不大声讲话；
- 愿意独立进食，不依赖教师；30~40分钟吃完饭菜；15分钟左右吃完点心；
- 学会正确使用餐具：一手拿勺子（中、大班使用筷子），一手扶住碗，喝汤时两手端着碗；
- 逐渐养成文明进餐的行为和习惯；
- 进食时会细嚼慢咽，会饭菜就着吃，干稀就着吃；
- 不挑食、不偏食、不剩饭菜，不过量进食；
- 保持桌面、地面和衣服清洁，骨头、残渣放在渣盘里；
- 在进食过程中和餐后会正确使用餐巾。餐巾用后翻面叠好，放在自己碗前；
- 咽下最后一口饭再站起来，轻放椅子，离开饭桌，将餐具和渣盘放到指定地点；
- 进餐后用凉开水漱口，并掌握正确的餐后漱口方法，即在碗或口杯中倒上凉开水后，喝一口水，闭着嘴咕噜几下，用水冲击牙缝，再吐出水（反复2~3次）。

（六）睡眠

睡眠环节包括睡眠前后的自我整理床铺衣服、独立按时入睡和按需要增减衣服等内容，对幼儿自理生活能力和良好生活习惯养成具有很大的作用。根据季节变化，午睡时间一般为每天2~2.5小时。午睡环节最易存在的安全隐患是无人监管，其次是睡前组织不当、午睡检查少和起床秩序混乱（见图4-7），且事故也多发生在小班（见图4-8）。因此，教师切不可对睡眠活动的组织管理掉以轻心，需全程巡视看护。

教师应要求幼儿保持寝室安静，自己在床铺前有序穿脱衣裤、鞋袜，整理好自己的东西并放在固定的位置；安静入睡，睡姿正确，不玩物品。

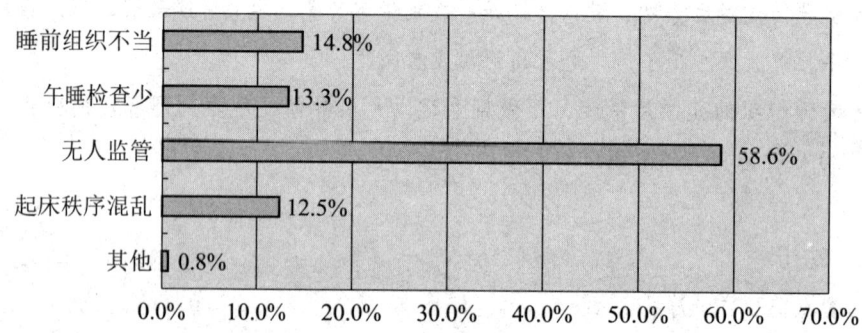

图 4-7　午睡环节存在的安全隐患

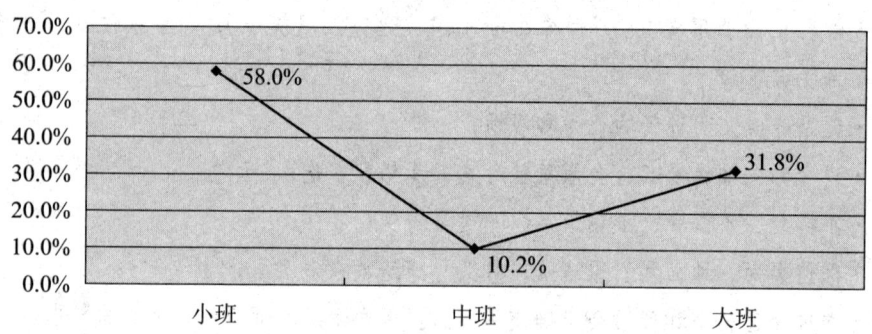

图 4-8　不同年龄班级在午睡环节发生安全事故的占比

1. 保育员

- 保持睡眠环境通风，根据气候调整好卧具；

- 保证幼儿一人一床一被。保持被褥清洁、干燥，被褥、床单冬季每月清洗一次，夏季每月清洗二次，凉席每天擦拭一次；

- 随时保持寝室清洁与整洁。每天一小扫，每周一湿性清扫，每周用消毒液抹幼儿床一次；

- 遮挡过强的光线，保持适宜的室内温度，营造安静、温馨的睡眠环境；

- 夏天穿凉鞋时，幼儿午睡前应洗脚；

- 照顾入睡困难、有特殊需要的幼儿；

- 幼儿起床时，协助教师帮助幼儿穿好自己的衣、裤、鞋、袜。指导、帮助幼儿折叠被子；
- 应待所有幼儿仪容仪表检查完毕离开寝室后，才能整理床铺并做好寝室的清洁卫生。然后用紫外线消毒30分钟，消毒时注意室内无人，关好门窗，并做好记录。

2. 教师
- 睡前谨慎按照服药记录给幼儿服药（给服人签字），注意观察服后情况；
- 排除环境中的危险因素（幼儿携带的异物、灭蚊器的安全）；
- 组织幼儿睡前大小便，排查口袋、手中有无异物，让幼儿安静进入寝室；
- 指导、帮助幼儿有序地穿、脱、叠衣物，提醒放到指定位置。女孩发辫解开，头绳、发夹放到指定的盒子里，鞋子摆放整齐；
- 为幼儿营造良好的睡眠环境（可适当地放睡眠曲或讲故事），根据室内温度及时增减幼儿被褥；
- 巡视观察幼儿的午睡状况，帮助幼儿盖好被褥。纠正幼儿不正确的睡姿，护理体弱幼儿，照顾入睡困难、情绪和身体有异常的幼儿入睡；
- 发现幼儿神色异常应及时报告与处理；
- 值午睡时动作轻，不大声说话，不能以任何借口离岗、做私活、会客、吃零食、睡觉、玩手机等；
- 按时唤醒幼儿起床，和睡醒后的幼儿进行亲切而简单的交流、抚摸和问候，询问幼儿的睡眠情况，鼓励幼儿自己整理床铺；
- 检查幼儿的仪表服装及鞋袜，及时为幼儿梳头；
- 组织幼儿如厕、洗手、喝水，进行午检并做好记录。

3. 幼儿
- 能独立或者在教师或同伴的帮助下按顺序穿脱衣裤。脱：先脱鞋，再脱裤（冬季先解上衣纽扣），最后脱上衣，并放在固定的地方。穿：先穿上衣，再穿裤子，最后穿鞋子；
- 学会分清衣裤前后，会拉拉链、会扣纽扣；
- 学会穿鞋：分清左右脚，拉好鞋舌、脚伸进鞋、拔起后跟、系好鞋带或粘好鞋扣；
- 起床后，按教师的要求折叠好被褥；

- 睡眠时衣着适当、睡姿正确，不蒙头、吮手、咬被角等。

（七）离园

离园活动是幼儿从集体生活转入自由的家庭生活的过渡环节，是幼儿园生活的结束部分。调查显示（见图4-9），离园环节最易存在的安全隐患是教师与家长对幼儿的交接不到位，其次是离园组织不到位和教师间交接不到位，且离园安全事故多发生在小班（见图4-10）。因此，教师必须规范离园组织活动行为，要求幼儿收拾好玩具，整理场地，完成教师布置的简单劳动任务，如养殖角植物的浇水、动物的喂食或清洁工作，将脱下的衣帽带回家，主动和老师、小朋友说再见。离园前，教师可以开展简短的离园谈话活动，总结一日活动情况，并提出表扬和鼓励，使幼儿愉快地离开幼儿园。

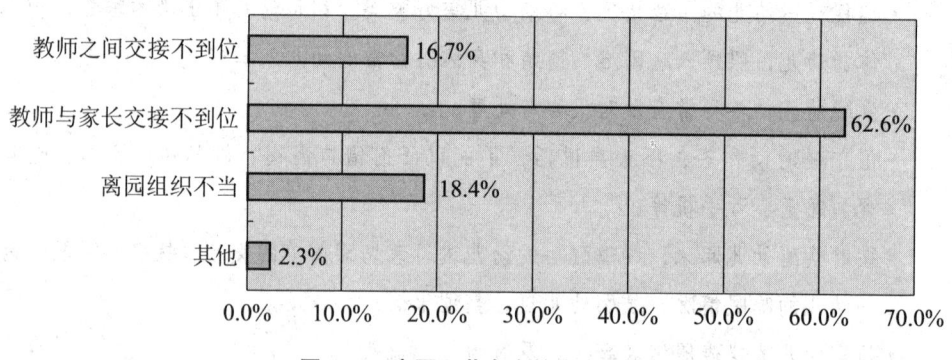

图4-9 离园环节存在的安全隐患

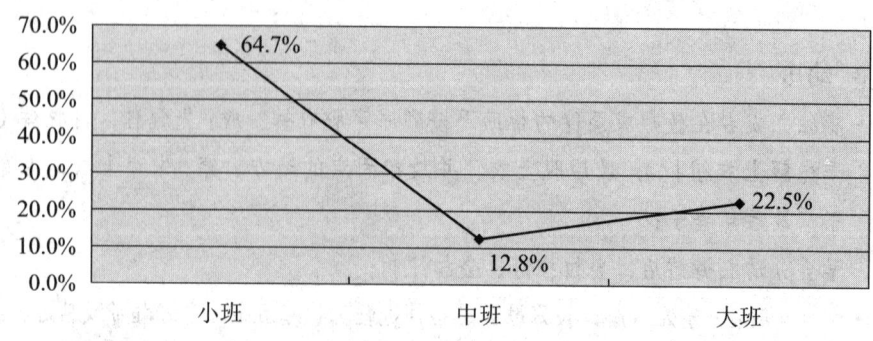

图4-10 不同年龄班级在离园环节发生安全事故的占比

1. 保育员

- 清理幼儿的衣物用品，做好幼儿离园的准备工作；
- 主动与个别特殊幼儿的家长交流当日该幼儿在园的一日生活，汇报护理情况，争取得到家长的理解、支持与配合；
- 待所有幼儿离园后全面打扫卫生，整理物品，做好相关消毒工作。要及时清除垃圾、污物。清洁用具（如扫帚、拖布、抹布等）要专用，拖布、抹布每次用后要及时清洁、消毒、干燥保存；
- 坚持每天用紫外线对活动室、寝室消毒一次，消毒时要确定室内无幼儿，关好门窗、水电，并做好记录；
- 与教师共同做好交接班记录，包括当日到班幼儿人数、未来园幼儿的原因、幼儿健康状况、家长反映的有关情况以及其他需要衔接的有关内容，并签全名；
- 协助教师做好次日各项活动准备工作。

2. 教师

- 组织幼儿如厕、洗手、喝水；
- 组织幼儿检查、收拾好自己的生活和学习用品；
- 检查幼儿的服装穿戴是否整洁适宜（小班要特别注意看幼儿是否尿裤，鞋子有没有穿反，头发是否凌乱，衣服扣是否系好；中、大班还要注意看幼儿的内裤和秋衣秋裤是否整理好），逐个触摸头部检查是否发烧，指导幼儿整理好自己的物品；
- 稳定幼儿的情绪，安排适宜的离园前活动。教师或与幼儿进行简短的谈话，小结当日活动情况；或交代次日活动的准备和要求；或组织幼儿开展小型安静的自选活动等；
- 提醒幼儿有礼貌地向老师和小朋友告别；
- 根据需要通过小黑板、便条、家园栏等方式向家长介绍幼儿当日在园情况或通知有关事宜；
- 热情接待家长，查验接送卡。未带卡的家长，要填写《安全接送记录表》方能接走孩子；委托他人持卡接幼儿的，还需电话与幼儿父母核实；陌生人和未带接送卡者，一律不得放行。注意观察幼儿是否跟随家长离园；

- 做好个别特殊幼儿的交接,及时回复家长嘱咐的事宜,主动与家长交流幼儿在园情况。比如,对于生病的幼儿和当天表现异样的幼儿,应向其家长详述幼儿在园的生活及活动情况,提出希望得到家长配合与支持的要求和具体方法;
- 采取家园栏、家园信箱、家园联系本、便条、班级网站等不同方式与乘坐校车的幼儿的家长联系,主动介绍幼儿在园的生活及活动情况;
- 当幼儿在园内发生突发事件时,教师必须第一时间主动与幼儿家长联系,客观地汇报幼儿的相关情况,积极主动地争取得到家长的理解与配合,保留好相关资料,做好相关记录,妥善处理善后事宜;
- 对于过了离园时间家长还未到的情况,要安慰好幼儿,不得让幼儿独自等待,更不得对幼儿表现出一些抱怨的言语和情绪;
- 待所有幼儿离园后,再做好次日各项活动的准备工作;
- 检查好水、电、门、窗的安全,做好清园工作。

3. 幼儿

- 愉快离园,主动使用礼貌用语向老师说再见;
- 注意安全,不跟陌生人走;
- 收拾好自己的生活和学习用品;
- 与家长交流当日在幼儿园的生活及活动情况。

4. 保健老师

- 在幼儿离园时,向在全日健康观察中有问题的个别幼儿的家长,重点、扼要、客观地汇报该幼儿的相关情况,积极主动地争取得到家长的理解与配合,保留好相关资料,做好相关记录;
- 做好健康教育知识宣传。

5. 家长

- 凭接送卡与教师交接幼儿;
- 了解幼儿情况要"三看",即:一看幼儿园和班级有无通知;二看家园栏有无信息;三看展示的幼儿活动作品和教师的活动记录;

- 与幼儿交谈要"三问",即:一问幼儿在园的情绪如何;二问当日做了哪些游戏;三问有什么想告诉家长的事;
- 清理幼儿的衣物用品;
- 若当日幼儿有身体不适等特殊情况,应主动与保健医生联系,了解幼儿在园的一日生活及身体情况,询问应协助的事宜;
- 每月与班级教师、保育员交流沟通一次,了解幼儿在园的发展情况,及时反馈幼儿在家的情况,并进行教育、行为习惯、心理健康的咨询,针对幼儿存在的问题共同商议有利于幼儿发展的个性化教育措施;
- 根据教育活动的需要和幼儿园要求,带领幼儿准备好次日活动所需的物质材料。

二、运动活动安全流程

运动活动主要是指在幼儿园一日活动中采用早操、器械运动、自然因素锻炼等形式,培养幼儿对运动活动的兴趣,增强幼儿的运动能力、适应环境的能力,提高幼儿身体素质的日常运动活动。幼儿园一日活动中的运动活动包括早操、体育活动、散步等。教师应有目的、有计划地以本班幼儿运动的兴趣和态度、动作能力、运动的卫生常识为目标,设计和组织适合本班幼儿的运动活动。组织运动活动时,教师应遵循幼儿身体机能的变化规律,引导幼儿通过自主、探究、合作式的学习方式,运用身体动作来学习、体验,获得运动的知识,发展动作能力,同时培养幼儿对运动活动的兴趣和坚持锻炼的习惯。教师要科学组织幼儿的运动活动,掌握幼儿的运动量、时间、强度和密度,循序渐进,确保幼儿运动活动中的安全。城乡各类型幼儿园应根据本园的师资条件和场地、器械条件,尽力收集民间的体育活动和体育游戏,充分利用阳光、空气、水等自然因素以及当地的自然地理环境,自制运动活动材料;利用现有的自然物和无毒废旧物,积极开展适合幼儿的、丰富多彩的体育活动。运动活动是幼儿安全事故易发活动,教师应在活动前仔细检查活动场地与器械,排除安全隐患,并向幼儿进行安全教育,在活动中随时进行安全提醒,以确保幼儿活动安全,同时应有处理突发事件的应对措施。

(一)早操活动

调查显示(见图4-11),早操环节最易存在的安全隐患是活动器材不安全,其次是活动场地不安全、活动空间狭小和活动组织不当。在早操环节,安全事故高发班级为小班和大班(见图4-12)。因此,教师应在活动前仔细检查活动场地、活动器械的安全性,并组织儿童进行有序的活动,防止跌伤、拥挤、踩踏等事故发生。

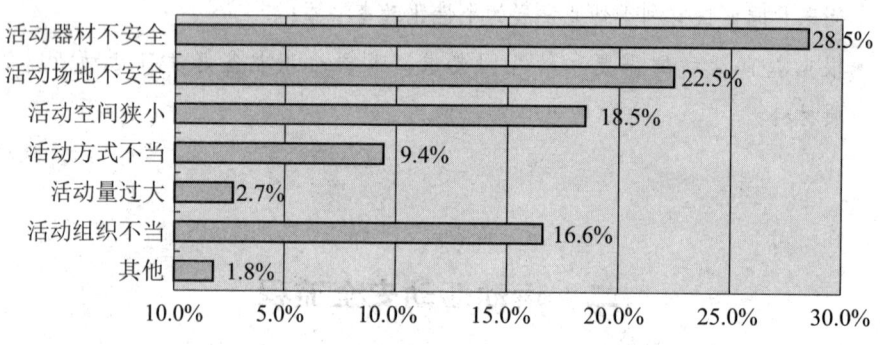

图4-11　早操环节存在的安全隐患

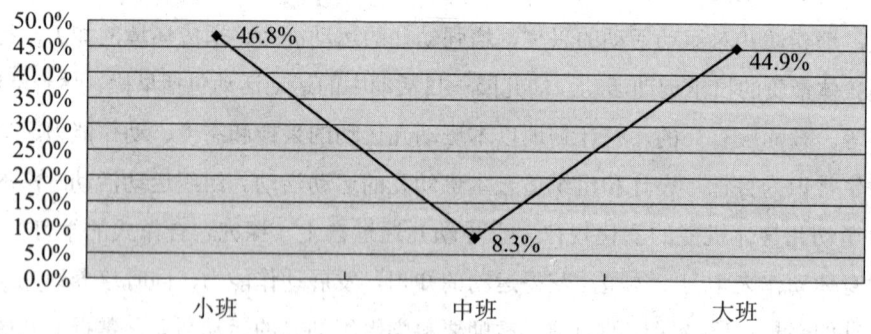

图4-12　不同年龄班级在早操环节发生安全事故的占比

教师要编制适合幼儿年龄特点、季节特征的操节。早操活动应包括准备活动、队列练习、两套操节(徒手操和器械操各一套)、小型器械及分散活动等。教师要做到活动量适中,活动部位全面,背景音乐有童趣;时间适宜,中、大班活动时间为20分钟,小班为15分钟。教师带操镜面示范,且照顾到全体幼儿,不得让小班幼儿一个拉着一个的衣服走。

1. 保育员

- 熟悉本班早操活动内容，准备早操活动器械；
- 检查场地、器械的安全性，指导值日生在早操前按要求摆放器械；
- 观察幼儿的活动量，巡回抚摸幼儿的头、颈、背部，提醒或帮助幼儿增减衣物，特别关注体弱幼儿；
- 配合教师指导幼儿规范的早操动作；
- 随时观察幼儿的活动情况，及时处理幼儿的安全意外或身体不适等突发事件；
- 早操结束后，整理收拾活动器械，检查场地安全。

2. 教师

- 早操前进行相关的安全教育，提醒并检查幼儿是否做好早操前的准备工作（冬季需要脱掉外衣，取下围巾、手套等），衣服、鞋子是否穿好；
- 精神饱满地组织早操活动，口令规范，示范正确。定期改变带操的站位，面向全体幼儿，也可指导幼儿轮流带操；
- 随时观察幼儿早操情况，做到三看（看情绪、看动作质量、看动作力度）、三提示（提示动作、提示增减衣物、提示运动卫生及安全）；
- 指导幼儿选择器械和按规定收拾器械；
- 不披发，不穿高跟鞋，不穿裙子，衣服长短适中，服饰应符合早操活动的要求。

3. 幼儿

- 做好操前服饰准备工作（冬季需要脱掉外衣，取下围巾、手套等），会检查自己的衣服、鞋子是否穿好；
- 值日生会协助保育员准备早操器械；
- 能愉快地参加早操活动，认真并精神饱满；
- 做操有节奏，动作到位，协调有力，能充分运动身体的各部分；
- 能遵守早操规则，排队有序，会听信号、口令并做动作；
- 会选择器械活动，并和同伴合作活动；
- 知道身体发热时要脱衣服或身体不适时主动告诉老师；
- 会收拾整理活动器械。

（二）户外体育活动

幼儿园一周的体育活动要保证体育课、体育游戏、户外体育活动等多种类型体育活动的开展，要保证开展走、跑、跳、钻、爬、投掷、平衡等各种发展幼儿基本动作的活动。其中，户外体育活动环节最易存在的安全隐患是活动秩序混乱，其次是缺乏教师监管和活动器械不安全（见图4-13）。大班为户外体育活动安全事故高发班级，小班次之（见图4-14）。因此，户外体育活动前，教师要检查活动场地、玩具器械、幼儿着装、教师着装情况，保证活动方便自如，并进行相关的安全教育。教师要做到幼儿按个人意愿和兴趣，自由选择有益的户外活动，自由结伴，自由交谈。每次户外体育活动结束后，及时清点人数，评析本次活动情况（如幼儿的表现情况、动作技能的学习情况、幼儿经验的分享等），并对活动进行反思（如幼儿动作技能的掌握情况、运动量的大小、幼儿遵守规则的情况等）。

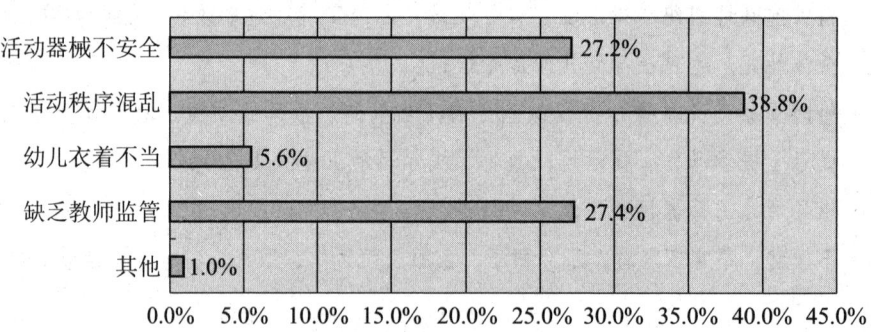

图4-13 户外体育活动环节存在的安全隐患

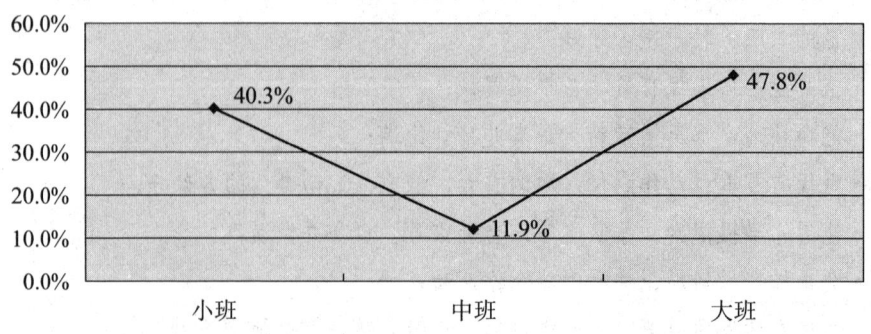

图4-14 不同年龄班级在户外体育活动环节发生安全事故的占比

1. 保育员

- 了解户外活动内容及要求；
- 协助教师准备和检查场地、器械的安全；
- 活动前检查幼儿服饰和鞋带；
- 观察幼儿的活动量，随时提醒或帮助幼儿增减衣物，及时为出汗幼儿擦背，特别关注体弱幼儿；
- 活动过程中协助教师指导和帮助幼儿；
- 收拾场地，检查器械；
- 做好幼儿活动后的护理工作：督促幼儿洗手，用温度适宜的干净毛巾给幼儿擦面，增加衣物，饮水等。

2. 教师

- 活动前做好准备活动，对重点部位进行重点预热，同时进行安全教育。活动中随时观察幼儿的动作及行为（面色、呼吸、出汗、动作的协调性等），准确判断练习密度大小、运动量强弱及安全隐患，及时给予帮助指导。活动后做好放松整理工作，提高幼儿的自我保护意识，培养幼儿收拾器械的习惯。禁止训斥、粗暴拉扯幼儿；
- 自制或提供各种户外体育活动器具，根据幼儿活动的需要保证足够的体育活动材料：小型器械人手一套、较大型器械每个小组一套；
- 合理利用户外体育活动场地，保证幼儿有足够的、安全的活动空间；
- 保证每天的户外活动时间不少于2小时，其中体育活动不少于1小时，且活动分段进行；
- 引导幼儿多通过身体动作参与、体验、探究、合作式的活动，减少过多的示范、讲解；
- 有目的地观察幼儿参加体育活动的兴趣、动作发展、习惯、安全意识、意志品质等实际情况，做出积极的应对和调整。建立适宜的运动活动常规，督促幼儿遵守；
- 控制好活动中幼儿的运动量，注意动静交替，逐渐增加活动量和活动强度，防止突然运动或剧烈运动造成的拉伤、扭伤或身体不适等。

3. 幼儿

- 愉快地参与体育活动，主动活动身体；
- 正确使用活动器械，尝试新玩法，并和同伴一起活动；
- 有安全意识，不做危险动作，不用器械与同伴打闹等；
- 有自我保护意识，知道身体发热时脱衣服或身体不适时主动告诉老师，有简单的自我保护方法；
- 遵守体育活动规则；
- 会收拾整理活动器械。

三、游戏活动安全流程

游戏活动主要指幼儿自发、自主、自由的活动，包括各种区域活动。游戏活动能满足幼儿个体需要，发展幼儿的想象力、创造力和交往合作能力，促进幼儿情感、个性健康地发展。教师应以游戏为幼儿基本活动，保证幼儿愉快的、有益的游戏和自由活动时间。根据幼儿的年龄特点、实际经验和兴趣，创设游戏环境，选择幼儿游戏内容。因地制宜，就地取材，为幼儿提供安全、卫生、有教育性的游戏材料和自制玩具。游戏材料应强调多功能和可变性。加强游戏过程中的观察，并采用直接指导、交叉指导、平行指导等方式给予适当指导。开展多种类型的游戏活动，保证建构游戏、角色游戏、表演游戏等创造性游戏与娱乐游戏、教学游戏、音乐游戏等规则性游戏间的平衡。调查显示（见图4-15），游戏活动环节最易存在的安全隐患是活动材料不安全，其次是活动空间狭小，再次是活动材料不足和教师组织指导不当。此外，游戏活动中最易发生安全事故的班级是小班，大班次之（见图4-16）。因此，活动前，教师应进行安全教育，确保幼儿活动安全，在活动中能随时进行安全提醒，并有处理突发事件的应对措施。

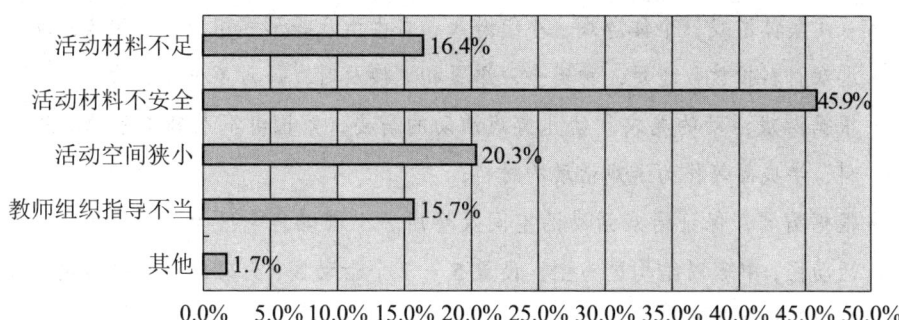

图 4-15 游戏活动环节存在的安全隐患

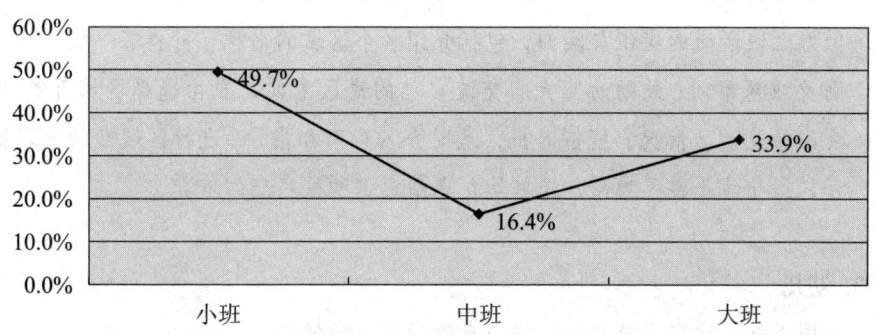

图 4-16 不同年龄班级在游戏活动环节发生安全事故的占比

1. 保育员

- 游戏活动前与教师进行沟通，了解活动目的和要求，做好游戏前材料、场地等准备；
- 观察幼儿游戏与场地安全因素，活动中随时给幼儿增减衣物；
- 配合教师做好对幼儿游戏活动的指导，协助教师处理游戏过程中出现的问题；
- 带领幼儿收拾、整理游戏活动材料。

2. 教师

- 制订目标明确、有指导和观察要点的游戏活动计划；
- 每日保证幼儿游戏活动时间不少于1.5小时，并分段进行；
- 保证幼儿每日至少开展一次活动区活动；
- 平衡一周内的各类游戏活动，保证幼儿的主动性游戏活动；

- 采用集体游戏、个体游戏、小组游戏、自由游戏等形式组织幼儿游戏活动；
- 游戏材料投放数量足，种类全，添置和更换及时，每月不少于2次；
- 根据游戏活动的要求和幼儿游戏活动的需要，家园共同收集自然物、废旧材料、半成品等作为游戏活动的材料；
- 根据需要，保证游戏活动的空间及场所。小班以角色区为主，设置3～5个活动区；中班以结构区为主，设置5～7个活动区；大班以益智区为主，设置6～8个活动区；
- 用"扫描观察法""定点观察法""追踪观察法"等观察方法有目的或随机地观察幼儿材料使用、游戏水平、游戏状态，并有目的地做好记录；
- 做好区域活活动的组织与实施，包括介绍各个区域的名称、材料等，提出进区规则及注意事项；鼓励幼儿大胆交流自己的进区意愿，自由选择区域开展活动；观察幼儿活动情况，把握时机，适时介入帮助和指导；进行区域活动分享和点评，指导幼儿整理物品，注重幼儿规则意识和秩序感的培养。

3. 幼儿

- 与同伴友好玩耍，愿意与同伴分享游戏材料和经验；
- 能自主选择游戏内容、材料、同伴、角色、场地等，自主选择进行游戏；
- 参与游戏材料的收集与准备；
- 爱护和正确使用游戏材料，会轻拿轻放，会物归原处，叠放整齐，会归类整理玩具；
- 能遵守游戏规则；
- 学习解决游戏中的问题，能克服困难，坚持游戏。

四、集体教学活动安全流程

集体教学活动是指以促进幼儿同伴分享交流、提升幼儿经验、强化学习体验、引导幼儿主动探索、促进每个幼儿在不同水平上得到发展为目的，教师有计划地发起的、采用集体活动形式组织的活动。调查显示，对集体教学而言，语言活动中最易存在的安全隐患是活动过程秩序混乱，其次是教学材料存在安全隐患（见图4-17）；科学活动中最易存在的安全隐患是教学材料存在安全隐患，其次是活动过程秩序混乱（见图4-18）；数学活动中最易存在的安全隐患是活动过程秩序混乱，其次是教学材料存在安全隐患（见图4-19）；音乐活动中最易存在的安全隐患是活动过程秩序混乱，其次是活动空间狭小（见图4-20）；美术活动中最易存在的安全隐患是教学材料存在安全隐患，其次是活动过程秩序混乱（见图4-21）；健康活动中最易存在的安全隐患是活动过程秩序混乱，其次是教学材料存在安全隐患（见图4-22）；社会活动中最易存在的安全隐患是活动过程秩序混乱，其次是活动组织不当（见图4-23）。由此可见，集体教学活动的组织应特别强调活动材料、活动空间的安全性和活动组织的科学性。

因此，教师应根据教育目的、幼儿的实际水平和兴趣，以循序渐进为原则，有目的、有计划地组织幼儿参与集体教学活动，保证活动内容的平衡性与整体性；积极发挥幼儿多种感官的作用，充分利用周围环境的有利条件，提供充足的动手操作材料，保证幼儿充分活动的机会；遵循幼儿的学习特点，注重活动的过程，采用合作、交流、探索等活动方式开展活动；灵活地运用集体联合活动、小组合作活动等组织形式，为幼儿提供交流和表现能力的机会与条件。集体教学活动次数、时间应严格执行幼儿园课程规定，小班1次／天，中班1～2次／天，大班2次／天；每次活动小班为15～20分钟，中班为20～25分钟，大班为25～30分钟。活动前，教师应进行安全教育，以确保幼儿活动安全；在活动中能随时进行安全提醒，并对处理突发事件有应对预案。

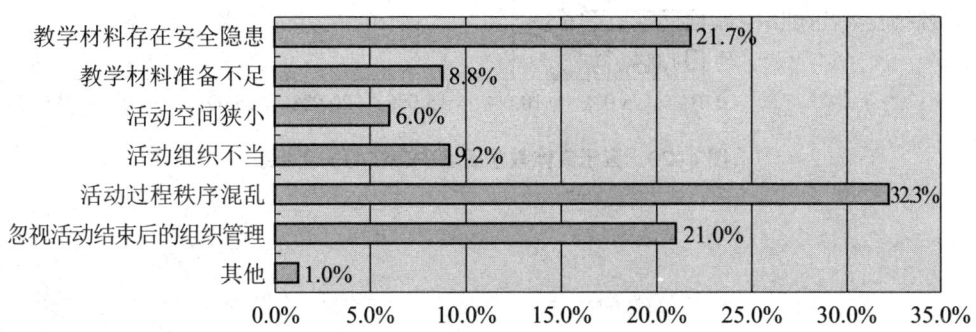

图4-17 语言集体教学活动中存在的安全隐患

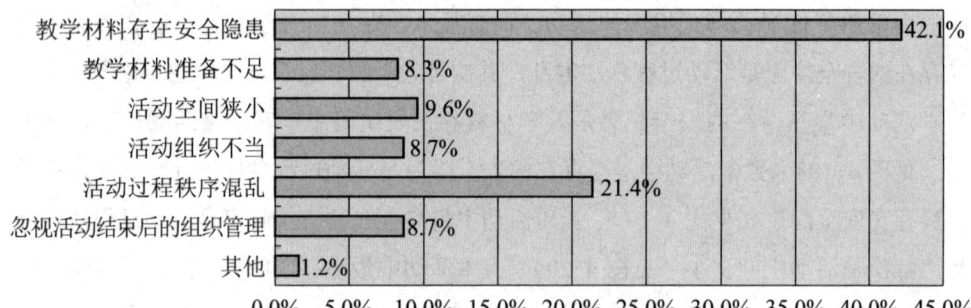

图 4-18　科学集体教学活动中存在的安全隐患

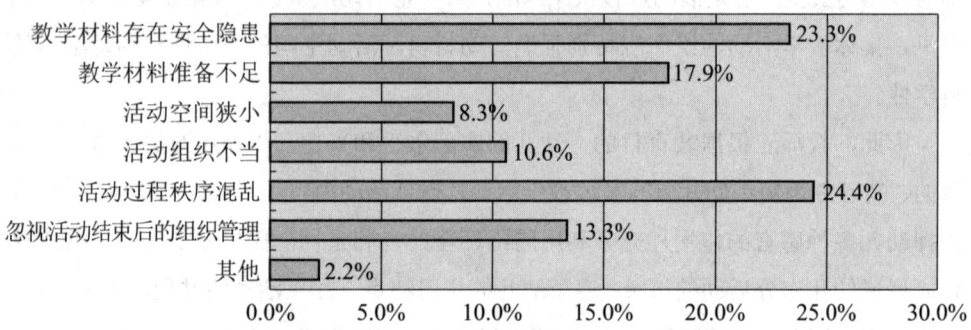

图 4-19　数学集体教学活动中存在的安全隐患

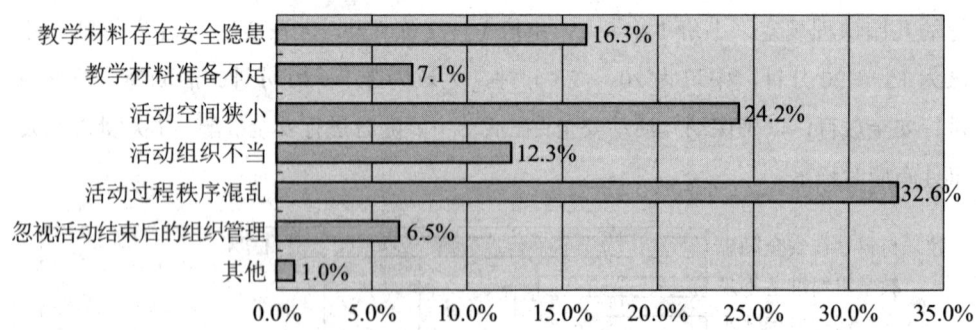

图 4-20　音乐集体教学活动中存在的安全隐患

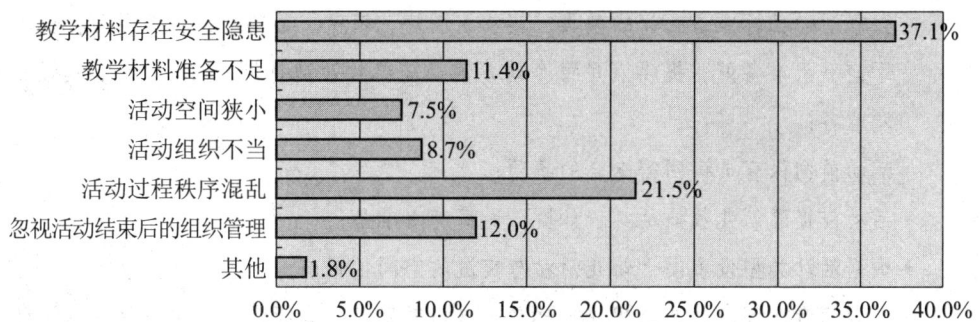

图 4-21　美术集体教学活动中存在的安全隐患

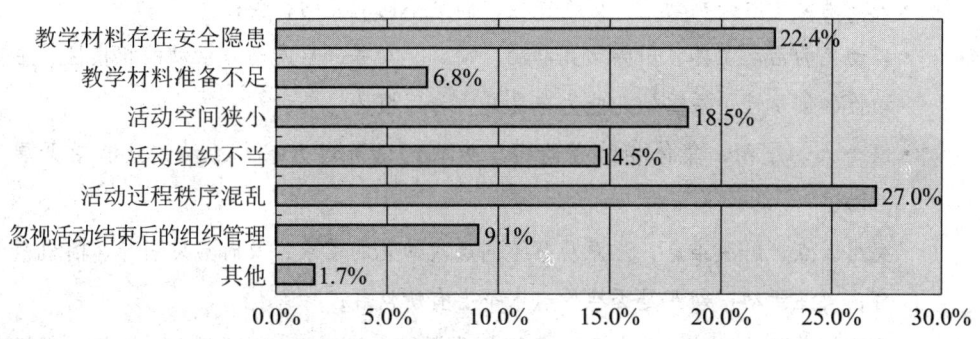

图 4-22　健康集体教学活动中存在的安全隐患

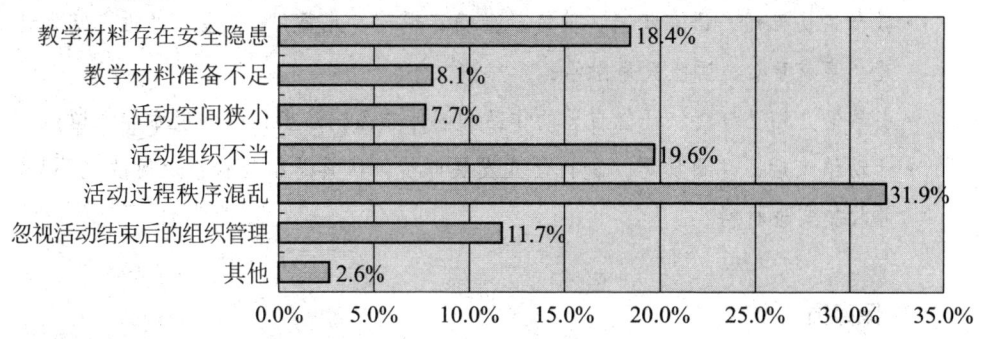

图 4-23　社会集体教学活动中存在的安全隐患

1. 教师

- 根据本班幼儿的实际需要和已有经验，结合本园实施课程的要求，修改、补充、调整、制订切实可行的活动计划，符合本班幼儿的发展水平；

- 根据活动目标准备必需的教具，实物、图片、模型、小实验器材等活动材料应于前一天准备好，提供满足每个幼儿活动需要的活动材料；并在当班前做好分发准备；
- 活动前向保育员讲明需配合的事项；
- 活动前提醒幼儿收拾玩具、如厕，做好身心准备；
- 根据活动类型设置便于幼儿活动与交流的空间位置；
- 耐心倾听，理解幼儿的想法与感受，支持鼓励幼儿大胆活动。关注幼儿在活动中的表现与反应，敏感地察觉幼儿的需要，及时应答；
- 关注活动中的个别幼儿，因人施教，满足不同幼儿的需要；
- 以幼儿为活动主体，引导幼儿动脑、动口、动手，启发幼儿活动的积极性、主动性和创造性，注重幼儿能力与良好行为习惯的培养；
- 以个人、小组、集体相结合的组织方式，以游戏为基本活动方法有效开展活动；
- 突出重点，解决难点，注意观察不同层次幼儿的需求，及时启发引导、随机教育，关注活动中幼儿是否在原有水平上有所发展；
- 注意培养幼儿正确的坐、立、行姿势和握笔姿势，保护幼儿的视力；指导其正确用嗓，避免大声叫喊；
- 教态亲切自然，语言清晰、简练、准确、规范、儿童化；尊重、亲近、赏识幼儿，富有童心，师生关系融洽；
- 引导幼儿相互分析、评价自己的作品和同伴作品，注重作品的展示和保留；
- 活动结束后，注重反思，进行幼儿发展评价，认真总结经验，及时改进不足，并收集实证材料。

2. 保育员

- 活动前向教师了解需要配合的事项，协助教师做好活动前准备，摆放活动所需材料，安排场地等；
- 协助教师指导和帮助个别幼儿参与活动；
- 处理活动中的偶发事件时，方法适宜；
- 指导或帮助幼儿做好活动结束后的收拾、整理工作；

- 活动过程中指导幼儿时走动位置恰当，声音适度，不影响幼儿和教师的交流。

3. 幼儿
- 有参与活动的兴趣，能动用各种感官参与活动；
- 在教师或保育员的指导下尝试多途径收集信息，并参与做好有关材料的准备。
- 乐于交流与分享自己的经验和想法；
- 能有目的地按照自己的想法参与活动；
- 能正确地使用和整理活动材料或用具；
- 遵守集体活动规则；
- 有良好的倾听习惯、发言习惯，用眼、握笔、坐立姿势正确。

五、大型集体活动安全流程

班级大型集体活动包括园内外亲子活动、节庆活动、运动会、园外参观游览活动（博物馆、纪念馆、春游、秋游）等。组织幼儿参加大型集体活动，必须采取有效的措施，为儿童活动提供安全保障。

（一）园外参观游览活动安全流程

园外参观游览活动包括春游、秋游以及参观博物馆、海洋馆、动物园等。调查显示，在外出游玩、参观活动中最易存在的安全隐患是游玩、参观过程组织不当，其次是交通工具存在安全隐患，再次是游玩、参观地环境存在安全隐患和途中存在安全隐患（见图4-24）。外出游玩、参观活动中最易发生的安全事故是幼儿走失，其次是途中交通事故（见图4-25）。外出游玩、参观活动中最易发生安全事故的班级是小班（见图4-26）。因此，教师在组织园外参观游览活动时以中、大班为宜，应在活动前进行细致的安全性考察，并对幼儿进行安全教育，确保幼儿活动安全；在活动中随时进行安全提醒，并有处理突发事件的应对措施，严防幼儿走失和交通事故的发生。

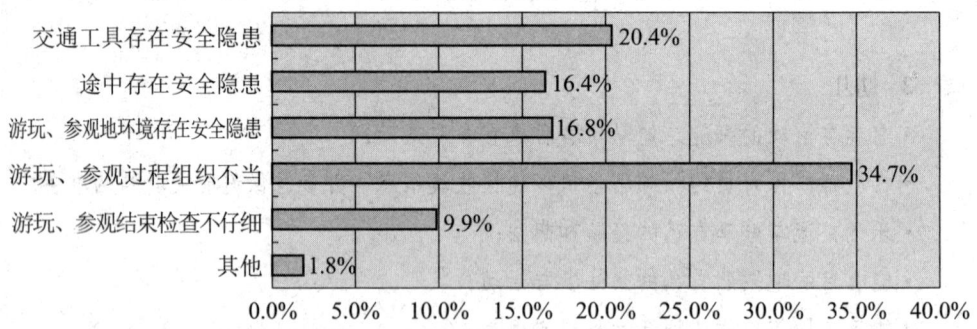

图 4-24　外出游玩、参观活动中存在的安全隐患

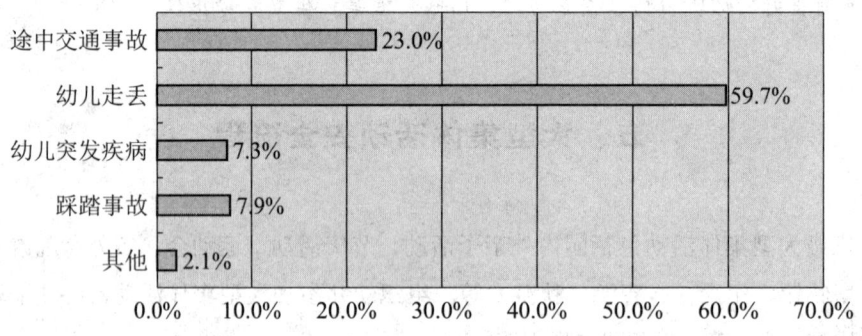

图 4-25　外出游玩、参观活动中发生的安全事故

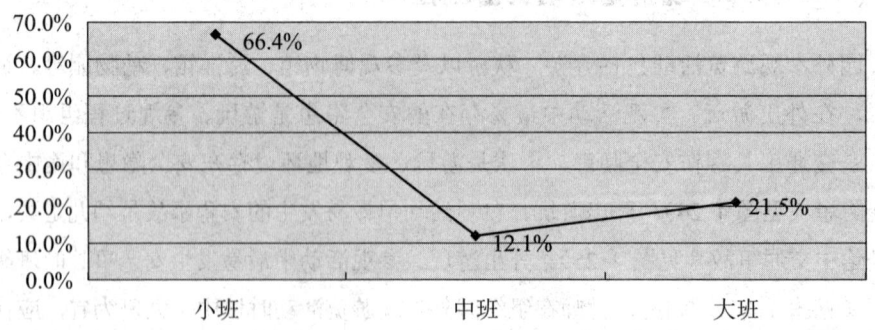

图 4-26　不同年龄班级在外出游玩、参观活动中发生安全事故的占比

1. 活动前

- 组织园外参观游览活动，必须提前申报幼儿园，经批准后方可进行；

- 与即将参观游览的单位或景点管理部门联系，确定游览时间、具体路线等，并请单位或景点管理部门安排专门人员作为导游，进一步了解和确定游览内容等；
- 邀请志愿者或家长成立临时安全管理小组，明确所负担的安全职责，制定安全应急预案，配备相应设施，并进行桌面应急演练；
- 提前发放通知，向家长说明活动的目的和具体时间，请家长根据幼儿的身体状况自愿参加活动，不强制幼儿参加。征得家长同意签字后，请家长做好参观游览前的准备工作；
- 有针对性地对儿童进行参观游览安全教育，增强幼儿的自我保护意识；
- 加强对教师、家长等进行安全意识的教育，要求把安全管理贯穿于本次园外参观游览活动的全过程；
- 要求车辆单位选派能自觉遵守交通法规、驾驶经验丰富、技术熟练的驾驶员和车容、车况、安全性能好的车辆为园外参观游览活动服务；
- 把园外集体活动委托给有资质的旅行单位，并要求旅行单位为此次活动购买保险；
- 保健教师随队出行，并配备小药箱等急救物品；
- 幼儿穿着适宜，服装和鞋应方便运动；
- 保育员协助教师做好活动的准备工作，如提供擦汗的毛巾，妥善保管幼儿的衣物等；
- 出发前清点幼儿的人数、工作人员的配备情况等，准备好照相机、摄像机；
- 出发之前，教师以简短的谈话激发幼儿的活动愿望，告知幼儿参观的地点内容和注意事项。检查幼儿的衣袋有无食品或尖利的不安全物品。

2. 活动中

- 组织幼儿有序上下车，提醒幼儿在车上不大声喧哗，不将头和手伸出窗外；
- 到达参观游览地点后，要重新整队清点幼儿人数，让幼儿有一个整齐的面貌；
- 再次进行安全教育，强调有关的参观要求及注意事项，要求幼儿不擅离集体，做一个讲文明、有礼貌的参观者；
- 组织幼儿有秩序地排队行进（两两拉手），请能力比较强的幼儿带好身边的同伴，走路时不要交头接耳，眼睛看着前面的路，要求不拥挤、不追跑、不打闹；

- 安排三位教师带队，队伍的头、中、尾各一人，防止拥挤、踩踏等不安全事故发生；
- 行进途中，组织幼儿安静有序、靠右行走，提醒幼儿注意安全；
- 在参观过程中引导幼儿有秩序地观察，教育幼儿保持安静，鼓励幼儿按自己的方式进行记录；
- 活动中教师要善于观察幼儿的身体情况和情绪状态，及时调整活动的节奏和速度，并给予适当的休息；
- 配班教师协助主班教师巡视幼儿的活动情况，发现问题及时干预。通信设备保持畅通，随时联系；
- 提醒幼儿分散活动中不随意奔跑、打闹，注意活动安全；
- 教师时刻陪伴幼儿，注意观察幼儿，及时解决纠纷，并让每个幼儿时刻处在教师的视野中；
- 保育员协助教师对幼儿进行照料，及时排除不安全因素，保障幼儿的安全；负责幼儿的饮水问题，幼儿出汗要及时擦干，根据天气情况增减衣服，照顾到体质较弱的幼儿活动情况；及时提醒幼儿上厕所，保证活动的顺利和安全；
- 教师在每一次集合时要清点好幼儿人数，确保幼儿安全；
- 注意提醒幼儿言行文明，爱护公物，自带垃圾袋装垃圾，不随地乱扔垃圾；
- 尽量不用明火，预防火灾；
- 要坚决杜绝可能的危险，必要时应立即终止活动。一旦有安全事故发生，及时施救，第一时间上报；

3. 活动后

- 组织幼儿排队，并清点人数；
- 再次进行安全教育，强调不擅离集体，提醒幼儿返回途中同样注意安全等；
- 返回幼儿园后，再次整队清点人数，检查车上是否有遗漏的幼儿；
- 教师组织幼儿排着整齐的队伍回到教室后，依次进行脱外衣、盥洗、擦汗、饮水等生活活动；
- 保育员督促幼儿进行脱外衣、盥洗、擦汗、饮水等生活活动，整理相关物品；
- 教师注意观察幼儿参观游览后的精神状态，做好个别幼儿的观察记录。

（二）节日庆典活动安全流程

节日庆典活动包括六一儿童节、毕业典礼等活动，一般以园内组织为宜，多为全园性活动。调查显示，在节庆活动中最易存在的安全隐患是活动组织混乱，其次是活动环境存在安全隐患，再次是退场秩序混乱和前期准备工作不足（见图4-27）。节庆活动中最易发生的安全事故是踩踏事故，其次是跌伤和幼儿走失（见图4-28）。节庆活动中最易发生安全事故的班级是小班（见图4-29）。因此，节庆活动组织应特别关注活动秩序的维持，严防踩踏事故发生，做到活动前进行细致的安全性考察，并对幼儿进行安全教育，确保幼儿活动安全；在活动中随时进行安全提醒，并有处理突发事件的应对措施。

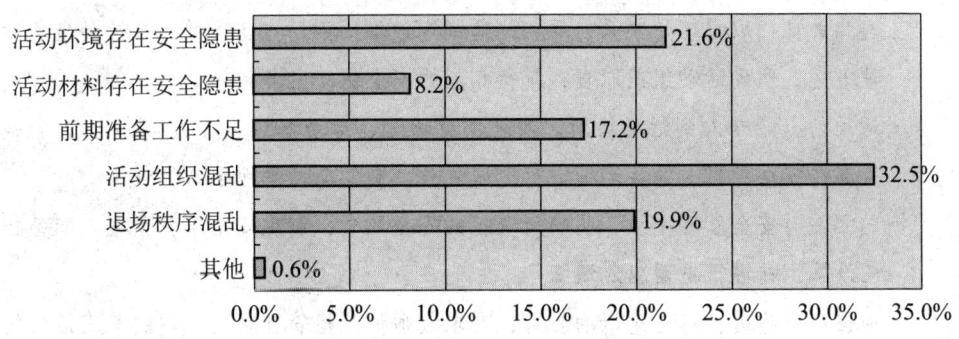

图4-27 节庆活动中存在的安全隐患

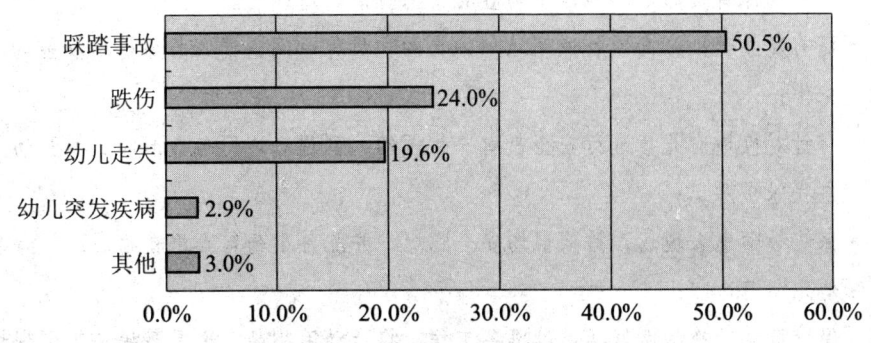

图4-28 节庆活动中存在的安全事故

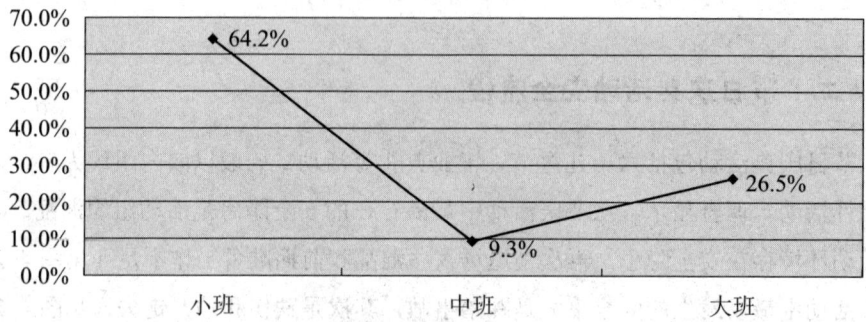

图4-29 不同年龄班级在节庆活动中发生安全事故的占比

1. 活动前

- 组织全园性的节日庆典活动活动，幼儿园必须提前申报上级主管部门，经批准后方可进行；
- 与相关部门取得密切联系，互相沟通制定详细的活动方案，并制定活动应急管理方案，明确活动组织职责，履行相应的安全保护义务；
- 活动前，派专人到活动场所，实地察看场地、活动器械（具）、设备、设施是否存在安全隐患，并将场地进行区域划分，制作会场平面图；
- 成立临时安全管理小组，明确所负担的安全职责，制定安全应急预案，配备相应设施，并进行桌面应急演练；
- 加强对教师进行安全意识的教育，要求教师把严格管理贯穿于本次节庆活动的全过程；
- 教师、保育员熟悉场地，现场查看紧急疏散通道；
- 提前发放通知，向家长说明活动的目的和具体时间，请家长做好活动前的准备工作；
- 有针对性地对儿童进行安全教育，带领幼儿到现场进行疏散演练，增强幼儿的自我保护意识；
- 保健教师查看现场，排除现场安全隐患，并配备小药箱等急救物品；
- 幼儿穿着适宜；
- 保育员协助教师做好活动的准备工作，将活动用物品、道具等提前带到现场的指定地点；为幼儿提供擦汗的毛巾，妥善保管幼儿的衣物；准备好照相机、摄像机；
- 出发前提醒幼儿饮水、如厕；
- 清点幼儿的人数，进行安全教育，强调有关的活动要求及注意事项，要求幼儿不擅离集体，做讲文明、有礼貌的小朋友；
- 出发之前，教师以简短的谈话激发幼儿的活动愿望，告知幼儿节庆活动的地点内容和注意事项；检查幼儿的衣袋内有无食品、尖利的不安全物品；
- 组织家长在等候区等候，不可擅自将幼儿带离集体。

2. 活动中

- 组织幼儿有秩序地排队行进（两两拉手），请能力比较强的幼儿带好身边的同伴，走路时不要交头接耳，眼睛看着前面的路，要求不拥挤、不追跑、不打闹。
- 安排三位教师带队，队伍的头、中、尾各一人，防止拥挤、踩踏等不安全事故发生；
- 行进途中，组织幼儿安静有序、靠右行走，提醒幼儿注意安全；
- 到达活动现场后，要重新整队清点幼儿人数，让幼儿有一个整齐的面貌；
- 再次进行安全教育，强调相关要求及注意事项，要求幼儿不擅离集体，防止幼儿走失；
- 提醒幼儿不随意奔跑、打闹，注意活动安全；
- 在活动过程中引导幼儿有秩序地参与活动，教育幼儿保持安静，鼓励幼儿文明参与活动；
- 活动中要善于观察幼儿的身体情况和情绪状态，及时关注意外情况的发生；
- 配班教师协助主班教师巡视幼儿的活动情况，发现问题及时干预；通信设备保持畅通，随时联系；
- 教师时刻陪伴幼儿，注意观察幼儿，及时解决纠纷，并让每个幼儿时刻处在教师的视野中；
- 保育员协助教师对幼儿进行照料，及时排除不安全因素，保障幼儿安全。负责幼儿的饮水问题，幼儿出汗要及时擦干，根据天气情况增减衣服，照顾到体质较弱的幼儿活动情况；及时提醒幼儿上厕所等，保证活动的顺利和安全；
- 提醒幼儿注意言行文明，爱护公物，自带垃圾袋装垃圾，不随地乱扔垃圾；

- 教师在每一次集合时要清点好幼儿人数，确保幼儿安全；
- 要坚决杜绝可能的危险，必要时应立即终止活动。一旦有安全事故发生，及时施救，第一时间上报；
- 尽量不用明火，预防火灾；
- 教师应全程关注现场秩序，严防拥挤、踩踏事故发生。

3. 活动后

- 严格遵守退出秩序，按活动预案退场。组织幼儿排队，并清点人数；
- 再次进行安全教育，强调不擅离集体，提醒幼儿返回途中同样注意安全等；
- 返回班级后，再次整队清点人数，防止幼儿走失；
- 保育员协助教师组织幼儿进行脱外衣、盥洗、擦汗、饮水等生活活动，整理相关物品；
- 组织家长进行有序交接，与家长进行简短交流，告诫家长不可擅自将幼儿带离。

安全化、科学化、规范化、专业化、人性化是班级活动组织的发展趋势。着眼于实际运用，把"安全第一、儿童至上"的精神贯穿于班级活动安全流程中，并以简明的流程方式详细阐述班级日常活动和大型集体活动的安全组织程序，步骤清晰，可使活动组织一目了然，有效规范班级活动的安全组织行为，为班级活动的安全组织提供明确指引，对保障儿童安全、保证教育质量起到了良好的指导作用。

第五章　班级安全应急预案

> 宜未雨而绸缪，毋临渴而掘井。[①]
>
> ——朱柏庐

《中小学幼儿园安全管理办法》规定，学校、幼儿园应健全学校安全预警机制，制定突发事件应急预案，完善事故预防措施，及时排除安全隐患，不断提高学校安全工作管理水平。儿童安全关系到儿童的健康成长、家庭的幸福和社会的稳定。因此，幼儿园应加强安全应急管理工作，提高安全应急管理水平，杜绝各种安全隐患，防患未然。

一、安全应急管理

班级安全应急管理的顺利进行，首先需要在幼儿园里组建专门的安全应急管理小组作为应急管理的领导核心，这是做好安全应急管理的基本前提和组织保证。安全应急管理需要依靠全园教职工的力量，广泛凝聚共识，增进沟通协作，建立专门

---

① 朱柏庐. 朱子家训 [M]. 北京：企业管理出版社，2012.

的应急管理小组并将其作为常设性机构而真正加以重视。同时，制定完善的安全应急预案，并组织培训，让所有成员了解相关规章制度，真正明白和有效执行，尽量避免因责权不明、奖惩不公、互相推诿等因素造成人为性隐患。

（一）组建安全应急管理小组

应急管理小组的成员是整个幼儿园应急管理的核心人员，是安全应急管理的谋划者。在安全事件发生时，随着危机的蔓延和恶化，小组成员的人数可能远远不能满足处理危机情境的需要。此时的小组成员不仅是幼儿园应急管理的协调者和操作者，还是应急管理的管理者，应组织幼儿园内的其他教职工、园外支援者以及家长志愿者，共同应对安全事件。应急管理小组中的每一位成员都是应急管理中的重要一环，他们必须清楚地了解整个应急管理系统以及各自的角色和职责，并在培训和演练中接受全面和正规的辅导。

1. 应急管理负责人

应急管理负责人通常是园长或助理园长，是应急管理的最高决策者。紧急时期的果断决策者要求具备足够的权威，协调能力和指挥能力强，能够领导成员制订应急处理计划，做出有关应急处理的重要决定，监察及协调应急处理事宜，开展阶段性回顾和评价，相应地调节应急管理计划和相关人员的培训方案。

2. 教职工联络人

教职工联络人为应急处理的主要责任人，调控所需要的更多人员，安排及协助园长主持教职工会议。

3. 通信和记录员

应急管理特别强调信息的畅通和及时更新，通信和记录员的职责就是为应急处理部门传递信息，确保各部门根据事件情况和最新决策，调整和实施具体工作。

4. 园所保卫员

当园内或周边发生或可能发生安全事故时，园所保卫员应及时向各部门布置具体任务，组建监测制度，确保园所安全；或者在园内发生其他类型安全事件时，做好安全保卫布置工作，防止家长闯入，阻止破坏分子恶意破坏。

5. 后勤保障员

安全事故发生后，现有储备的物资和设备通常不能满足这种非常态的需求，需要有后勤保障员根据事件的需要，合理安排各部门有限的资源，及时采购和添置应急必需品，保证应急管理过程中所需物资齐全和通信设备使用效果良好。

6. **家长联络人**

安全事件发生后，家长作为最大利益相关者，幼儿园必须与当事人家长联系协调，为当事人家长提供支援。同时，与其他家长进行良好的沟通。

7. **媒体代言人**

媒体对幼儿园的安全事件通常较为关注，幼儿园需要一个对安全事件进展情况比较了解的代表，保持口径一致，向外界传播有利于幼儿园而又不违背事实的信息，消除公众的疑虑和误解，使幼儿园度过危机。

8. **园外联络人**

协调园外资源，为幼儿园、教职工和幼儿提供支援。当需要警察或消防人员介入时，幼儿园需要指派联络员，告知幼儿园发生的事故、幼儿园已采取的措施和应急处理的计划，并能为警察和消防人员提供所需的幼儿园信息。

9. **咨询员**

幼儿园法律顾问以及心理咨询等有关方面的专家作为应急管理咨询员，为幼儿园制订应变计划、对外沟通及评估安全事件方面提供专业意见及支援，为有需要的幼儿、家长及教职工提供及时的个别或小组情绪辅导，并协助幼儿园安排适当的跟踪服务。

应急管理小组应当制订出对应于自身职责范围内的应急管理计划，并根据应急管理计划对潜在的或现实的危机主动采取适当的行动，参与应急管理的组织及成员的角色和职责都要写入具体的应急管理计划内，同时务必确保所有相关组织和成员都能熟练认知自身的责任，从而做到在应急管理时可以迅速进入角色并做到得心应手。应急管理小组的工作联系要确保所有相关人员的通信联络渠道畅通，最好能把所有有关人员的通信方式进行统计制表，既便于联系，又方便其他单位和个人进行信息查询，这也是提高应急管理效率的重要一环。

（二）制定安全应急管理预案

应急管理预案，是指提供应付、处理安全事件所需要的人力、组织、方法和措施的一整套方案。这些方案具体包括应急行动计划、应急沟通方案、信息发布方案

和利益相关处理等。在应急管理小组成立以后，幼儿园应急管理者紧接着要做的就是着力建立健全一套科学、规范的幼儿园应急管理预案体系。班级安全应急管理几乎涉及幼儿园的方方面面，其关注的对象包括幼儿园以及全园师生员工。因此，预案的内容应是较为全面的。

1. 应急预案类别

幼儿园在制定应急预案时，既要有总体的应急管理预案，又要有专项的应急预案，用于应对某一类型的安全事件。

（1）**应急管理总体预案**。总体预案是一个能够帮助克服危机或减轻危机伤害程度的具有普遍指导意义的管理方案，是应急管理预案体系的总纲，它同时也是幼儿园应对特别重大的安全事件的规范性文件。

（2）**专项应急预案**。专项应急预案主要是指幼儿园及所属各职能部门为应对某一类型或某几种类型的安全事件而制定的应急预案。

上述预案在幼儿园应急管理小组领导下，按照分类管理、分级负责的原则，由相应的部门分别制定，然后再由幼儿园集中研究确定后正式实施。为了使应急预案的作用能够在安全事件管理过程中得到最大的发挥，幼儿园应急管理者应该及时指导教职工熟悉应急管理预案，并按预案的要求组织教师和幼儿进行演练，从中发现问题和不足，不断改进预案，从而增强应急管理预案的可行性和有效性。此外，鉴于应急管理工作的需要，要保证每一位应急管理者及其他重要人员都持有书面的应急管理预案。

2. 应急预案内容

一个完整的幼儿园应急管理预案大体包含如下内容：

- 解决突发事件的清晰程序，其中包括人员保护和撤离程序，以及财物的安全保护规程；
- 应急管理总部和主要管理者的决策权，包括明确主要决策者及相关的责任与权利以及各部门成员之间的合作关系，还要考虑到若有应急管理人员不能履行职责时有何应对措施；
- 指令连锁，避免突发事件来临时出现指挥中断；
- 媒体发言人，受应急管理指挥机构的委派，负责信息的收集与整合、媒体沟通、对外发布关于突发事件的重要信息；

- 主要沟通者的交织互联；
- 园内沟通计划和对外沟通计划；
- 突发事件管理，其中也包括事件善后的实施及相关要求；
- 对支持性服务的安排，其中包括安全预警体系的建立、运用及维护，还有应急反应和事件善后所需资源的准备等，尤其要注意对有关的资源操作规范进行必要的说明；
- 进一步揭示突发事件的面貌和特征；
- 应急管理预案的管理及修订程序。

（三）组织安全应急培训

安全应急培训的目的在于培养师幼应对安全事件的能力。这种应急培训不仅是安全意识的强化，而且包含应对安全事件的各种技能的培训与培养。生动的危险情境通常会给置身其中的人留下深刻的印象，在模拟情境中扮演角色可以克服安全事件真正发生后的心理麻痹状态。

1. 心理培训

心理培训主要是通过加强安全意识，开展心理健康教育及处理紧张心理的训练，让教职工和幼儿尽可能多地了解各种危险的特征，做好防范危险和承受危机的心理准备，增强心理承受能力。

2. 知识培训

知识培训是对师生员工开展关于安全事件的识别、防范、处理、恢复等方面的科学知识的培训，不仅要对安全应急管理中经常涉及的概念进行认知，同时要对生命安全构成威胁的危险进行识别和分析，更为重要的是，要对安全事件发生前的多种防范措施以及各类安全事件发生后的具体应对处理方法进行细致的介绍。

3. 沟通培训

沟通培训的重点是训练教师如何消除沟通障碍，如何在平时与幼儿家长、政府部门、社区、媒体及其他幼儿园等保持良好的沟通，如何在安全事件的巨大压力下进行有效的沟通，掌握沟通的策略和技巧。

4. 协同行动培训

协同行动培训主要是训练应急管理小组成员在具体的危险情境中如何将职责分

工与团结协作有效结合，学会在安全事件中集思广益、协同行动。可以采用角色扮演和行为模拟法，让多名受训者在事先得到指导或未经指导的情况下，扮演危机事件中的不同角色，每个人根据自己的想法通过相互合作来处理危机，然后进行行为回顾和评价，以达到改进行为、加深印象的目的。

5. 应急管理预案培训

应急管理预案作为幼儿园应急管理危机的指导性文件，理应为幼儿园每一位成员所熟知，只有这样，在处理具体的安全事件时才容易保证思想和行动的基本统一，应急反应速度也才能够得到提高。

6. 应急技能培训

应急技能培训主要是训练师生员工掌握安全应急技能。演习可以较为真实地显示危险情境，使受训师生员工能够切身感受危险状况，可以让受训者在展示的危险情境下配合使用各种技能和知识，还可以检验应急管理预案的可行性。为了培养师生员工全面的应急处理技能和知识，幼儿园应切实提高对安全事件模拟演习的重视程度。演习工作要按照一定的程序有条不紊地进行。演习的过程包括确定演习的目标和任务、选择合适的方法、制订演习计划、实施演习训练、对演习进行总结评估这五个步骤。其中，在制订演习计划时需要明确六个基本问题：何人、何部门、何事、何时、何地、何要求。

二、幼儿园应急总预案

为了确保幼儿园能够及时、有序、高效地应对可能发生的各种突发事件，保障广大师生的身体健康和生命安全，维护幼儿园正常的教学秩序。根据有关法律法规，结合幼儿园工作实际，特制定幼儿园应急总预案。

（一）总则

（1）**目的**：有效预防、及时控制突发事件的发生，消除危害，保证生命财产安全。

（2）**工作原则**：以幼儿园领导和相关部门负责人为主体成立突发事件应急工

作组，工作原则如下：

- 快速反应原则。处置突发事件要坚持一个"快"字，即信息上报快、部署控制快、预案落实快；
- 现场指挥原则。突发事件发生后，指挥人员要亲临现场，全面掌握情况，准确分析局势，果断做出正确的指挥判断；
- 设置警戒原则。突发事件一旦发生，要迅速疏散现场周边人员，设置警戒，保护现场，禁止无关人员进入；
- 降低损失原则。处置方法要妥当，要以维护幼儿园稳定、确保师生员工人身财产安全为工作重点，力求做到尽量减少社会影响，减少人员伤亡，降低危害；
- 基本装备原则。幼儿园为处置突发事件提供电视监控、应急广播、警戒带、疏散标志、应急灯、电喇叭、消防器材等必备基本装备；
- 协调配合原则。幼儿园各部门及教职工要明确职责任务，按照预案分工，互相协调，通力配合，对突发事件进行妥善处置；
- 追究责任原则。依据处置突发事件预案中的任务分工，划清权限职责；追究相关人员的职责，给予相应处分；突发事件发生后，对因未能落实预案有关要求造成幼儿园经济损失或人员伤亡的，要按处置突发事件预案职能任务分工，依法追究相关人员的法律责任。

（3）**编制依据**：《未成年人保护法》《学生伤害事故处理办法》《中小学幼儿园安全管理办法》《中华人民共和国消防法》（以下简称《消防法》）、《中华人民共和国食品卫生法》（以下简称《食品卫生法》）和《中华人民共和国传染病防治法》（以下简称《传染病防治法》）等。

（4）**适用范围**：幼儿园。

（二）组织体系及职责任务

决策机构和工作机构承担着应急事件的指挥、紧急处理和沟通协调工作。

1. 决策机构

幼儿园成立以园长为应急管理第一责任人的应急管理小组指挥中心，由领导组全体成员组成，现场总指挥由领导小组组长担任，若组长不在由副组长担任。决策机构全面负责突发安全事件的决策和指挥,掌握情况,上下沟通,及时报告,对外联系;贯彻传达指挥部命令,组织有关人员按预案对现场进行果断处置,控制事态发展,并立即逐级报告上级主管部门,协调有关部门妥善处理事故。

2. 工作机构

应急管理工作组负责突发事件的现场处理,按照指挥部的要求,迅速深入现场,对现场进行果断处置,摸清情况,及时报告,控制现场,依据预案措施及疏散线路、顺序,有秩序地疏散师生,疏散完毕后有秩序撤离,并配备使用必要的通信器材和安全防护设备。

(三)预防预警机制

预防预警机制包括预防预警信息和预防预警行动两部分内容。

1. 预防预警信息

为幼儿园的相关部门及相关人员提供相关信息。

2. 预防预警行动

对相关人员进行相关知识及技能培训,提高防范意识和防范能力。领导小组要定期检查,发现安全隐患及时处理;幼儿入园、离园时,保安人员要在大门口巡视,幼儿入园、离园后及时关闭大门,防止无关人员进入幼儿园;幼儿园大门保持上锁关闭状态,有外人进入时,必须查明身份,做好记录后方可入内。

(四)应急响应

应急响应,主要包括分级应急响应、信息报送和处理、指挥和控制、紧急处置等几方面内容。

1. 分级应急响应

突发事件的报告顺序是:发现人→幼儿园园长→教办→主管领导。

2. 信息报送和处理

突发事件的信息按报告顺序进行传递,由相关部门和人员进行确认,分清事件的等级,由决策机构进行决策处理。如是由外来人员造成的安全事件,迅速拨打110报警。

3. 指挥和控制

由指挥中心进行指挥,由工作组进行现场控制。紧急疏散幼儿和工作人员到安全地带，确保幼儿和工作人员的生命安全；在等待救援的同时，严格控制闲杂人员和家长进入幼儿园，避免出现混乱状态。

4. 紧急处置

处置队伍由指挥中心统一调派，按突发事件类型落实处置措施。保健教师等相关人员迅速赶到现场，按照职责进行工作；如有人员伤害，保健教师简单处理后速送医院。

针对危害程度，将安全事件分为特大安全事件、重大安全事件和一般安全事件三类，同时又将预案分为一、二、三3个等级，根据事件的大小和发展态势，启动相应的突发事件应急预案，做出相应的反应。

（1）**特大安全事件响应一级预案**。即幼儿园已发生影响社会稳定的集会游行、恐怖袭击、爆炸、火灾、人员拥挤踩踏死伤、重大疫情等事件后，应立即启动预案，进行处置，指挥部人员迅速到位。

一级预案处置：当事件发生后，指挥部在接到突发事件警情后，应立即报告上级机关并宣布启动一级预案；立即停止教学与活动，播放广播，组织师生员工按疏散路线有秩序地迅速撤离到指定地点，并清点上报各班人数；控制所有出入口，立即封闭现场，设置隔离线，组织专人维护现场秩序，同时在幼儿园周边进行巡逻控制；协助有关部门进行现场处置，并为调查取证提供线索；全体应急人员在接到指令后，迅速赶到指定地点；全体教职工待命听候调遣。

（2）**重大安全事件响应二级预案**。即幼儿园发生影响社会稳定的集会游行、爆炸、局部发生火灾且蔓延较快、公共秩序严重混乱等应立即启动预案，进行处置。指挥部及应急机动处置组成员迅速到位。

二级预案处置：当事件发生后，指挥部在接到突发事件警情后，应立即报告上级机关并宣布启动二级处置预案；立即停止教学和活动，播放广播，组织师生按疏散路线有秩序尽快撤离到指定地点，并清点上报人数；控制所有出入口，封闭发现爆炸物品现场或火情现场，同时对火情现场组织抢救，划定警戒区，设立警戒线，派专人在现场周边警戒，维护好现场秩序，在专业人员到来前，不得移动可疑物品；协助有关部门进行现场处置，并为调查取证提供线索；全体有关应急人员在接到指令后，迅速赶到现场；有关班主任和教职工待命听候调遣。

（3）**一般安全事件响应三级预案**。即幼儿园发现可疑爆炸物、接到恐吓电话、食物中毒、局部发生可控火情、有可能造成人员恐慌等时，应立即启动预案，进

行处置。指挥部及应急机动处置组有关人员迅速到位。

三级预案处置：当事件发生后，指挥部在接到突发事件警情后，应立即报告上级机关并宣布启动三级处置预案；组织人员向安全地域疏散，组织处置突发事件小组人员，对幼儿园进行全面检查，同时启动监控系统，对幼儿园内各个部位进行监控，注意发现可疑人员；接到恐吓电话时，要冷静处置，尽可能拖延时间与其周旋，记住其语言特征，有条件的进行录音，为公安机关侦破提供线索；遇到局部发生可控制火情时，要果断采取有效措施，防止火情蔓延，迅速扑灭；处置人员在接到召回指令后迅速赶到指定集合地点。

5. 救护和医疗

现场救护以及医疗防疫；对轻伤人员进行处置，并协同运输部门将重伤人员护送到上级医院。

6. 应急人员的安全防护

对可能涉及的应急人员进行定期培训，对他们进行消防安全、交通安全、卫生防疫、饮食安全等方面的自防、自救教育，明确安全防护的工作流程，同时提供必要的防护器械。紧急情况下的幼儿疏散撤离由带班教师及专门人员统一组织。

7. 社会力量动员与参与

密切与社区、家庭的沟通与协调，建立起家庭、幼儿园、社会密切结合的安全工作网络，确保幼儿的安全健康。

8. 突发事件的调查、处理、检测与后果评估

事件发生后，由幼儿园负责事件原因的调查工作，教办领导小组负责事件的检测与后果评估，并形成处理意见。对发生的重大事件，幼儿园配合公安、消防及其他专门机构的工作，对事件进行调查、检测与评估。

9. 应急结束

事件处理完毕，宣布应急状态解除。

（五）应急保障

通信与信息保障、应急支援与装备保障是幼儿园在应急保障方面包括的主要内容。

1. 通信与信息保障

保卫处负责通信系统的维护，确保应急期间信息畅通，并从各种媒体上获取相

关信息。

2. 应急支援与装备保障

救援药品主要有绷带、消毒水、止痛药、消炎药等；医疗保障主要有上级医院的帮助；幼儿园和当地公安机关提供安全保障；由幼儿园提供财力支持。

（六）责任与奖励

对于在预防和处置幼儿园突发事件中表现突出的个人，幼儿园应该给予表扬和一定的奖励；对于有责任的职工，幼儿园也要给予相应的处分，必要时，移交司法机关，追究其刑事责任。

（1）**表彰有突出表现的个人**：对在预防、处置幼儿园突发事件中和善后处理工作中表现突出的个人或有特殊贡献的个人，给予表彰和奖励。

（2）**惩处责任人**：对在预防、处置幼儿园突发事件中和善后处理工作中玩忽职守者及造成幼儿园安全事故的责任人，应视情节轻重给予相应处分；构成犯罪的，要依法移交司法机关，追究其刑事责任。

（3）**明确教师职责**：全体教职工要把抢救、保护幼儿的生命安全视为第一要务，不得临阵退却，更不得采取事不关己的回避脱逃手段。否则，将视作严重违反《教师职业道德》，给予撤职、解聘、待岗等处分；造成严重后果的，报上级给予开除、行政处分，直到追究刑事责任。

（七）附则

《幼儿园应急总预案》由幼儿园应急管理小组负责制定、维护与更新。

三、户外活动应急预案

为了预防和减少幼儿园户外活动事故的发生，保障幼儿的人身安全，根据《未成年人保护法》《学生伤害事故处理办法》《中小学幼儿园安全管理办法》的精神，制定本应急处理预案。

（一）危险源

幼儿身体协调能力差，缺乏危险的预见性；运动器械的老化；活动场所存在隐患等都可能导致户外活动发生危险。

（二）预防措施

为了防止幼儿在户外活动中发生意外，教师既要加强自己的责任意识，严格遵守带班制度，不离开幼儿，定期检查活动设施；又要加强幼儿的自我保护教育，让幼儿逐渐具备自我保护意识。

第一，对幼儿进行自我保护教育，让幼儿了解自我保护的知识。幼儿参加户外活动时，衣服要宽松，身上不佩带金属徽章、别针、小刀和其他尖利或硬质物体，要穿运动服和运动鞋。为幼儿购买相关保险，释放风险，将损失降低到最低程度。

第二，对教师进行责任意识教育，要求教师在户外活动前，一定要仔细检查活动场所运动器械，消除安全隐患。活动场地和器材应当符合卫生和安全要求，注重维修、养护和检查，制定活动场地、器材、设备的管理制度，并有专人负责管理，定期检查并做好检查记录（见表5-1）。活动器材、设备达到使用年限的必须进行更换。运动项目和运动强度应当适合幼儿的生理承受能力和体质健康状况，防止发生伤害事故。

表5-1 户外活动隐患排查记录表

被检查区域		检查组负责人	
检查组成员			
经检查存在的问题或隐患：			
整改建议或措施：			
		责任人签字：	年　月　日
复查意见：			
		复查人员：	年　月　日

第三，教师组织户外活动时应严格遵守带班制度，不离开幼儿，了解每个幼儿的动态，对危险源做到早发现、早报告、早预防。加强对户外活动的组织，做到安全、有序，对可能发生伤害事故的运动项目应有保护性措施，使幼儿知道每一项活动的技术要领，懂得锻炼和保护的方法以及可能发生的意外事故和注意事项。与幼儿园保健教师配合，建立幼儿体格检查制度，对于有病和体弱的幼儿，必须在医生指导下才能进行适当的户外活动。和体育设备管理人员合理划分运动场地和设置警示标志，并根据具体情况规定运动秩序和规则。

（三）处理程序

事件发生→报告园领导→ { 救治伤者→保健室或医院救治
保护现场、调查事故→追究责任
报告家长→协调沟通 }

- 事故发生后，相关人员必须及时向园长和分管领导报告，经受权向上级有关部门报告；
- 以最快的速度对受伤的教师和幼儿进行现场救护，送往就近的医院治疗并通知家长；
- 及时做好现场处置，保护现场，以方便调查取证；
- 及时调查事故原因，妥善处理并实事求是地向上级汇报。如是园方的责任，要积极善后；如是厂商的责任，要获取赔偿；如是幼儿的责任，要与家长沟通，协助处理。

（四）善后处理

- 全面参与幼儿治疗，直至康复，与家长密切沟通；
- 处理相关责任人，并在全园加强教育；
- 以适当方式向家长通报情况，制定有效的预防措施。

四、园外集体活动应急预案

为了预防和减少园外集体活动事故的发生，保障幼儿的人身安全，根据《未成年人保护法》《学生伤害事故处理办法》《中小学幼儿园安全管理办法》的精神，制定本应急处理预案。

（一）危险源

园方未对幼儿进行必要的安全教育、带队教师疏于管理、幼儿不遵守活动纪律擅自活动或离队，租用的车辆车容、车况差，安全性能差，驾驶员疲劳驾车、超载、超速、随意变道、闯禁令标志、驾驶技术不熟练、应变能力差，活动场所的设施、设备、器械（具）等存在隐患，不符合国家安全标准，等等，都可能导致园外集体活动发生危险。

（二）预防措施

- 出发前对幼儿进行纪律和安全教育，增强幼儿的自我保护意识。一旦出现不利于幼儿安全的倾向，要坚决杜绝，必要时应立即终止活动；
- 对教师进行责任意识的教育，要求教师把严格管理贯穿于本次园外集体活动的全过程；
- 与合作单位取得密切联系，互相沟通活动方案，制定活动应急管理方案，明确活动组织职责，履行相应的安全保护义务；
- 要求车辆单位选派能自觉遵守交通法规、驾驶经验丰富、技术熟练的驾驶员和车容、车况、安全性能好的车辆为园外集体活动服务；
- 活动前，园方派专人到活动场所，实地察看活动器械（具）、设备、设施是否存在安全隐患；
- 把园外集体活动委托给有资质的旅行单位，并要旅行单位为此次活动购买保险；
- 拒绝参加商业性宣传活动。

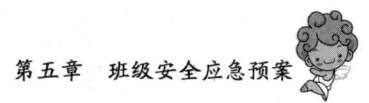

（三）处理程序

事件发生→报告园领导→ { 及时救护、通知家长；报告上级、报警；处理事故→现场调查、处理、取证 }

- 报告和报警。报告园领导，由园领导报告上级并通知家长，园外集体活动中的交通事故应立即报警；
- 全力抢救受伤人员，为危重伤员进行急救，并拨打120求援，以最快的速度及时把受伤的幼儿送往就近的医院救治；
- 迅速控制局面，维持秩序，调查取证；
- 如果事故是由园方管理和幼儿自身原因引起的，可参照园内幼儿意外伤害事故的处理程序开展工作；如果事故发生在车辆行驶中或车辆上，可参照校车交通事故的应急处理程序开展工作；如果事故是由活动场所的活动器械（具）设施、设备引起的，幼儿园要与活动场所、旅行单位以及合作方交涉，并配合进行善后处理工作。

五、火灾应急预案

幼儿园严格执行消防管理的有关规定，本着完善设备、预防为主的原则，依据《未成年人保护法》《学生伤害事故处理办法》《中小学幼儿园安全管理办法》《消防法》等的精神，制定本应急预案。

（一）危险源

危险源主要包括易燃品使用不当、线路老化、用火用电不慎、不法分子纵火、其他单位或个人失火殃及幼儿园以及其他原因。

（二）应急处理小组

应急处理小组主要由以下几类人员组成。

（1）**防火领导小组**：成立由园领导、消防安全员、保健人员、各年级组长组成的防火领导小组。

（2）**灭火行动组**：后勤、行政人员组成灭火行动组，积极协助专业灭火人员的工作；了解幼儿园建筑格局及道路情况；了解电铺设的线路；了解幼儿园内楼房装修材料的性质；清楚幼儿园所有消防设施的放置地点；了解消防设备的保养维护与操作方法；了解火的走势；清楚逃生路线。

（3）**负责疏散人员**：各班教师、保育员负责疏散引导幼儿，要了解幼儿园报警设施和广播所在地；了解园内楼房装修材料的性质；了解火的走势；清楚指定的逃生路线。

（4）**负责救助人员**：保健医生协助医疗人员负责救护工作，应接受紧急救护的工作；应配备急救箱；应了解一般药物的使用；清楚指定的逃生路线。

（三）预防措施

- 防火领导小组要定期检查、不断完善防火设施，绿色通道标志明显，每班配有紧急疏散图，应急灯能正常使用。在定期进行消防安全检查的基础上，认真落实幼儿园重点部位安全保卫责任区，做到防患未然；
- 幼儿在园活动时，活动室前后门、走廊门必须处于打开状态，各通道必须保持畅通；
- 食堂操作间、加工间保持通风。排油烟机要定期清洗，不留油垢；
- 要加强对幼儿和工作人员防火安全知识的教育与培训，工作人员做到会使用灭火器。结合教育内容进行防火演习，使其掌握紧急情况下的逃生技能。

（四）应急处理程序

火灾发生 → { 报告园领导→事故处理，上报主管部门
报警，说明火灾情况→接车→灭火
疏散人员、灭火

- 发现火灾后，必须立即拨打 119 报警。在报警电话中，要说明以下情况：起火单位、位置、着火物、火势大小、火场内有无化学物品及类型、着火部位、报警人姓名、单位及所用电话等，并派人员在醒目处等候接车；疏导无关人员远离火场，保持道路畅通，便于消防车辆驶入；

- 报警的同时，迅速切断配电间总电源，开启消防电源，打开应急照明设施和安全疏散标志；

- 发生火灾时，要及时报告园领导，由园领导通知广播室，由广播室指挥相关人员立即行动，到达预定地点。园领导迅速到达现场进行指挥，并上报主管单位领导。园领导要沉着冷静地指挥，组织人员分工合作，扑灭初起火灾，确保通信联络；

- 全体人员应保持镇定，迅速依据任务分工和组长的命令担负起抢救工作，不可袖手旁观，等待消防人员前来抢救而延误时机。在消防人员到达前，由灭火行动小组尽力控制火势蔓延；灭火行动小组应分秒必争，迅速行动，找准着火点，果断扑救，抓住时机，不等不靠，为继续开展全面深入的扑救工作打下良好基础；

- 若火场内有人员，则应用灭火器具减弱火势对人员的威胁，全力疏散、帮助人员脱险逃生。疏散教师要顾全大局，严格控制下楼速度，以免造成挤压，疏散组成员应最后撤离现场。幼儿疏散时必须服从教师安排，按计划有序快步撤离，不得参与救火。消防人员抵达现场后，除参与抢救工作外，其余人员应迅速远离现场，以免影响或妨碍抢救工作的进行。无论园内何处发生火灾，疏散人员都应撤到幼儿园操场安全地带，不得任意走动，更不得返回火灾区，应负责稳定幼儿情绪；

- 对可能造成人员伤亡、发生爆炸事故、烧毁重要物资、形成大面积燃烧等影响全局的情况，应列为主要方面予以处理；扑救固体物品火灾，使用灭火器；扑救液体物品火灾，使用灭火器、沙土、湿的棉被等，不可用水；

- 警戒人员要了解幼儿园的建筑格局及道路情况，迅速确定安全逃生的路线，以便疏导他人逃生，拦阻无关人员进入火灾现场。

六、食物中毒应急预案

依据《未成年人保护法》《学生伤害事故处理办法》《中小学幼儿园安全管理办法》《食品卫生法》等精神，制定本应急预案。

（一）应急处理小组

针对幼儿可能发生的食物中毒事件，幼儿园应成立自己的应急小组，分别负责事故的处理工作。

（1）**领导小组**：成立由园领导、保健人员、食品采购员、各年级组长、保育员组成的领导小组。

（2）**救护人员**：保健医生协助医疗人员负责救护工作。

（3）**食堂班长**：食堂班长负责保存好食物留样。

（二）预防措施

- 切实加强幼儿食品管理，食品的采购、运送、储存和加工等环节，必须严格按照《食品卫生法》的有关规定执行。购销和使用的食品应当定点采购并按规定验收，食品原材料要到信誉好的正规厂家或商家购买，禁止让幼儿食用变质的食品和"三无"产品。掌握好食品原材料库存量及存放时间，妥善管理，不得出现发霉变质现象。仓库内要做好灭鼠工作，原材料的贮存要分类、分架、离墙、离地；

- 除调料外，所有食品全部由食堂加工制作，不得购买现成的食品；食品的存放、加工、分发要生熟分开，已加工完的饭菜盛锅后要及时加盖、离地，做好防蝇、防尘工作；

- 重视厨房硬件设施的投入，防尘、防蝇、防鼠设施要齐全，灶台、炊具、地面及整个厨房环境要整洁，要定期对食堂进行消毒。餐饮具必须采用高温或药物严格消毒，并有保洁措施。食品及其原料贮存和食品制作间必须具备完善的安全措施，并落实专人、专锁、专保管责任制。非食堂人员严禁进入食堂，食堂人员禁止一人单独在食堂，强化安全防范措施，防止投毒事件发生；饭菜实行

48小时留样并做好详细记录；
- 饭菜按量制作与分发，不得存放剩饭菜，各班教师加强对幼儿的观察，及时发现异常现象。

（三）应急处理程序

食物中毒→报告园领导→ { 救治幼儿
报告教育主管部门
报告医院和卫生监督部门
保护现场→调查原因、处理中毒食品 }

- 就餐后，当幼儿出现呕吐、腹泻等现象时，带班教师要立即拨打120请求救助，并派专人在园门口等候，配合协助救助病人，尽快将幼儿送往医院，并向园长汇报；
- 立即停止食堂的生产活动，向医院、教育主管部门和卫生行政部门报告，报告发生中毒的单位、地址、时间、中毒人数及死亡人数、主要临床表现、可能引起中毒的食品等，以利于有关部门积极采取措施、组织抢救、调查分析中毒原因和采取预防方法。若怀疑有人投毒，则向公安机关报案。封存造成食物中毒或者可能导致食物中毒的食品及其原料、工具、设备和现场，以便卫生部门采样检验，为确定食品中毒提供可靠的情况。在此期间，严禁无关人员进入食堂，避免人为破坏现场；
- 检查中毒源，了解幼儿进食量，全体教职工细心观察园内每个孩子的身体情况，发现异常及时送医。配合卫生行政部门进行调查，按卫生行政部门的要求如实反映本次中毒情况，提供有关材料和样品。落实卫生行政部门要求采取的其他措施，销毁中毒食品并进行相应的消毒工作；
- 组织由保健医生、园内相关领导、骨干教师组成的陪护队伍，具体负责陪护事宜；稳定幼儿情绪，做好家长工作，保证幼儿园正常的生活秩序和工作秩序；
- 及时向主办单位及当地卫生防疫部门报告有关处理情况，向媒体部门做出解释工作，把事态控制在最小范围内。

七、传染病应急预案

为了提高预防和控制突发传染病的能力和水平，指导和规范各类传染病突发事件的应急处置工作，减轻或者消除突发事件的危害，保障全体教职工以及幼儿的身体健康与生命安全，维护幼儿园正常的教学秩序和校园稳定，根据《未成年人保护法》《学生伤害事故处理办法》《中小学幼儿园安全管理办法》《传染病防治法》《食品卫生法》《突发公共卫生事件应急条例》等的精神，特制定本应急预案。

（一）工作目标

- 普及各类突发传染病事件的防治知识，提高广大教职工和幼儿的自我保护意识；
- 完善突发传染病事件的信息监测报告网络，做到早发现、早报告、早隔离、早治疗；
- 建立快速反应和应急处理机制，及时采取措施，确保突发传染病事件不在幼儿园内蔓延。

（二）工作原则

（1）*预防为主，常备不懈*。宣传普及突发传染病防治知识，提高全体教职工的防护意识，加强日常监测，发现病例及时采取有效的预防与控制措施，迅速切断传播途径，控制疫情的传播和蔓延。

（2）*依法管理，统一领导*。严格执行国家有关法律法规，对突发传染病事件的预防、疫情报告、控制和救治工作实行依法管理；对于违法行为，依法追究责任。成立幼儿园突发传染病防治领导小组，负责组织、指挥、协调与落实幼儿园的突发传染病的防治工作。

（3）*条块结合，以块为主*。突发传染病事件的预防与控制工作实行条块结合，以块为主，属地管理。

（4）*快速反应，运转高效*。建立预警和医疗救治快速反应机制，强化人力、物力、财力储备,增强应急处理能力。按照"四早"要求,保证发现、报告、隔离、治疗等环节紧密衔接,一旦发生突发事件,快速反应,及时准确处置。

(三)应急管理小组

成立由园长、保健医生、各班班主任、保育员组成的幼儿园突发传染病应急管理小组,具体负责落实幼儿园的突发传染病防治工作。其主要职责如下:

- 根据教育行政主管部门的突发传染病防治应急预案制定本园的突发事件应急预案;
- 建立健全传染病防治责任制,检查、督促幼儿园各部门各项突发事件防治措施落实的情况;
- 广泛深入地开展突发传染病的宣传教育活动,普及突发传染病防治知识,提高教职工的科学防疫能力;
- 建立幼儿缺席登记制度和传染病流行期间的检查制度,及时掌握师生的身体状况,发现有突发传染病早期表现的师生,应及时督促其到医院就诊,做到早发现、早报告、早隔离、早治疗;
- 开展校园环境整治和爱国卫生运动,努力改善卫生条件,保证幼儿园教室、食堂、盥洗室及其他公共场所的清洁卫生;
- 及时向当地街道医院或疾病预防控制部门和上级教育行政主管部门汇报幼儿园的突发传染病的发生情况,并积极配合卫生部门做好对病人和密切接触者的隔离消毒、食物留存等工作。

(四)预防措施

- 高度重视,切实加强对幼儿园卫生工作的领导和管理,经常对食堂、教学环境与生活区环境进行自查,尽早发现问题,及时消除安全隐患。根据传染病在不同时期、不同地点的流行特征,制定防疫措施。针对传染病流行过程的三个环节进行全面预防:控制传染源;切断传播途径;保护易感人群;
- 采取有效措施,强化幼儿园卫生规范化管理。增加幼儿园卫生投入,切实改善幼儿园卫生基础设施和条件。幼儿园食品从业人员必须持有效健康证,培训上岗并注意个人卫生。加强幼儿园生活饮用水的管理,防止因水污染造成疾病传

播。大力开展爱国卫生运动,重点搞好食堂卫生、教室卫生和环境卫生,为幼儿提供一个安全卫生的学习和生活环境。严格执行新生入园前预防接种证查验和登记制度,提高幼儿疫苗接种率,防止疫苗相关性疾病的发生或流行;

- 加强健康教育,提高师幼的防疫抗病能力。增强幼儿对自身的防护意识,搞好健康教育,广泛宣传卫生知识。培养幼儿树立良好的卫生意识,养成良好的生活、卫生习惯和生活方式。结合季节性、突发性传染病的预防,通过黑板报、宣传橱窗以及校园网等宣传途径,大力宣传、普及防治突发事件的相关知识,提高教职工及幼儿、家长的公共卫生意识和防治突发事件的能力。组织师幼加强体育锻炼,不断增强体质;

- 建立突发传染病的监测系统。指定专人对幼儿和教职工中的缺勤者进行逐一登记,查明缺勤原因。对因健康原因缺勤者进行登记汇总并进行追踪观察,分析其发展趋势,必要时采取进一步的措施。重视信息的收集,要与区疾病预防与控制中心建立联系,收集本地及周围地区的传染病事件的情报,密切关注其动态变化,以便做好预防工作;

- 建立自下而上的突发传染病事件逐级报告制度,并确保监测和预警系统的正常运行,及时发现潜在隐患以及可能发生的突发事件。突发传染病期间,有关幼儿园及上级教育行政主管部门实行24小时值班制,并开通疫情监控联系电话。严格执行幼儿园传染病事件报告程序。在传染病暴发、流行期间,对疫情实行日报告制度和零报告制度。各部门应严格按程序逐级报告,确保信息畅通。任何部门和个人都不得隐瞒、缓报、谎报或者授意他人隐瞒、缓报、谎报突发事件。

(五)应急处理程序

事件发生→报告园领导→ { 及时救治、通知家长
报告教育主管部门、疾控中心
处理事故→隔离、消毒、观察 }

- 以最快的通信方式向当地人民政府、疾病预防控制中心、卫生防疫站、上级教育行政主管部门和公安部门报告,请求援助,并上报疾病流行的名称、地点、

时间、人数以及幼儿园已采取的措施等;
- 应急处理小组要遵循"先控制,后处置;救人第一,减少损失"的原则,积极协助卫生机构救治病人,及早隔离治疗传染病人或疑似者;
- 组织幼儿和教职工离开危险区域,停止群聚活动,做好人员的分散隔离,对接触过传染病人的人员进行检疫;
- 切断传播途径,进行彻底消毒。一般采用空气或药物消毒,常用消毒物品有1‰~3‰来苏水、0.5‰过氧乙酸、0.5‰漂白粉澄清液等;
- 做好疫情信息的收集和报告,认真落实卫生行政部门要求采取的其他措施;
- 由班主任教师负责做好家访工作及家长的安抚工作,并留有记录。

八、地震应急预案

为提高幼儿和教职工紧急处置地震灾害的能力,确保地震来临时,能够快速、高效、有序地开展地震应急工作,最大限度地减少损失,保障幼儿和教职工的生命财产安全,依据《未成年人保护法》《学生伤害事故处理办法》《中小学幼儿园安全管理办法》《中华人民共和国突发事件应对法》《中华人民共和国防震减灾法》规定,特制定地震应急预案。

(一)指导思想

坚持以幼儿生命高于一切,以保障幼儿和教职工安全及减轻财产损失为目标,建立健全处置地震灾害事件的有效机制,按照统一指挥、高效应对原则,在幼儿园统一部署下组织开展防震减灾工作,确保师生员工和幼儿园财产安全。

(二)危险源

根据强度和造成的破坏或影响程度,可将地震分为五类。
- 一类:造成特大损失的严重破坏性地震(简称特大破坏性地震),烈度达8度以上;

- 二类：严重破坏性地震，烈度达7～8度（含8度）；
- 三类：中等破坏性地震，烈度达6～7度（含7度）；
- 四类：一般破坏性地震，烈度在6度以下；
- 五类：强有感地震，烈度在6度以下。

（三）应急处理小组

成立由园领导、保健医生、各年级组长组成的防震领导小组。

- 全面负责幼儿园地震应急工作，进行自救互救、避震疏散知识和安全常识的宣传教育，提高幼儿园幼儿和教职工的应急意识和抵御地震灾害的能力；
- 制定地震应急预案，并组织演练；
- 临震预报发布后，负责对幼儿进行防震、避震、自救互救知识的强化宣传和幼儿园应急预案的实施；
- 地震发生后，全面负责幼儿园地震应急工作，指挥各工作组按预案确定的职责投入到抗震救灾中。
- 负责向上级汇报灾情，争取援助。

（四）应急处理程序

地震发生后的应急处理程序为：事件发生→紧急避险→及时救治。

1. 地震前的应急行动

- 接到上级地震、临震预（警）报后，领导小组立即进入紧急状态，全面组织各项抗震工作。各小组随时准备执行防震减灾任务；
- 组织有关人员对所属建筑进行全面检查，封堵、关闭危险场所，停止各项教室内大型活动；
- 加强对易燃、易爆物品的管理，加强对食堂、门卫室等场所的防护，保证防震减灾工作顺利进行；
- 加强对幼儿和教师的宣传教育，做好师生、幼儿家长的思想稳定工作；
- 加强各类值班值勤工作，保持通信畅通，及时掌握各种情况，全力维护正常的教学、工作和生活秩序；
- 按预案落实各项物资准备。

2. 地震发生时的应急行动

强烈地震发生时，一般伴有隆隆的地声、地光及地面振动，从地震发生到房屋倒塌有几秒到十几秒的时间，此时要组织幼儿应急避险。

（1）地震时室内、室外避险。

- 听到地震警报后，处于教学楼内的师生员工立即停止教学活动，班主任组织幼儿将身体尽量缩成一团，迅速抱头、闭眼、躲在各自的课桌下，靠外墙的幼儿尽量往里靠；
- 在操场或教室其他地方的幼儿在教师的组织下到室外合适的地方（如空旷场地或到疏散区）躲避。原地不动蹲下，双手保护头部。注意避开高大建筑物或危险物（如围墙、电线杆等），千万不要回到教室里去；
- 当幼儿在寝室睡觉时发生地震，保育员与值班教师应要马上将幼儿喊醒，让幼儿迅速将枕头置于头上，蹲在床头边或墙角，告诉幼儿不喊叫、不乱跑，保存体力。

（2）紧急疏散避险。

- 等到主震结束后，为了防止有较大的余震发生，全体幼儿在教师们的组织下立即进行有秩序的疏散，到安全的地方去躲避余震。疏散路线严格按照学校应急疏散预案执行；
- 组织各班快速有序撤离，避免幼儿推挤。要有顺序地从最近的楼梯下楼，下楼时要走楼梯内弯，不准在楼梯或走廊内互相拥挤，避免跌倒；
- 疏散过程中，行动要迅速，但不要争先恐后、慌乱奔跑，迅速转移到指定位置；
- 疏散过程中，可以用书包、双手等护头，以防被砸伤。有火灾发生的应用湿毛巾捂住口鼻，蹲下身子鱼贯式撤离；
- 各班幼儿到达集中地后，要立即原地蹲下，保护头部。等到疏散结束后，以班为单位集队，各班应立即清点人数。

3. 震后应急行动

地震发生后，幼儿园一方面要向上级有关部门报告灾情，另一方面要积极地组织抢险救灾。必要时，还要对幼儿的心理进行干预，保护幼儿的心理健康。

（1）**向上级报告**：灾情发生后，学校领导要立即向上级领导部门报告学校的震情和灾情，并听取上级有关救灾事项的指示。

（2）**组织抢险救灾**：各负责人在总指挥统一组织指挥下，迅速组织本级抢险救灾。

- 迅速发出紧急警报，组织仍滞留在各种建筑物内的所有人员撤离；
- 迅速关闭、切断输电、供水系统（应急照明系统除外）和各种明火，防止震后滋生其他灾害；
- 迅速开展以抢救人员为主要内容的现场救护工作，及时将受伤人员转移到附近医院抢救。

（3）**保护幼儿心理健康**：把稳定幼儿情绪工作放在首位，对幼儿实施心理辅导，消减灾害给幼儿带来的心理障碍，全面迅速恢复教育教学秩序。

（4）**检查、维修房屋**：后勤部门检查房屋及一切设施设备并进行质量评估，敦促有关人员对房屋进行维护和维修，保障全校师生的安全。

（5）**控制疫情，预防传染病**：医务室人员要做好灾后控制疫情和传染病流行工作，及时检查、监测学校饮用水源；筹集和储运所需的药品器械等。

九、防踩踏应急预案

为提高幼儿和教职工紧急处置踩踏事件的能力，确保事件来临时，能够快速、高效、有序地开展应急工作，最大限度地减少损失，保障幼儿和教职工的生命财产安全，依据《未成年人保护法》《学生伤害事故处理办法》《中小学幼儿园安全管理办法》《中华人民共和国突发事件应对法》等规定，特制定本应急预案。

（一）危险源

幼儿身体协调能力差，缺乏危险的预见性；活动场所存在隐患等是可能导致踩踏事故的危险源。

（二）应急小组职责

- 加强领导，健全组织，强化工作职责，制定应急预案和落实各项措施，完善工作机制和应急保障系统；
- 幼儿园园长要识别容易出现踩踏的风险所在，重点防范，运用各种形式，加强对幼儿行为的规范教育、安全教育、守秩序教育，增强幼儿的自我保护意识；
- 幼儿园园长要经常性地对幼儿园教学和生活设施、设备以及场地、房屋和设备进行安全检查，发现隐患要立即整改；要确保走廊、楼道的畅通；
- 健全幼儿园各项规章制度；
- 安全负责人履行值日工作职责，坚守幼儿园，有事外出必须告知其他安全负责人，或请其他负责人代履行值日工作职责；
- 印制全园教师通信录，并定期核对电话号码，确保通信录中能有一个电话畅通；
- 幼儿密集出入时，每个楼层安排一名教师维持秩序。

（三）预防措施

- 各班主任要经常对幼儿进行文明礼仪教育，教育幼儿上下楼梯时靠右行，不要拥挤，防止拥挤、踩踏等不安全事故的发生，对有这样现象的幼儿要给予批评教育，责令其改正错误行为；
- 教师要对幼儿上下楼梯故意打闹等不良现象予以制止，防止拥堵现象的发生；
- 在上课期间，教室门都要打开，一旦发生拥挤、踩踏等问题，便于幼儿及时有效地疏散；
- 发生踩踏安全事故时，教师要及时组织疏导，防止事故进一步扩大；
- 教师都有责任教育幼儿遵守幼儿园规定，特别是对上下楼道应该注意安全的问题要经常讲，以引起幼儿的高度重视；
- 在出现紧急情况的时候，在场的教师和园长要注意按照应急疏散指示、标志和图示合理正确地疏散幼儿。

（四）处理程序

事件发生→报告园领导→ { 救治伤者→保健室或医院救治
保护现场、调查事故→追究责任
报告家长→协调沟通 }

- 事故发生后，相关人员必须及时向园长和分管领导报告，经受权向上级有关部门报告；
- 以最快的速度对受伤的教师和幼儿进行现场救护，送往就近医院治疗并通知家长；
- 及时做好现场处置，保护现场，以便调查取证；
- 及时调查事故原因，妥善处理并实事求是地向上级汇报。如是园方的责任，积极善后；如是厂商的责任，获取赔偿；如是幼儿的责任，与家长沟通，协助处理。

（五）善后处理

- 全面参与幼儿治疗，直至康复，与家长密切沟通；
- 处理相关责任人，并在全园加强教育；
- 以适当方式向家长通报情况，制定有效的预防措施。

儿童安全至上，预防胜于处理，班级安全应急管理需要全园力量的投入和支持。班级安全应急预案应是儿童生命安全的"救生圈"，切不可成一纸空文。

第六章 班级安全事故处理

> 儿童是每一个人的温情和爱的感情汇聚的唯一焦点。[①]
> ——蒙台梭利

对于幼小生命而言,任何伤害都有可能是致命的,无法逆转的。为积极预防、妥善处理幼儿伤害事故,保护幼儿、教师及幼儿园的合法权益,教师应当根据《教育法》《未成年人保护法》《中小学幼儿园安全管理办法》《学生伤害事故处理办法》和其他相关法律、行政法规及有关规定,及时、妥善地进行事故处理,以正确的措施赢得家长和社会的理解,创造妥善处理安全事故的良好氛围。

一、安全事故现场处理程序

安全事故现场处理程序是指当安全事故发生后,教师应当遵循的现场处理方式、步骤和顺序。

---

① 蒙台梭利. 蒙台梭利幼儿教育科学方法[M]. 任代文,主译校. 北京:人民教育出版社,1993:587.

（一）及时救治

面对突如其来的安全事故，教师应沉着冷静，千万不能惊慌失措，在保证其他儿童安全的前提下，马上报告园领导。园领导应启动应急预案，充分掌握现场状况，决定紧急处理步骤，通知应急处理小组的成员就位。应急处理小组按照事先计划开展工作：立即查看伤情，并视具体情况采取措施及时救治，如伤情较重，应立刻组织人员、车辆将儿童送往医院，共同参与救治过程。在救治过程中，如果家长未及时赶到，应遵照医生建议，为儿童做一些相关的检查治疗。家长赶到后，教师应如实将检查结果、病历和治疗情况及时告知家长。

《学生伤害事故处理办法》规定：学生在校期间受到伤害，学校发现，但未根据实际情况及时采取相应措施，导致不良后果加重的，学校应当依法承担相应的责任；发生学生伤害事故，学校应当及时救助受伤害学生，并应当及时告知未成年学生的监护人；有条件的，应当采取紧急救援等方式救助。由此可见，事故发生后，儿童安全至上，及时救治第一。儿童在园期间，教师是儿童的管理者、教育者和保护者，及时救治受伤儿童，是教师必须履行的法定义务。无论面对的是何种性质、类型及起因的安全事件，教师都应主动承担救治义务，积极进行处理。即使起因在受害者一方，也应首先消除安全事件所造成的直接危害，以积极的态度去赢得救治时间，将伤害减至最低。教师有没有尽一切可能对受伤儿童进行及时救治是判断教师有无过错及过错大小的重要因素。依据《学生伤害事故处理办法》，教师在进行救治时应注意以下几个方面。

- 教师应敏锐观察，发现儿童受伤，均应第一时间送往医院治疗，尤其发现儿童有眼红、极度疲倦或面部表情痛苦等类似的生病症状时，应立即问明情况，送保健室或医疗机构治疗，防止儿童生病或因嬉闹受伤害怕老师批评而隐瞒实情；
- 除少数皮外伤等明显轻伤由保健教师或校医治疗外，原则上所有受伤儿童一律送往医院检查治疗，保健教师或校医切忌掉以轻心，自以为是，误判误治；
- 对脑部、眼部、胸腹部等要害部位受伤的儿童，一律紧急送往医院诊治，并尽量选择靠近幼儿园的县级或县级以上公立医院。因为，这类损伤属内伤，无法通过外部观察判断伤情，一旦延误医治，教师、幼儿园必然要承担相应责任；

- 由教师亲自陪同受伤儿童去医院医治。发现幼儿受伤,教师应立即报告幼儿园领导,请求领导调派人员,及时送幼儿到医院就医,切勿因等待延误治疗时间;
- 尽量使用最快的交通工具;
- 在运送儿童就医时,应备齐充足的现金或支票用于医院救治,以免因押金问题耽误救治;
- 就医时应按正式手续办理有关受伤害儿童治疗事宜;
- 有些伤害如溺水,现场抢救更为重要,在拨打120急救电话同时,应及时按正确方法进行现场抢救;
- 平时应将园长、主任、财务负责人的电话告知教师及保育员,以便事故发生后,及时联系相关人员,解决决策和资金问题;
- 如因时间紧急,教师可用个人资金垫付救治费用,事后园方应归还教师,待事故责任界定后,再由事故责任者向幼儿园偿还相关费用。

(二)及时联系家长

发生安全事故后,应及时联系家长,告知其子女受伤的真实情况,要求家长迅速赶到医院。

- 平时应备有家长及其他家庭成员或近亲属的一切可能的有效联系方式,如手机号、家庭电话号码、办公室电话号码、电子邮箱等,除了儿童父母亲的联系方式,最好还有其爷爷奶奶、外公外婆等其他近亲属的联系方式,以便及时联系;
- 在发现幼儿受伤时,应立即通知家长,不可延迟;
- 通知家长时,需详细告知拟送往的医院或已送医院的名称、地址、房号、儿童的基本病情等,可征求其意见;
- 保持与家长、幼儿园相关人员的有效联系状态,以便及时沟通;
- 及时与家长沟通。事故发生后,有责任的教师应尽快从自责、懊丧的情绪中走出来,在事故发生的当时或当天,以诚恳的态度向家长进行解释说明。在说明事情发生的过程时,不能强词夺理、隐瞒事实,教师的态度越诚恳,就越容易得到家长的谅解。如果遇到家长（特别是祖辈家长）态度不冷静，有过激行为，难以沟通时，应多换位思考，体谅家长的心理感受，及时调整与家长的沟通策略。

（三）安抚其他儿童

安全事故发生之后，班内其他儿童即使是未受到伤害，也会因惊吓导致情绪紧张，教师或心理辅导员应及时对儿童进行安抚，使其情绪尽快平静。

- 维持现场秩序，防止儿童因惊吓过度发生后续意外；
- 对幼儿说明事件经过和性质，安抚幼儿的情绪；
- 如有必要，可向相关部门请示放假。

（四）调查保全证据

在司法实践中，打官司就是打证据。在案件的审理过程中，事故责任判定的依据是本案证据所能证明的事实。所以掌握确实、充分、有利的证据是教师和园方在日后诉讼中胜诉的重要保障，应当特别重视各种证据的收集工作。

我国《民事诉讼法》将证据分为书证、物证、视听资料、证人证言、当事人陈述、鉴定结论和勘验笔录等七种。在收集以上证据的过程中，应注意下列事项。

- 保护现场，及时调查取证。园方应及时收集有关物证以及目击者、知情人的口供，以免日后收集困难；
- 向公安机关或其他主管部门（如教育局等）报告，请求主持调查事实真相。因为相关部门调查的证据比园方自行收集的证据更具有法律上的可信性和证据效力。一般较大事故可请求派出所或巡警协助调查取证。凡有儿童死亡的，必须及时向公安机关和教育局上报；
- 收集证据应当合法。收集手段要合法，不可伪造证据；
- 收集证据应当严谨。对于各种证据，要尽可能地多收集，以备在日后选用。另外，在收集证人证言时，一定要让证人在证言上签字，也可以利用录音等手段进行记录。确有必要时，可以聘请律师协助收集证据，并邀请公证机关对人证、物证加以公证，以增强证据的效力。幼儿园应当本着实事求是的态度，应有详细的事件记录。从事件开始的时间、地点、人物、经过到其演进，均应有记录，有目击者签字证明。如有当事人（包括受害儿童）的签字或录音、录像更好；
- 封锁现场，隔离当事人，禁止非必要人员进入。其他当事人的介入，往往会加重事态发展，造成处理困难，取证受影响。

（五）探视受害儿童

组织探视受害儿童的目的和作用在于安慰受害儿童，促使他（她）早日康复。安抚受害儿童的家长，使其亲眼看见幼儿园师生对其子女的关心和支持，以缓和家长与幼儿园的对立情绪。

组织探视受害儿童要注意下列事项：
- 及时探视和家访。在幼儿入院后，如果其病情允许，经医生同意，即可组织人员探视；
- 进一步了解、关心儿童的伤情，并在家长情绪比较冷静的情况下，再一次详细说明事情的全过程；
- 通过沟通，让家长了解幼儿园对事故后的补救措施，增进家园间的理解，达成共识；
- 幼儿园领导应亲自探视，为双方协商解决问题奠定基础。如果园长采取回避态度，容易激起家长反感，认为园方不负责任，有可能导致双方对簿公堂；
- 如有必要，幼儿园可派人护理，以体现园方的诚意。

（六）园内信息沟通

在事故发生后的信息发布包括组织内部的信息传递和面向社会媒体公众的外部信息传递两个方面。园内信息传递是为了协同一致，共同面对危机；外部的信息传递则是为了做好沟通，避免和化解谣言与误解的产生，维护幼儿园的声誉，创造有利的外部环境。幼儿园安全管理者应同事件利益相关者和媒体及时沟通，主动争取理解和支持，并加强沟通管理，以避免一些不真实的流言、谣言混淆视听，损害幼儿

园的利益和形象。

事件发生后,园内信息沟通最重要的是安全事件情况声明。在确定了事故的存在或安全事件发生后,应急指挥系统应该以最高决策者或集体的名义在园内发布一份声明,就事件以及由此带来的危害和应急指挥系统及安全管理人员的当前努力做出说明。声明对用词要有较高的要求,既能充分考虑到当事人的情绪,又能让师生员工意识到幼儿园正在采取有效的策略来控制和消除危害。根据需要,幼儿园有时还应与幼儿园投资者或其他的利益相关者进行及时的信息沟通。

(七)信息上报

《学生伤害事故处理办法》规定:发生学生伤害事故,情形严重的,学校应当及时向主管教育行政部门及有关部门报告,属于重大伤亡事故的,教育行政部门应当按照有关规定及时向同级人民政府和上一级教育行政部门报告。事故处理结束,学校应当将事故处理结果书面报告主管的教育行政部门。

1. 及时向有关部门报告

当事故发生后,一方面应及时向有关部门报告,使政府主管部门尽快得到信息,以便做出快速反应,采取措施对受伤儿童及幼儿园进行救助,避免损失的发生和扩大。另一方面,政府有关部门可尽快介入事件的调查和善后处理工作,为妥善解决奠定基础,避免社会矛盾的激化。

2. 主动上交事发报告和事后报告

事发报告可采用口头或者书面的形式,一般在口头报告后应尽快写成书面报告,报告内容应包括事件发生的时间、地点、经过、伤害情形、已经采取了什么措施、事件引起的原因、涉及的人员、处理的建议等。

事后的报告是指在儿童伤害事件处理结束后,幼儿园要向相关部门做书面报告。报告内容应当写明事件处理的经过,包括事件处理过程中曾出现哪些争议、解决争议的途径(协商、调解或诉讼)、事件引起的原因和责任、赔偿金额、对有关责任人员的处理,还应总结事件的教训和改进防范工作的措施等。此报告还应附上双方协商同意签订的协议、调解协议或法院判决书等。事后的报告对幼儿园和教育主管部门改进安全工作、防止此类事件的再发生有重要的意义。

3. 必要时，向公安、检察机关报告

如果安全事故责任人已触犯刑律、构成犯罪的，幼儿园应当及时向公安机关或检察机关报告，以便有关部门立案侦查。切不可顾忌幼儿园的名誉等因素而隐瞒不报。对于知情不报的，应当追究园所负责人的法律责任甚至刑事责任。

安全事件报告单

学校名称：_____　　　事件发生日期：_____

事件类型：_____　　　事件发生时间：_____

报告者：_____

身份：园长_____　教师_____　家长_____　幼儿_____　其他职员_____

事件的大致描述：

涉及的人员：

采取的措施：

是否通知上级：

通知对象：_____　　　通知时间：_____

向上级提出的要求：

其他事项：

（八）媒体管理

大量的事例证明，媒体管理已成为安全管理的重要组成部分。媒体对于安全管理就像一把双刃剑，既有积极的作用，也有消极的一面。要使媒体充分发挥积极作用，尽量降低其负面作用，就要加强与媒体的沟通互动，搞好媒体管理。幼儿园应妥善处理与新闻媒体的关系，化"大"为"小"，化"危"为"机"。幼儿园要指定专门的新闻发言人（发言人必须与安全管理的最高决策者有直接沟通并能亲自参与安全管理决策）面对媒体，及时对媒体公布安全事件的真相，对事件原因做出有利于幼儿园的解释。媒体的报道对幼儿园安全事件的扩散和影响至关重要，坦诚的态

幼儿园班级安全管理

度是争取公众支持、转化危机的最有效方法。在与记者沟通时，要注意保持友好热情的态度，正面回答每一个问题，同时要坚守好立场，有效调控媒体的活动范围，对于来电来访的记者及沟通内容宜做一定的记录，以便于日后联络和查证。

（1）**掌握报道的主动权，尽快对外公布准确的信息。**及时组织和整理事件的消息，并尽早对外发布，以减少公众的误解、传言和猜测，还原事故的客观面貌。如果幼儿园方面确实存在失误或不正当行为，一经确认应尽快对外公布准确的信息并积极采取措施进行补救，不要抱有侥幸心理，一旦隐瞒的事件被外界或媒体曝光，对幼儿园的信用和声誉打击将是致命的。幼儿园只有开诚布公地说明事情的原委，诚恳地接受批评才能淡化矛盾、转化危机。

（2）**提供标准化的声音。**集体配合并指定专人（发言人）与媒体保持联系，争取媒体的谅解和支持，透过媒体来与大众沟通。发言人要用平实的语言来传递消息，以有利于信息的传播和理解。

（3）**积极配合新闻媒体。**新闻媒体常常是新闻事件的直接追问者，幼儿园的配合会给他们带来满足和方便。拒绝与媒体合作，就是自我切断与公众沟通的渠道。如果幼儿园无法正面配合，导致一些记者由于无法获得足够的信息转而报道他们所"理解"的和"客观"的消息，误解、猜疑和不信任就会纷至沓来，对幼儿园形象有可能造成严重不良影响。

（4）**尽量避免事件被错误报道。**如果出现报道与事实不符时，应及时将事实的客观情形传递给相应媒体并要求更正。如果由于幼儿园的接待工作失当，园长应直接或通过中间力量与媒体达成共识，避免事件进一步被误导。幼儿园应向媒体主动澄清事故的性质以及幼儿园已经采取的补救措施，让公众了解幼儿园的积极态度和行动，以求公众的理解。

（九）寻求协助

积极寻求各方协助，将更加有利于对事故的控制。

（1）**形成社会支持网络。**幼儿园管理者需要与有关部门或人员建立联系，有意识地形成社会支持网络，并在本园信息资源库中加入相关的联系方式，以便事件发生后能及时有效地与他人沟通应对，包括上级主管教育部门、新闻媒体、医院、消防、公安部门、相关科研机构、保险公司、天然气公司、电力公司、电话故障咨询公司、共建单位、社区以及全园家长电话、本园应急管理小组成员电话等。

（2）**聘请专家**。幼儿园可以聘请相关专家，并建立长期合作关系。有条件的幼儿园可以聘请法律顾问，将安全事故的法律问题交由法律顾问解决。

（3）**建立专家顾问团队**。幼儿园可以建立专家顾问团队，在事故发生后及时咨询对策，并结合已经发生的事故案例，进行研讨总结改进。

（十）善后恢复

在安全事件得到基本控制和解决之后，幼儿园就需要把安全管理的重心转移到善后恢复上来。"亡羊补牢，犹未晚也"，说的就是安全管理的善后工作。此项工作的重点在于评估各种可能损害，尽力补救，并吸收经验，寻求再发展的机会。

（1）**关注及评估各种损害**。评估范围包括受损害的对象，直接或间接的、外显或潜在的、短期或长期的、主观或客观的等多方面损害。以幼儿园早先制定的安全管理预案为参考，结合善后恢复工作的实际，及时拿出各种弥补损失的方案，迅速拟订一份可行的善后恢复计划，为已经到来的事后重建提供指导。要注意采纳专家的合理建议，积极鼓励在日常工作中居第一线的负责同志参加到必要的恢复管理工作中。

（2）**动员相关人员补救和重建**。损害发生后，动员有关人员，包括所有可提供协助的人员，在制订善后恢复计划的基础上进行必要的重建和挽救工作，尽快使幼儿园、幼儿和教职工重新回归正常状态。事后重建具体包括有形情境和无形情境的重建。其中，建筑物的重建或维修、受损资产及设备的复原或重置、事发现场的清理整顿、教育教学秩序的重新恢复、安全管理设施的改进、信息联络渠道的重新畅通、水或电恢复正常供应、计算机程序重新更新等均属于有形情境的重建。而幼儿园的社会声誉及幼儿园形象，包括师生员工的个人形象与社会知名度、信任度等，则属于无形情境的重建范畴。

（3）**总结事故的经验教训**。对管理者来说，知识和经验的累积是绝对必要的。教师若能持续地累积这些知识，集结成活的知识、智慧和体验，并加以存储起来，对日后同类事件的处理必有益处。可以通过网站、园报、广播、展板、手册、图片等多种形式，进行宣传教育，吸取经验教训，使广大的师生员工和家长都能识别潜在的危险，形成安全预防的意识，并有干预和转介的能力，使幼儿园里的每个人都

成为安全预防的资源,以把安全事件降低到最低程度。

(4)**发掘安全事件带来的各种机会和教训,计划未来的行动。**经历安全事件,所有成员都可能受到不同的冲击,幼儿园整体在结构、人际关系、政治、文化或教学等各方面也都可能经受过挑战。管理者尽量发掘出事件可能带来的各种机会和教训,帮助幼儿园发展或改进。幼儿园的发展是继往开来的,事件过后,仍能继续前进才是最主要和重要的。要修补安全事件带来的损伤,最佳方法就是在"转危为安"之际"化危为机",从多处着力,计划未来的行动,预防安全事件的再发生,强化师生员工的安全防护意识和能力。

二、安全事故的法律责任

安全事故的责任认定是妥善处理伤害事故的基础。只有清晰界定事故责任,才能在事故处理的过程中赢得主动权。

(一)安全事故的法律责任形式

依据相关法律法规,承担安全事故责任的法律形式主要有刑事责任、民事责任和行政责任。[①]

1. 刑事责任

在幼儿园安全事故中,如果当事人的行为触犯刑法,构成犯罪的,应当由有关部门追究其刑事责任。与民事责任不同的是,如果当事人触犯了刑法,即使受害人没有要求追究其刑事责任,公安、检察等司法部门也应当根据职权主动立案,进行查办。刑事责任的具体形式有死刑、无期徒刑、有期徒刑、拘役和管制等形式。

2. 民事责任

按照有关法律和司法解释,当幼儿园安全事故给当事人造成经济和精神上的损失时,有关责任人应当对受害儿童因就医治疗支出的各项费用以及因家长误工减少的收入,包括医疗费、误工费、护理费、交通费、住宿费、住院伙食补助费、必要

---

① 张维平,石连海. 教育法学[M]. 北京:人民教育出版社,2008:414-415.

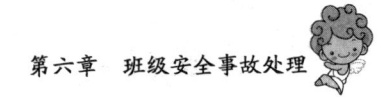

的营养费予以赔偿。

受害儿童因伤致残的,其因增加生活上需要所支出的必要费用以及因丧失劳动能力导致的收入损失,包括残疾赔偿金、残疾辅助器具费、被扶养人生活费,以及因康复护理、继续治疗实际发生的必要的康复费、护理费、后续治疗费,赔偿义务人也应当予以赔偿。

受害儿童死亡的,赔偿义务人除应当根据抢救治疗情况赔偿相关费用外,还应当赔偿丧葬费、被扶养人生活费、死亡补偿费以及受害人亲属办理丧葬事宜支出的交通费、住宿费和误工损失等其他合理费用。

受害儿童或者近亲属遭受精神损害,赔偿义务人应当根据《最高人民法院关于确定民事侵权精神损害赔偿责任若干问题的解释》支付精神损害赔偿金。

《学生伤害事故处理办法》规定,幼儿园对儿童伤害事故负有责任的,根据责任大小,适当予以经济赔偿,但不承担解决户口、住房、就业等与救助受伤害儿童赔偿相应经济损失无直接关系的其他事项。因幼儿园教师或者其他工作人员在履行职务中的故意或者重大过失造成的儿童伤害事故,幼儿园予以赔偿后可以向有关责任人员追偿。

3. 行政责任

根据《学生伤害事故处理办法》的有关规定,发生幼儿园安全事故,幼儿园负有责任且情节严重的,教育行政部门应当根据有关规定,对幼儿园里直接负责的主管人员和其他直接责任人员,分别给予相应的行政处分。其责任形式主要有撤职、降职、开除、记过、警告等。

(二)安全事故的民事归责原则

幼儿园安全事故多以民事责任为主,民事归责原则有:过错责任原则、过错推定责任原则、无过错责任原则及公平责任原则。

1. 过错责任原则

过错责任原则,是以过错作为价值判断标准,判断行为人对其造成的损害应否承担侵权责任的归责原则,主观上有过错是损害赔偿责任构成的基本要件之一。从当前中国现行的法律法规来看,园方在儿童伤害事故中承担的主要是过错责任。

《中华人民共和国侵权责任法》(以下简称《侵权责任法》)第三十八条:无民事

行为能力人在幼儿园、学校或者其他教育机构学习、生活期间受到人身损害的，幼儿园、学校或者其他教育机构应当承担责任，但能够证明尽到教育、管理职责的，不承担责任。

《侵权责任法》第三十九条：限制民事行为能力人在学校或者其他教育机构学习、生活期间受到人身损害，学校或者其他教育机构未尽到教育、管理职责的，应当承担责任。

《侵权责任法》第四十条：无民事行为能力人或者限制民事行为能力人在幼儿园、学校或者其他教育机构学习、生活期间，受到幼儿园、学校或者其他教育机构以外的人员人身损害的，由侵权人承担侵权责任；幼儿园、学校或者其他教育机构未尽到管理职责的，承担相应的补充责任。

《最高人民法院关于贯彻执行〈中华人民共和国民法通则〉若干问题的意见》第160条：在幼儿园、学校生活、学习的无民事行为能力人或者在精神病院治疗的精神病人，受到伤害或者给他人造成损害，单位有过错的，可以责令这些单位适当给予赔偿。

《最高人民法院关于审理人身损害赔偿案件适用法律若干问题的解释》第七条：对未成年人依法负有教育、管理、保护义务的学校、幼儿园或者其他教育机构，未尽职责范围内的相关义务致使未成年人遭受人身损害，或者未成年人致他人人身损害的，应当承担与其过错相应的赔偿责任。第三人侵权致未成年人遭受人身损害的，应当承担赔偿责任。学校、幼儿园等教育机构有过错的，应当承担相应的补充赔偿责任。

《学生伤害事故处理办法》第八条：学生伤害事故的责任，应当根据相关当事人的行为与损害后果之间的因果关系依法确定。因学校、学生或者其他相关当事人的过错造成的学生伤害事故，相关当事人应当根据其行为过错程度的比例及其与损害后果之间的因果关系承担相应的责任。当事人的行为是损害后果发生的主要原因，应当承担主要责任；当事人的行为是损害后果发生的非主要原因，承担相应的责任。

综上所述，现有的法律规定秉承的是过错责任原则。因此，作为学校范畴之一的幼儿园在儿童伤害事件中承担的责任也应该秉承该原则，即以园方是否有过错为标准来确定其是否承担法律责任以及承担多大法律责任。如果园方的过错是儿童发生伤害的唯一原因，园方就要承担全部的赔偿责任；如果园方的过错是儿童发生伤害的部分原因，幼儿园就要根据自己的过错承担部分赔偿责任；如果园方对于伤害事故的发生没有任何过错，就不应承担赔偿责任。

2. 过错推定原则

过错推定原则，是指在法律有特别规定的场合，从损害事实的本身推定加害人有过错，并据此确定造成他人损害的行为人赔偿责任的归责原则。适用过错推定原则，主要是从证明责任这个角度来考量的，举证责任倒置是其重要特征，因免除了受害人的举证责任使其更有利于保护受害人合法权益。那么在幼儿园发生的伤害事件能否适用这个原则呢？《侵权责任法》第三十八条规定：无民事行为能力人在学校、幼儿园或者其他教育机构学习、生活期间受到人身损害的，学校、幼儿园或者其他教育机构应当承担责任，但能够证明尽到教育、管理职责的，不承担责任。可见，幼儿园安全事故适用过错推定原则。从保护受害人利益角度看，在园儿童都属于无民事行为能力人，这就要求幼儿园及教职工对幼儿较高的注意义务；另一方面从举证责任的便利角度看，园方更容易收集到证据，处于举证优势地位，将举证责任加在园方身上合情合理。但是不容否认，加重幼儿园的责任也会带来一些负面影响，如部分幼儿园采取消极防御手段，因噎废食，如取消园外活动、体育活动等，这极大地扭曲了幼儿园的育人职能，损害了儿童最基本的权利——受教育权。因此，如何科学地、合理地分配举证责任将是民事侵权法一个急需解决的课题。

3. 无过错责任原则[1]

无过错责任是指没有过错，但法律规定应当承担民事责任的，应当承担民事责任。幼儿园只有在法律规定的特殊情况下，才会承担无过错责任。此时只要儿童的损害是由于幼儿园的行为所致，不论幼儿园有无过错都要承担民事责任。除非幼儿园在证明无过错的同时，能够证明儿童的伤害是由于受害儿童的故意、第三人故意、不可抗力所致，则幼儿园不承担民事责任。无过错责任在幼儿园安全事故中的适用范围极其有限，仅在以下法律规定的情形下才可以适用：

- 幼儿园进行高危作业所致的安全事故。这主要是指幼儿园的高压、易燃、易爆、剧毒、放射性等高危作业导致的儿童伤害；
- 因幼儿园原因产生的环境污染所导致的安全事故；
- 幼儿园饲养的动物导致的安全事故。

---

[1] 张维平，石连海. 教育法学[M]. 北京：人民教育出版社，2008：417-418.

4. 公平责任原则[①]

公平责任是指当事人对造成损害都没有过错的，可以根据实际情况，由当事人分担民事责任。它适用于没有过错方的意外事故，但在幼儿园安全事故中是否可以适用公平责任原则，目前无论在理论界还是司法实践中都存在着巨大的意见分歧。

《民法通则》第一百三十二条规定：当事人对损害没有过错的，可以根据实际情况，由当事人分担民事责任。这里明确规定了公平责任的适用范围是当事人都没有过错的情况，这种情况并没有将幼儿园安全事故排除在外。而且公平责任的立法原意在于如果有负担能力的无过错一方此时分担适当的损失，就会协助受害人渡过难关，有利于社会的稳定。此时如果有负担能力的幼儿园能为受伤害儿童分担部分经济费用，就会减轻儿童家庭的压力，有利于社会公平，有利于社会安定。在这种情况下，幼儿园并非对事故的发生负有责任，而是承担了一种分担损失的责任。因此，幼儿园安全事故处理可参照公平责任原则，但应注意以下几点：

- 事故的发生应的确与幼儿园直接有关；
- 要求幼儿园和儿童双方对事故的发生都不存在过错的，但如果损害的发生归因于加害人或第三人的过错时应由加害人或第三人承担民事责任；
- 要求事故的确造成了实际的经济损失，而且这种损失应是受害儿童家庭在经济上无力承担或者难以承担的；
- 仅限于因儿童受伤而引起的财产损失，而不应包括精神损害赔偿；
- 公平责任原则不是指绝对的平均分担，而是根据实际情况来确定。这里的实际情况是指受害人的损害程度、双方的经济状况、承受能力和社会舆论等。当幼儿园不分担损失而受害人将受到严重的损害，且有悖于民法的公平、正义观念时，才考虑适用公平责任原则。对于一所教育经费严重不足、教师工资也难以及时发放的幼儿园，一般不应根据公平责任原则承担经济分担的责任。

总之，依据我国现行法律的有关规定，幼儿园在安全事故中应当承担过错责任原则和过错推定原则，即有过错担责任，无过错无责任。而无过错责任原则和公平责任原则仅在法律规定的特殊情况下才能适用于幼儿园安全事故。

---

① 张维平，石连海．教育法学[M]．北京：人民教育出版社，2008：420．

（三）幼儿园侵权责任的构成要件

幼儿园侵权责任的构成要件是指幼儿园承担侵权行为责任的条件。有很多家长认为：事故发生在幼儿园，就是幼儿园的过错，因此不管是什么情况，幼儿园都要承担责任。这种以地点作为评判法律责任依据的观点是没有法律依据的。合理的责任构成要件的确定及其运用，使归责具有明确的标准，为解决家长与幼儿园之间的赔偿问题提供了理论依据。依据过错责任原则的规定，幼儿园人身伤害侵权责任的构成，必须具备以下四个要件。

1. 有损害事实

幼儿园人身侵权责任的损害事实，包括一切损害事实的形式，无论是侵害人身权或其相关财产权都能构成。损害事实可以是人身伤害事实，也可以是精神损害事实。幼儿园及其教师的行为只有造成上述损害事实，才能构成人身伤害侵权赔偿责任。无损害则无赔偿。

2. 幼儿园存在违法行为

幼儿园在儿童人身伤害事件中的行为，原则上是幼儿园在实施教育、管理和保护中，不履行或者不正确履行有关教育法规关于幼儿园应该履行的某种职责的行为。在具体的行为方式上，主要有以下三种表现形式。

（1）**幼儿园疏于在园实施的教育教学活动或者幼儿园组织的园外活动中的教育行为**。这种教育行为，是专指对儿童的教育，而不是指广义上的教育活动。在对儿童的教育中，没有尽到教育职责，使儿童在教学活动中造成他人的人身伤害，应当承担侵权责任。

（2）**幼儿园疏于管理幼儿园负有管理责任的园舍、场地、其他教育教学设施、生活设施内发生的行为**。幼儿园在教育和教学活动中，疏于管理义务，致使儿童遭受人身伤害以及幼儿伤害他人后果的发生。这种行为是幼儿园自己的行为，是自己的行为致人损害，因而属于普通的侵权行为，幼儿园应当对自己的行为负责。

（3）**幼儿园疏于保护儿童的行为**。幼儿园对在园儿童负有安全保护的义务。儿童在幼儿园接受教育，尽管幼儿园不是承担监护义务，但是仍然应当承担其安全的保护义务。负担这种义务，就应当恪尽职守，不能因疏忽和懈怠而使儿童受到人身伤害。幼儿园疏于这种对儿童安全的注意义务，致使儿童受到人身伤害，幼儿园的

行为则构成违法。例如,在儿童遭遇的意外事故中,幼儿园应当并且有条件救助儿童,却不救助,教师率先躲避灾害,造成儿童人身伤害,疏于对儿童的保护义务,对损害的发生,应当承担适当的责任。

幼儿园的上述行为,也包括负该种责任的教师的行为。教师的疏于职守行为,幼儿园应当承担责任。因为幼儿园的教师在教育和教学活动中,其行为疏于执行职务,其行为的后果属于职务行为。当其行为不当,违反法律规定的义务,造成幼儿伤害或者儿童伤害他人,幼儿园应当承担替代责任。

3. 幼儿园有过错

幼儿园安全事故中的过错包括故意和过失。故意是指幼儿园或者教职工明知自己的行为会发生伤害儿童的结果,并且希望或者放任这种结果发生。比如,教师体罚儿童导致儿童受伤。过失又分为疏忽大意的过失和过于自信的过失。疏忽大意的过失是指幼儿园或教职工应当预见自己的行为可能发生伤害儿童的结果,但因为疏忽大意而没有预见,以致发生这种结果。比如,教师在课堂进行实验演示时,不慎烫伤坐在前排的儿童。过于自信的过失是指幼儿园或教职工已经预见自己的行为可能发生伤害儿童的结果,但因为过于自信而轻信能够避免,以致发生这种结果。比如,某园长在有教师向其提醒滑梯发生故障应及时修理却没有及时安排修理,以致发生事故。

幼儿园有过错,是指幼儿园在履行职责时存在不当行为。首先,幼儿园对儿童的管理应属幼儿园管理职责范围内,如在管理职责范围之外(如自行入园离园途中、园外、放学后、假期中等),则幼儿园无须管理儿童,不会有过错。此外,教职工个人与职务无关的行为与幼儿园无关。其次,幼儿园在履行管理职责时有不当行为,即该行为违反法律法规、其他有关规定(如教育局的规定)、幼儿园规章制度或一般人公认的合理的行为标准,其形式包括作为(即做了不该做的事,如体罚)和不作为(即该做的事不做,如教师擅离职守),行为人在心理上表现为故意或过失。只有幼儿园在主观上具有过错,幼儿园才对自己的行为承担赔偿责任;不具有主观上的过错,则不承担责任。

如何确定幼儿园过失的标准呢?一般认为标准就是幼儿园的注意义务。幼儿园的注意义务,就是《教育法》《未成年人保护法》《幼儿园管理条例》《幼儿园工作规程》《学生伤害事故处理办法》等规定的教育、管理和保护的职责。对于这种注意义务的性质，苏联学者有三种不同的看法——"中等标准说""中等偏上标准说"和"高标准说"[①]。由于在幼儿园里学习的儿童在法律上都属于完全无民事行为能力人，所以，幼儿园对儿童在教育、管理、保护方面应尽"高标准"之相当注意义务，这种注意义务，高于小学对小学生和中学对中学生的注意义务。因为幼儿是6岁以下的无民事行为能力人，是最易受侵害的、毫无自卫能力的社会群体，幼儿园及幼儿园教职工应当作为一个谨慎人，对自己教育、管理和保护的儿童的安全和健康保持高度的注意，防止儿童伤害事件的发生。对这种注意义务的违反，就是过失，幼儿园存在这种过失，就应当对造成的损害后果承担侵权责任。因此，在幼儿园管理上要以安全防范为重要理念，在儿童保护上要以零事故为重要目标，在幼儿伤害事件中应证明已采取一切可能的谨慎措施防止事件的发生。如果在履行职责上有任何细微之疏忽并致儿童伤害发生，就应承担相应的法律责任。

4. 幼儿园的过错行为须与损害事实有因果关系

幼儿园疏于教育、管理和保护义务的行为，须与儿童伤害或者儿童伤害他人的损害事实之间有客观的因果关系，即前者是原因，后者是结果，两者之间具有引起与被引起的因果关系。在儿童伤害事件责任中的因果关系上，在一般情况下，幼儿园的行为与损害后果之间，只有一种因果联系，即幼儿园的行为就是损害后果发生的原因，没有其他原因。这样的行为就是结果发生的唯一原因。具有这样的因果关系，幼儿园就应当承担侵权的全部责任。但在很多时候，幼儿园的行为并不是损害结果发生的唯一原因，而是由于多个行为引起了损害结果的发生，而幼儿园的行为仅是其中的原因之一。那么这时候就应当认真判断，研究幼儿园的行为究竟是损害结果发生的原因还是条件。如果是原因，则与其他原因构成损害发生的共同原因，幼儿园应当承担按份责任，即为自己的行为承担自己应当承担的那份责任，或者承担连带责任。如果仅是条件，并不是原因，则幼儿园承担补充赔偿责任。如果幼儿园有疏于教育、管理和保护的行为，但是其行为不是损害发生的原因，也不是损害结果发生的条件，则幼儿园不承担责任。

只有同时具备上述四个条件，幼儿园才要承担责任，缺少其中任何一个条件，

---

① 方益权. 学生伤害事故赔偿：以相关司法解释和法规规章为中心[M]. 北京：人民法院出版社，2005：267.

幼儿园就无责任。这里没有将地点作为评判法律责任的依据。幼儿园要学会依据法律来分析幼儿园事故，承担幼儿园应该承担的责任。对不应该承担的责任，也要依据法律向当事人讲明原因，帮助家长走出认识误区，以便进一步的沟通与交流。

（四）安全事故责任类型

根据上述归责原则和幼儿园侵权责任的构成要件，幼儿园的责任可以分为以下几类。

1. 幼儿园相应责任

在《学生伤害事故处理办法》第九条中，具体规定了幼儿园应当根据过错承担相应责任的12种具体情形。

（1）幼儿园的校舍、场地、其他公共设施，以及幼儿园提供给儿童使用的学具、教育教学和生活设施，设备不符合国家规定的标准，或者有明显不安全因素。

（2）幼儿园的安全保卫、消防、设施设备管理等安全管理制度有明显疏漏，或者管理混乱，存在重大安全隐患，而未及时采取措施。

（3）幼儿园向儿童提供的药品、食品、饮用水等不符合国家或者行业的有关标准、要求。

（4）幼儿园组织儿童参加教育教学活动或者校外活动，未对儿童进行相应的安全教育，并未在可预见的范围内采取必要的安全措施。

（5）幼儿园知道教师或者其他工作人员患有不适宜担任教育教学工作的疾病，但未采取必要措施。

（6）幼儿园违反有关规定，组织或者安排儿童从事不宜未成年人参加的劳动、体育运动或者其他活动。

（7）儿童有特异体质或者特定疾病，不宜参加某种教育教学活动，幼儿园知道或者应当知道，但未予以必要的注意。

（8）儿童在校期间突发疾病或者受到伤害，幼儿园发现但未根据实际情况及时采取相应措施，导致不良后果加重。

（9）幼儿园教师或者其他工作人员体罚或者变相体罚儿童，或者在履行职责过程中违反工作要求、操作规程、职业道德或者其他有关规定。

（10）幼儿园教师或者其他工作人员在负有组织、管理未成年儿童的职责期间，发现儿童的行为具有危险性,但未进行必要的管理、告诫或者制止。

（11）对儿童擅自离校等与儿童人身安全直接相关的信息,幼儿园发现或者知道,但未及时告知儿童的监护人,导致儿童因脱离监护人的保护而发生伤害。

（12）幼儿园有未依法履行职责的其他情形。

2. 幼儿园无责任

幼儿园无责任的情形[①]有如下几项。

（1）**不可抗力**。根据《民法通则》第一百五十三条的规定：本法所称不可抗力是指不能预见、不能避免并不能克服的客观情况。第一百零七条规定：因不可抗力不能履行合同或者造成他人损害的,不承担民事责任,法律另有规定的除外。《学生伤害事故处理办法》第十二条规定：因下列情形之一造成的学生伤害事故,学校已履行了相应职责,行为并无不当的,无法律责任——地震、雷击、台风、洪水等不可抗的自然因素造成的。

（2）**正当防卫、紧急避险造成损害而无不当和未超过必要限度的**。根据《民法通则》第一百二十八条的规定：因正当防卫造成损害的,不承担民事责任。正当防卫超过必要的限度,造成不应有的损害的,应当承担适当的民事责任。第一百二十九条规定：因紧急避险造成损害的,由引起险情发生的人承担民事责任。如果危险是由自然原因引起的,紧急避险人不承担民事责任或者承担适当的民事责任。因紧急避险采取措施不当或者超过必要的限度,造成不应有的损害的,紧急避险人应当承担适当的民事责任。

（3）**意外事件**。所谓意外事件,是指非因当事人的故意或过失而偶然发生的事故。其构成要件有三个：第一,意外事件是不可预见的；第二,意外事件是归因于幼儿园自身以外的原因,幼儿园已经尽到了它在当时应当和能够尽到的注意,或者幼儿园采取合理措施仍不能避免事故的发生,从而表明损害是由意外事件而不是幼儿园的行为所致；第三,意外事件是指偶然发生的事件,并不包括第三人的行为。由于幼儿园以及儿童意志以外的,根据自身能力不可预见、不可避免和不可克服的情形,造成了儿童的人身伤害结果,幼儿园不承担赔偿责任的事件。《学生伤害事故处理办法》第十二条规定：因下列情形之一造成的学生伤害事故,学校已履行了相应职责,

---

① 刘智成. 在园幼儿人身伤害事件的个案研究 [D]. 重庆：西南大学,2005.

行为并无不当的，无法律责任——

- 来自学校外部的突发性、偶发性侵害造成的；
- 在对抗性或者具有风险性的体育竞赛活动中发生意外伤害的；
- 其他意外因素造成的。

（4）完全由于幼儿本人及其监护人的过错所致幼儿伤害事件。《学生伤害事故处理办法》第十二条规定：因下列情形之一造成的学生伤害事故，学校已履行了相应职责，行为并无不当的，无法律责任——

- 学生有特异体质、特定疾病或者异常心理状态，学校不知道或者难于知道的；
- 学生自杀、自伤的。

（5）非在幼儿园负有教育、管理、保护义务的职责范围内发生的幼儿伤害事件。《学生伤害事故处理办法》第十三条规定：下列情形下发生的造成学生人身损害后果的事故，学校行为并无不当的，不承担事故责任；事故责任应当按有关法律法规或者其他有关规定认定——

- 在学生自行上学、放学、返校、离校途中发生的；
- 在学生自行外出或者擅自离校期间发生的；
- 在放学后、节假日或者假期等学校工作时间以外，学生自行滞留学校或者自行到校发生的；
- 其他在学校管理职责范围外发生的。

（6）幼儿园员工的个人违法犯罪所致幼儿伤害事件。《学生伤害事故处理办法》第十四条规定：因学校教师或者其他工作人员与其职务无关的个人行为，或者因儿童、教师及其他个人故意实施的违法犯罪行为，造成学生人身损害的，由致害人依法承担相应的责任。

对于这类事件的发生尽管幼儿园没有过错，但是可以根据儿童的受伤情况予以合理的补偿。随着我国经济和社会的发展，随着我国保险制度的完善，设立幼儿意外伤害险是解决这类意外事件的最好出路。

3. 其他法律关系主体责任

这类幼儿伤害事件是指除幼儿园违反其法定或约定义务行为造成儿童伤害之外，由第三人的行为造成儿童伤害的事件。在实践中，这种情况较为复杂，为了便于理解和认识，可细分为以下三类。

（1）**由幼儿园教职工行为致使幼儿受伤害，包括作为和不作为，同时又可分为职务行为和非职务行为两种**。前者如幼儿园教职工在履行教育教学职责中违反有关要求和操作规程；幼儿园在组织园外活动时未进行安全教育或未采取必要的防范措施；幼儿园统一提供的食品、饮用水不符合安全及卫生标准，等等。这种情况下一般是先由幼儿园承担责任，幼儿园在承担责任后可向有过错的教职工追偿。后者指教职工在非教育或者教学活动中因自己的行为致使幼儿人身伤害的事件，这种情况下教职工是直接侵害人，通常由该教职工直接承担侵权责任，不存在追偿问题。因此，这类事件认定的关键，就在于判断幼儿园教职工的行为是否为职务行为。

（2）**由幼儿园内其他儿童的行为造成的伤害事件**。对于这种事件的发生，完全是由儿童自己的过错或儿童监护人没有尽到监护责任而造成的。因此，也主要由儿童监护人承担侵权损害赔偿责任（因为在园儿童通常都是无民事行为能力人，造成他人损害的由其监护人承担赔偿责任）。在此，儿童的过错一般表现为违反幼儿园的园纪班规或者违反侵权法上的一般注意义务，这是造成儿童人身伤害的主要原因。《学生伤害事故处理办法》第十条对儿童及儿童监护人由于过错造成儿童伤害事故的情形做了详细规定，共有5种情形：儿童或者儿童监护人由于过错，有下列情形之一，造成儿童伤害事故，应当依法承担相应的责任——

- 儿童违反法律法规的规定，违反社会公共行为准则、幼儿园的规章制度或者纪律，实施按其年龄和认知能力应当知道具有危险或者可能危及他人的行为的；
- 儿童行为具有危险性，幼儿园、教师已经告诫、纠正，但儿童不听劝阻、拒不改正的；
- 儿童或者其监护人知道儿童有特异体质，或者患有特定疾病，但未告知幼儿园的；
- 儿童的身体状况、行为、情绪等有异常情况，监护人知道或者已被幼儿园告知，但未履行相应监护职责的；
- 儿童或者未成年儿童监护人有其他过错的。

（3）**由园外第三人行为造成的幼儿伤害事件**。这类事件是指由于幼儿园外的第三人做出的与幼儿园的教育教学活动有关或者发生在幼儿园的教育教学活动期间的伤害行为，对于事件的发生，幼儿园和儿童没有过错，而是由于第三人的过错引起的伤害事件，通常也可表现为作为和不作为两种形式。在实践中，幼儿园组织儿

童参加活动，由于提供场地、设备、交通工具、食品及其他消费与服务的经营者或幼儿园以外的活动组织者的过错，而造成的儿童人身伤害事件，应当由有过错的第三方承担相应的责任。如果幼儿园对在园儿童未尽保护义务，致使第三人对儿童实施侵权行为，造成儿童人身伤害事件的，幼儿园在其过错的范围内，承担补充赔偿责任。即第三人不能赔偿、赔偿不足或者下落不明，由幼儿园承担补充责任，这一责任不是连带责任，也不是按份责任。这体现在《最高人民法院关于审理人身损害案件适用法律若干问题的解释》第七条第2款：第三人侵权致使未成年人遭受人身损害的，应当承担赔偿责任。学校、幼儿园等教育机构有过错的，应当承担相应的补充赔偿责任。

三、安全事故处理的法律途径

《学生伤害事故处理办法》规定：发生学生伤害事故，学校与受伤害学生或者学生家长可以通过协商方式解决；双方自愿，可以书面请求主管教育行政部门进行调解。成年学生或者未成年学生的监护人也可以依法直接提起诉讼。

（一）协商

协商，就是指民事争议各方当事人在自愿、互谅的基础上，按照有关法律、法规的规定，在不损害国家和集体的正当权益，不损害社会公共利益的前提下，直接进行磋商或谈判，以达成双方都可以接受的解决方案。绝大多数轻微的儿童伤害事故都是以幼儿园与受伤害儿童及其监护人通过协商方式解决的，这种解决方式可以较好地分担儿童伤害事故导致的损失，而且在协商的情况下事故各方可以相互体谅，这本身也是对儿童的一次教育机会，尽管这样的教育机会并不是大家期待的。协商解决民事纠纷的优点在于：当事人自行协商解决民事纠纷，简单易行，迅速稳妥，有利于双方当事人统一认识，增进了解，不伤感情，加强团结，也有利于日后协作关系的发展。协商应注意以下几方面。

- 幼儿园在协商之前，应当向有关的专业人士最好是律师进行咨询，并征询教育行政主管部门的意见；

- 协商的当事人一般是园方、受伤的儿童及监护人、其他责任人（如导致该儿童受伤的其他儿童）；
- 协商有时也可以请第三者从中斡旋，但以双方当事人的意思一致作为达成协议的根据，第三人只是在当事人之间起牵线搭桥的作用，并不实质上参与当事人间的协商；
- 协商是建立在平等自愿基础之上的，通过协商之后达成的协议其法律性质是一项合同，具有合同效力，对双方来说都应该遵守。如果通过协商达成协议后，一方或各方当事人反悔，不履行协议，那么当事人就可以通过诉讼的方式来解决了；
- 对于比较严重的儿童伤害事故，特别是当儿童死亡的事故发生后，不应该以协商的方式解决，而需要司法介入；
- 协商须遵循的原则：
  ①平等自愿原则。协商并不是法定的解决民事纠纷的必经程序，所以，必须在双方当事人都同意的情况下，才能适用这种方式。而且，协商后达成的协议也必须是在双方当事人都自愿的基础上达成，因为民事法律行为的特征之一是当事人的意思表示真实。
  ②合法原则。分清是非是协商解决的前提，衡量是非的标准是民事方面的法律、法规的规定。经协商达成的协议本身也要合法，否则无效。
  ③不损害国家、社会利益和他人合法权益。

（二）调解

调解是指纠纷的当事人在第三人的协调和斡旋下，在自愿的基础上达成协议解决争端的方法。它具有同协商解决一样的优点。但其与协商明显的区别在于调解是在第三人的主持下进行的。协商并不是调解的必经程序。调解从本质上来说也是一种协商，只不过它是在相关部门的居中主持下进行的。实践中，第三人一般是教育行政机关、当地司法机关、人民调解委员会、律师及青少年保护机构等，这些组织和个人通过对当事人双方的协调和斡旋，促使受伤儿童、家长与幼儿园达成协议。有些事故影响比较大，当事人各方可以请求双方认可的权威部门出面主持调解。调解应注意以下几方面。

（1）**发生纠纷的双方当事人可以自愿并以书面的形式请求教育行政部门进行调解**。教育行政部门出面的优点在于：政策水平较高，处理儿童在园伤害事故纠纷经验较丰富；权力较大，能给家长较多承诺；有时能帮幼儿园承担一定的赔偿金；家长更相信上级行政部门。《学生伤害事故处理办法》对主管教育行政部门的调解程序和调解协议书的法律效力进行了较为详细的规定：教育行政部门收到调解申请，认为必要的，可以指定专门人员进行调解，并应当在受理申请之日起 60 日内完成调解。经教育行政部门调解，双方就事故处理达成一致意见的，应当在调解人员的见证下签订调解协议，结束调解；在调解期限内，双方不能达成一致意见，或者调解过程中一方提起诉讼，人民法院已经受理的，应当终止调解。调解结束或者终止，教育行政部门应当书面通知当事人。对经调解达成的协议，一方当事人不履行或者反悔的，双方可以依法提起诉讼。

（2）**如果双方矛盾较大，家长不信任教育行政部门，双方也可以依托当地司法机关、人民调解委员会、律师及青少年保护机构等调解处理**。由于这些单位地位中立，容易得到双方信任，可有较好的处理效果。《中华人民共和国人民调解法》规定：本法所称人民调解，是指人民调解委员会通过说服、疏导等方法，促使当事人在平等协商基础上自愿达成调解协议，解决民间纠纷的活动。《中华人民共和国人民调解法》的制定实施从立法层面提高了调解的适用性及公信力。园方可以加强与人民调解组织的沟通与协作，建立多种形式、多种渠道的联动方式。

（3）**调解原则**。坚持自愿与合法的原则，即能否进行调解、能否达成协议，由当事人自己决定，不得强迫；调解的程序以及调解协议的内容不得违反法律、法规的强制性规定。

（4）**调解程序**。

- 当事人申请调解；
- 调解前的准备，包括相关调解部门成立调解庭、调查事实等；
- 调解的进行。在调解庭的主持下，首先由双方当事人各自陈述纠纷的事实、主张和理由，然后由调解庭的调解员做双方当事人的思想工作，摆事实，讲道理，促使双方达成调解协议；
- 调解协议的形成。通过调解，如果双方当事人达成了共识，调解庭负责草拟调解协议并及时约请双方当事人签字；

（三）诉讼

当安全事件发生之后，各方当事人可以直接向法院起诉；也可以在协商、调解不成或者在达成协议后又反悔的情况下，向人民法院提起诉讼。诉讼是解决纠纷的最后一条途径，其公正性是值得信赖的。但诉讼费用较高、手续繁杂、费时较长，在判决的执行方面也会发生一些麻烦。诉讼需要专业的知识储备和诉讼技巧，应当聘请专业律师代理诉讼，以免因缺乏相关法律知识如提交证据的时间不当、答辩状的书写内容不当等影响诉讼结果。关于在园幼儿伤害事件的诉讼，应该注意以下三个方面的问题。

1. 管辖问题

由于在园幼儿伤害事件从其性质上来说属于民事侵权案件，因此这类案件的管辖应该按照侵权行为案件来确定管辖原则。根据我国《民事诉讼法》第二十九条之规定，因侵权行为提起的诉讼，由侵权行为地或者被告住所地人民法院管辖，其中的侵权行为地既包括侵权行为发生地（即事件发生地），也包括侵权结果发生地（即损害发生地）。

2. 诉讼时效问题

诉讼时效是指权利人在法定期间内不行使权利就丧失请求人民法院依法保护其民事权利的一项制度。根据《民法通则》第一百三十六条的规定，身体受到伤害要求赔偿的，其诉讼时效期间为一年，也就是说在一年内权利人向人民法院起诉，受法律保护。值得注意的是，关于诉讼时效一年的具体起算时间，"伤害明显的，从受伤害之日起算；伤害当时未曾发现，后经检查确诊并能证明是由侵害引起的，从伤势确诊之日起算。"[①]

3. 诉讼流程

诉讼之前，幼儿园要聘请律师或其他人为诉讼代理，需要先对案件的诉讼风险进行评测，如是否在诉讼时效范围内、证据是否合法充分、对方是否具有偿还债务的能力、是否需要采取财产保全措施等。

---

① 见《最高人民法院关于贯彻执行＜民法通则＞意见（试行）》。

（1）**确认被告是谁**（即对方承担赔偿责任的人或单位）。如果被告是个人，需到对方的户籍所在地派出所打印户籍证明（律师方可有权办理）；如果是单位，需到工商行政管理部门打印该单位的基本注册资料。

（2）**书写民事诉讼状**。说明事实与理由，以及要对方赔偿损失的依据。这需要提供书面证据（口头录音或录像），如认为有些证据难以自行获取，可向法院申请其代为取证。

（3）**向法院立案庭提交诉讼状和证据**。如果受理，则会发放交费通知书，持交费通知书缴纳诉讼费用；费用缴纳后，案件算正式受理，法院会安排日期，发送传票，传票有开庭日期、时间和地点以及审判员等信息。

（4）**开庭时间，应准时到庭**。否则会给法官留下不良印象，甚至会认为主动放弃诉讼，作为撤诉来处理。书记员会核实双方身份，然后进入庭审阶段。

（5）**庭审**。法官首先询问是否法官回避，如果确认法官与被告是亲戚或者其他亲密关系，就要提出法官回避要求。如不需法官回避，法官宣布正式审判，先让原告读诉讼状，然后提交相应证据，再让被告反驳，进入对证据的质证阶段（庭审调查）。此时应对对方所有证据的真实性、关联性、合法性进行仔细的质辩，稍有疏漏便会直接影响诉讼结果。证据质辩结束后，进行双方的辩论阶段，一般法官会让双方各有两次辩论机会，但如时间拖长就可能只有一次。辩论结束后，法官通常会询问双方是否需要调解。如果双方同意，法官会先分别调解；如果调解不成功，法官就会宣布：现在休庭，择日宣判。

（6）**必要时的撤诉**。宣判之前，如果认为案件可能对己不利，或有其他诉讼方式，或准备撤诉，可以向法院申请撤诉，提交民事诉讼撤诉申请书。一般情况下，法院会允许撤诉，发放裁决书，持裁决书可向审判法官申请退还一半的诉讼费用。

（7）**上诉**。拿到判决书后，如果认为判决不公平，可在拿到判决书之日起规定的期限内提起上诉。将上诉状提交给审判法官，法官会连同一审资料提交给二审法院。值得注意的是，必须在规定的时间内缴纳上诉费，该上诉费用与缴纳时间与方式在判决书上末尾有写明，法院不会再通知或提示。如果错过缴纳时间则无法上诉。

（8）**申请执行**。如果双方不上诉，但对方又不愿意执行判决，可向法院执行庭申请执行，进入复杂的执行流程。

（四）其他

1. 事故处理后的报告

事故处理结束后，幼儿园应当将事故处理结果书面报告主管的教育行政部门；重大伤亡事故的处理结果，幼儿园主管的教育行政部门应当向同级人民政府和上一级教育行政部门报告。

2. 保险公司的赔偿

所有的解决途径都需要由园方与受伤害儿童及其父母或其他监护人在有承保保险公司派员参与的情况下进行；若保险公司接到幼儿园通知后没能参加，则幼儿园应将初步结案结果通知保险公司，并得到保险公司同意结果的书面确认，否则保险公司将不予赔偿。

3. 必要时，公安部门的介入

对于入园打砸、抬尸占园等扰乱教育教学秩序的行为，可以请求公安部门维持秩序。

4. 特大事件，交由政府处理

涉及人数多、赔偿金额大、社会影响大的特大事故，应由政府解决。

四、安全事故的理赔

在安全事故中，涉及赔偿的主体主要有三个：一是幼儿园，二是监护人，三是保险公司。

（一）幼儿园赔偿

幼儿园赔偿包括因幼儿园过错引起的伤害赔偿和因教职工过错引起的伤害赔偿。后者赔偿是先由幼儿园代替教职工赔偿，然后幼儿园再对教职工进行行政处分式追偿。根据幼儿园事故发生的原因、情节、过错情况，幼儿园赔偿可分为完全责任、部分责任和免除责任。

1. 完全责任

完全责任，即过错全在幼儿园。如前不久电视上报道的：某幼儿园教师随便带着幼儿进入食堂，在无人注意的情况下，幼儿不慎绊倒，掉进沸水锅中，造成严重烫伤的后果。

2. 部分责任

部分责任，即幼儿园事故的发生，其过错一部分是由幼儿园或教职工引起的，一部分是由幼儿或其他因素引起的。比如，幼儿在课间追打，教师在旁看见，虽制止但并不得力，酿成事故，那么教师应负一定的责任。

3. 免除责任

免除责任，指幼儿园事故的发生，纯由幼儿自身原因引起，或属意外，不可预料。如某幼儿患有某种疾病或属特殊体质，家长并没有告诉幼儿园或教师，幼儿园或教师在不知情的情况下，实施教育教学活动，造成伤亡，幼儿园并无责任。

当前有些幼儿园简单地采用责任制的方法，把儿童人身安全问题转变为教师的个人责任。在儿童发生事故，造成人身伤害后，要求教师全额承担赔偿费用。这是不符合有关法律规定的。《最高人民法院关于审理人身损害赔偿案件适用法律若干问题的解释》第八条规定：法人或者其他组织的法定代表人、负责人以及工作人员，在执行职务中致人损害的，依照《民法通则》第一百二十一条的规定，由该法人或者其他组织承担民事责任。上述人员实施与职务无关的行为致人损害的，应当由行为人承担赔偿责任。《学生伤害事故处理办法》规定：因学校教师或者其他工作人员在履行职务中的故意或者重大过失造成的学生伤害事故，学校予以赔偿后，可以向有关责任人员追偿。这意味着在幼儿园有过错的情况下，在幼儿园与儿童间的法律关系中，幼儿园负有赔偿的责任；但在幼儿园内部管理中，在幼儿园与教师或其他工作人员间的法律关系中，幼儿园有向教师或其他工作人员追偿的权利。

在查明事故基本事实、分清事故责任的基础上，幼儿园应当考虑自身过错、责任的不同情况，妥善应对家长的索赔行为。①

（1）对于幼儿园有较大过错从而须承担主要责任的儿童伤害事故，幼儿园应对策略的指导思想是"坦诚认错，合理担责"。在事故中，园方如果推脱责任，不

---

① 雷思明．校园安全制度手册 [M]．上海：华东师范大学出版社，2011：185-186.

但显得不近人情，而且容易加重家长的对立情绪，导致矛盾激化，从而加大纠纷解决的成本。幼儿园应诚恳地向受害儿童的家长表达歉意，并检讨自己工作上的失误和不足。对于儿童的家长提出的合理的索赔要求，幼儿园应尽量予以满足。对实际发生的且证据充分的赔偿项目，幼儿园可予以赔偿，但应当要求儿童的家长出具收条，并将其持有的相应票据交由幼儿园保管。在赔偿之前，幼儿园应当与儿童的家长签订赔偿协议书。该协议书是双方处理伤害事故的方案和结果的直接证明。若为一次性赔偿，协议书应含有内容大意为幼儿园支付本协议约定的赔偿金额后，儿童及其监护人放弃其他一切索赔权利，不得再行向园方进行索赔的条文。必要时，该协议书可提请公证处予以公证。通过协商的方式来处理事故的善后事宜可以节约解决纠纷的成本，避免矛盾激化，并使双方免受诉累之苦。

（2）如果幼儿园与儿童的家长在某些赔偿项目上难以达成一致，此时，为了避免儿童家长的对立情绪升级进而做出不理智的行为，幼儿园应尽量巩固已有的协商成果。园方可以与儿童的家长在协议书中约定，对已达成一致的赔偿项目，幼儿园先行予以赔偿；对未达成一致的其他赔偿项目，儿童及其监护人可另行通过诉讼的方式来解决。总之，在协商无法解决的情况下，幼儿园应设法稳定儿童家长的情绪，并引导儿童的家长通过诉讼的方式来解决纠纷。

（3）对于幼儿园无过错从而不需要担责的事故，或者幼儿园仅有轻微过错从而仅需承担轻微责任的事故，幼儿园应对策略的指导思想是道义为重，积极援助。不少家长存在着一种错误的认识，认为只要孩子在幼儿园里出了事故，园方就应当对此承担责任。在这一错误认识的支配下，家长不大可能接受幼儿园在事故发生后不做任何表示的做法。从情理上讲，幼儿园认为自己没有责任而一推了之的做法也显得过于生硬和冷漠，不符合人道主义精神，也不利于纠纷的平和化解。幼儿园应当在对儿童的家长进行耐心解释的同时，在力所能及的范围内给予其一定的经济补助（不是赔偿，也不是补偿），还可以倡议全园师生进行募捐，尽可能地帮助家长减少经济上的损失，帮助其渡过难关。如果儿童的家长仍无法接受，而且其提出的要求远远超出幼儿园可以接受的范围，这时园方应设法引导儿童的家长通过诉讼的方式来解决问题。必要时，幼儿园可考虑为其先行垫付诉讼费用。幼儿园不能因儿童的家长提出过分要求就对其置之不理。此时，宽慰、同情和理解比什么都重要。

（二）监护人赔偿

监护人赔偿是指幼儿给他人造成损害时，应由监护人代为承担赔偿责任。

所谓监护，法律上是指对无民事行为能力的人和限制民事行为能力的人和人身、财产权益依法实行的监护和保护。我国目前有三种设定监护人的方式。

1. 法定监护人

根据《民法通则》的规定有三类：①近亲属。包括父母，无父母或父母丧失监护能力的，由祖父母、外祖父母或兄、姐承担。②近亲属以外的其他关系密切的亲属或朋友，但必须经"未成人的父母的所在单位或者未成年人的父母所在单位或者未成年人住所地的居民委员会、村民委员会同意"。③在没有上面两类人的情况下，未成年人的父母所在单位、居民委员会、村民委员会以及民政部门可作为法定监护人，从现有法律规定的监护人来看，幼儿园并不是幼儿的法定监护人。

2. 指定监护人

即对担任监护人有争议的，由未成年人的父母的所在单位或者未成年人住所的居民委员会、村民委员在近亲属中指定。因此，幼儿园也并非指定监护人。

3. 委托监护人

最高人民法院1989年4月2日《关于贯彻执行〈中华人民共和国民法通则〉若干问题的意见（执行）》（以下简称《意见》）第二十二条规定："监护人可以将监护职责部分或者全部委托给他人。因被监护人的侵权行为需承担民事责任的，应当由监护人承担，但另有约定的除外；被委托人有过错的，负连带责任。"根据《意见》，幼儿入园时，其家长从未将监护职责委托给幼儿园或教师。即使有委托的幼儿园或教师有过错，也应当承担民事责任；如果无过错，则应当由监护人承担，而不是由幼儿园或教师承担。寄宿制幼儿园的管理事宜，应当由家长和幼儿园签订委托合同为宜。

（三）保险公司赔偿

幼儿在幼儿园内发生人身伤亡，保险公司应依据投保人与保险公司所签合同的险种、险种条款，承担相应的赔偿责任。

在园儿童人身伤害事件的纠纷，从形式上看表现在幼儿园侵权责任认定上，但实质上是损害赔偿。由于幼儿园一般为非营利性机构，其教育经费主要来源于财政拨款，如果幼儿园承担巨额赔偿，势必对幼儿园的正常办学造成影响，对此，可借鉴国外的做法，通过保险，实现在园儿童人身伤害事件的风险分担，建立健全社会保险制度，实现赔偿责任社会化，从而使幼儿园放下包袱，全身心投入到保教工作中去。对于保险的方式，世界各国有不同的做法。在立足我国实际与借鉴国外经验的基础上，刘智成在其硕士论文《在园幼儿人身伤害事件的个案研究》中指出，可以考虑以下几种方式。

1. 园方责任险

这主要是针对在幼儿园内进行的各种教育教学活动中，由于意外事故而造成第三人人身伤害或财产损失的保险。投保方式有以下三种。

（1）**以县区为单位由政府组织幼儿园为其责任投保**。投保人是幼儿园，被保险人是幼儿园和教师。发生了责任事故，造成他人的人身或财产损失，责任方就必须承担经济赔偿责任，如果责任方没有投保责任险，就没有能力负担全部或部分经济赔偿，那么，受害方的合法利益就无法得到保障，极易导致矛盾激化，影响社会秩序的稳定。即使幼儿园有能力负担起这笔赔偿费用，而从另外一个角度来看，幼儿园赔偿的费用越高，也就意味着其他儿童在幼儿园所能享有的教育权益受损越大。作为园方责任险需要解决的一个关键问题是保费的承担问题，究竟是由谁来承担保险费用，目前上海的做法可以值得我们借鉴。

（2）**由政府拿出专款投入保险公司以解决在园儿童人身伤害事件的赔偿资金问题，从而转嫁风险责任，使损害赔偿责任社会化**。这是在欧洲大陆法系国家比较普遍的做法，如以德国为代表。因为欧洲许多国家"把教师的监督义务当作源于公法的义务，因此违反这种义务仅仅由学校的管理部门对第三人的请求承担责任"。

（3）**政府建立一笔专项资金，专门用于幼儿伤害事件的赔偿**。在这方面日本的做法比较成熟，早在1977年，日本教育法学会就通过了《学校事故损害赔偿法》和《学校灾害补偿法》。

为了保证幼儿园正常的教育教学活动不受干扰，为了使受害儿童及其家属在悲剧发生后能够得到及时、充分的救济，幼儿园应该购买园方责任险。显然，这是一个利人又利己的明智之举。

2. 教师职业责任险

这在国外比较普遍，如美国法律就要求学区为教师购买侵权责任险，以帮助那

些将在儿童伤害事件中负赔偿责任的教师。而日本的做法是成立幼儿园健康会,日本大多数教师都参加了这种机构,一旦教师在儿童伤害事件中负有责任并要赔偿时,就可以要求幼儿园健康会给予赔偿。因此,在儿童人身伤害事件中,我们国家也可以考虑采取这种做法,由政府和幼儿园共同出资设立幼儿园健康会,由幼儿园健康会负责儿童伤害的赔偿。

3. 儿童意外伤害险

儿童意外伤害保险是人身保险的一种,是被保险人在有效期内,因遭受事先约定的意外伤害而致死亡或残疾时,保险公司按合同约定给付保险金的保险。这种保险保证受害儿童即使从其他责任人处获得了赔偿后,仍可以从该保险项下获益,因此可以成为园方责任险的有益补充。我国现今的一些险种,如中国人寿保险公司承保的"儿童平安险"存在保期短、保险金低的特点,发挥的功能还十分有限。鉴于此,应该考虑建立期限相对长点的儿童意外伤害险,并纳入商业强制保险的范畴。

《学生伤害事故处理办法》第三十一条规定:"学校有条件的,应当依据保险法的有关规定,参加学生责任保险。教育行政部门可以根据实际情况,鼓励中小学参加学校责任保险。提倡学生自愿参加意外伤害保险。在尊重学生意愿的前提下,学校可以为学生参加意外伤害保险创造便利条件,但不得从中收取任何费用。"因此,幼儿园有条件的,可以参加幼儿园责任保险,儿童也可自愿参加意外伤害保险。

在儿童发生意外伤害后,幼儿园应当协助儿童向保险公司进行理赔。向保险公司索赔应注意下列事项[①]:

- 幼儿园应尽量要求儿童家长向保险公司投保;幼儿园代收保费的,应立即交给保险公司。因为儿童多,难免发生意外伤害,所以投保十分必要;
- 伤害事故发生后,及时联系保险公司协商索赔事宜,严格依照保险合同办事。所谓及时,就是在事故发生后,立即与保险公司联系,同时认真研究保险合同(即保险条款或保险办法等),并按合同执行。如有的保险公司规定,被保险人须在县级以上医院就诊,转院须经保险公司同意等;有的保险公司规定了索赔期限,这相当重要,超过期限就将丧失索赔权利;

---

① 谢卫国,王美舟.中小学生在校伤害预防与处理:理论.操作实务与案例分析[M].广州:广东人民出版社,2003:241-242.

- 对保险公司无理拒赔，协助儿童向法院起诉。有些保险公司以医疗费用收据不连号，证件不全，或在非指定医院就医等为理由拒赔。即使保险合同里规定了相关义务，但违反该义务，却不构成保险拒赔或延迟赔偿的理由，依照《消费者权益保护法》规定，该条款因违反公平原则而无效。如果协商不成，只有向法院起诉，最终解决纠纷；
- 保险公司支付的保险金在法律上不能抵减幼儿园的赔偿。因为保险合同是儿童与保险公司签订的，保险费是儿童家长交纳的。发生伤害事故后，保险公司依合同应当向受害儿童支付保险金。至于幼儿园，仅代理儿童办理保险，并未承担保险费，应依自己的过错承担赔偿责任。反之，如果幼儿园作为投保人，承担保险费，经家长同意后，以儿童作为被保险人，以幼儿园作受益人，由幼儿园与保险公司签约，在儿童发生伤害事故时，保险公司支付的保险费就归幼儿园，幼儿园就可用以支付赔偿金，或者以儿童作受益人，幼儿园与家长签订协议规定：发生伤害事故后，该家长的子女从保险公司得到的保险金抵扣幼儿园依法应给予该家长的子女的赔偿金。这样，才能以保险金抵减幼儿园的赔偿金。

"依法、合情、循理"是安全事故妥善处理的关键。"儿童是每一个人的温情和爱的感情汇聚的唯一焦点。一谈到儿童，人的内心就会变得温和愉快。整个人类都享受他所唤起的这一深厚情感。儿童是爱的源泉。我们一触及儿童便触及爱。"[①]儿童是家园爱的桥梁，儿童让世界充满慈爱、包容与理解。

---

① 蒙台梭利. 蒙台梭利幼儿教育科学方法[M]. 任代文，主译校. 北京：人民教育出版社，1993：587.

第七章　家园安全共育

> 在人类，生之者易。但是，既生之后，要把他们教育成人，该有多少悉心的养护，多少辛勤的培育和多少疑惧每天在等待着家长和教师啊！[①]
>
> ——夸美纽斯

"儿童是在家庭里长大的，在家庭里逐渐长人为少年儿童和学生的。因此，学校必须与家庭保持联系。学校与生活一致，家庭生活与学校生活一致，这是这一时期里应当引导我们达到完善境界的完善的人的发展和人的教育首要的、绝对不可缺少的要求。"[②] 家庭是幼儿园重要的合作伙伴，教师应本着尊重、平等、合作的原则，争取家长的理解、支持和主动参与，并积极支持、帮助家长提高教育能力。家长也应担负起安全教育和管理的责任，积极与教师配合，在家庭生活中加强对儿童的各项安全教育，实现儿童安全保护的家园共育，为儿童的健康成长保驾护航。

---

① 吴元训. 中世纪教育文选 [M]. 北京：人民教育出版社，2005：403.
② 福禄培尔. 人的教育 [M]. 孙祖复，译. 北京：人民教育出版社，2001：185.

一、家庭生活

家庭生活是家庭成员在一定生活观念的指导下主动调整、控制内外部条件以满足家庭和自身需要的活动。儿童的家庭生活是指在家庭范围内，家长在一定的社会意识指导下，为幼儿所提供的衣食住行、休息、学习、娱乐等方面的活动，包括儿童与其家庭成员所进行的一切活动。家庭是人们出生以后所接触的最早的环境，也是人们连续生活时间最长久的生活环境。幼儿大部分的生活、学习和成长的时间都是在家庭中度过的，伴随他们发展的基础环境也是其家庭成员共同营造的。家庭生活具有幼儿园生活、社会生活不可代替的作用，幼儿的全部生活始终与家庭有着密切的联系，无论是时间、影响力还是效果，都在儿童发展的过程中，起着至关重要的作用。

家庭作为一种独立的社会组织形式，承担着养护儿童的任务，更承担着教育儿童的重要职能，其教育职能是由家长通过家庭生活对其子女实施影响的，是在家庭的日常生活中进行的，与家庭生活融为一体。家庭教育与家庭生活如影相随，密不可分。在家庭生活中，教育从生活中展开，在生活中进行，父母或其他长辈自觉地、有意识地通过言传身教和家庭生活实践对儿童实施影响。儿童在家庭生活中，与父母及其他家庭成员朝夕相处，通过潜移默化的作用自然而然地受到熏陶、习染。家庭成员的言谈举止，如同母乳一样被儿童吸收，并固化在人格的血液里，是"生命的教育"。家庭生活是幼儿健全人格得以形成和发展的基础，给幼儿身心发展所打上的烙印，终生难以磨灭。正如美国心理学家托马斯·哈里森所说，父母的意识将永久不衰地记录在每个人的"人格磁带"上，是人一生成长的基础。良好的家庭教育能为人一生的发展奠定良好的基础，也在整个教育系统中起到奠基的作用，能为学校教育打好基础，并对学校（幼儿园）教育起协助、补充的作用。

（一）家庭生活特点

家庭生活具有以下几个特点。

1. 关系的亲缘性

家庭是以婚姻为基础、以血缘为纽带而形成的社会生活的基本单位，是社会最微小的细胞。家庭生活是一种私人生活，是在父母子女之间、家庭的年长者与年幼者之间进行的一种生活活动，具有亲缘性。由于家长与子女之间有血缘关系，其感情联系是通过妊娠、分娩、抚育孩子等一系列活动而建立的。由于亲子之间有着不可分割的血缘关系和共同的生活环境，他们既相互归属，又相互依恋。父母对孩子无私的疼爱和无微不至的关怀，使孩子对父母有着深切的依恋和爱戴，且儿童年龄越小，对父母就越依赖、越依恋。因此，父母与孩子之间的血缘情感，其亲密、真挚和深厚程度，是其他任何教育者与儿童的情感关系无法比拟的。这种天然的家庭成员之间的血缘关系和隶属关系是幼儿园生活所不具有的。家庭生活的情感作用也是幼儿园生活所不具备的，家庭成员之间深厚的感情使得家庭生活具有强大的感染力和号召力。人与人之间的感情越亲密，相互之间情感的感染性越强，感化作用越大。由于父母子女之间的特殊关系，父母对子女强烈的责任感、关怀备至和体贴入微，使孩子的情绪、态度、行为甚至价值观等均会受到家长的直接影响，极易产生情感上的共鸣，易于承认父母的权威，接受父母的教育，并模仿父母的言行举止。这种自然强化效应，赋予了家庭生活以天然的教育职能。孩子呱呱落地来到人间，进入家庭，家庭就成了孩子天然的教育场所，父母就成了天然的教育者。

2. 教育的弥散性

家庭是孩子的第一所学校，父母是孩子的第一任教师，也是终身的教师，但家长一般都没有经过教育方面的专门训练，也不具备专门的教育知识和能力。父母对子女的教育属于非正规教育，虽然是有目的、有意识的，但不像学校和社会团体那样有计划、有系统。家长往往按照自己的经验、兴趣和愿望来教育孩子，没有固定的教育内容，缺乏科学的教育规划和方法指导，自主选定教育和训练的模式、时间、地点、场合，不规范性和随意性并存。同时，由于家长的思想、文化、职业、爱好等的不同，其教育能力也存在差别，往往将言传身教分散于家庭生活的各个方面、各个环节，通过日常的生活、学习以及与子女共同参加的活动，起到耳濡目染、潜移默化的弥散渗透的影响作用。非专业化的教育者以及非规范化的教育目标、内容和方法，导致家庭教育效果具有不可控制性，教育效力弥散。

3. 影响的个别性

在家庭中，父母面对的是为数不多的子女，基本上是采用个别施教的影响方式。由于儿童绝大部分时间都生活在家庭中，长期的共同生活以及父母的爱子之心，使他们十分关注孩子的言行举止、喜怒哀乐，对子女的身体、能力与性格较为了解，有利于父母进行个别培养，因材施教。同时，由于子女对父母的依赖和信任，在家庭中会表现自然，很少掩饰。父母可以比其他教育者更熟悉、更了解儿童的优点和缺点、喜悦和烦恼、兴趣的转移以及习惯的改变，把握其思想活动的脉搏。根据其思想和行为表现，从孩子的实际出发，针对孩子的不同情况适时地、有的放矢地进行教育，使影响具有及时性和针对性。父母可以及早发现孩子的兴趣、才能，并加以培养，使孩子的潜能得以充分发挥。同时，父母还可以针对孩子的问题、弱点，有针对性地进行教育，以收到"长善救失"的效果。

4. 全程的连续性

在社会环境中，教育者会随着儿童年龄的增长而不断变换，这样新的教育者对儿童要有一个新的了解过程，儿童也有一个对新的教育者和新环境的适应过程。如果新的教育者或环境对儿童的要求与原来的教育者或环境不一致，则会使儿童在心理上产生生疏感、不适应感和不安全感，使教育效果削弱。家庭环境是自然形成的生活环境，在一定时间内，其成员构成是相对稳定的，变动不大，幼儿生活在其中，容易适应，这就使家庭生活具有全程的连续性特点。此外，家庭生活是人的一生中出现最早和持续最久的一种生活，从出生到入学之前，儿童主要的生活场所是家庭，每天都和父母生活在一起。入学以后，儿童每天有大约2/3的时间生活在家庭里，继续接受着父母或其他长者的影响，家长对儿童仍起着教育、检查和督促的作用。家庭生活的教育职能是同家庭共始终的，对儿童的影响是持久的、连续的以至终身的。家庭生活的连续性有利于增强父母教育子女的责任感，有利于父母同子女的思想沟通和对子女的深入了解，从而随时随地、有针对性地实施教育。

（二）家庭生活与幼儿发展

家庭是儿童生命的"摇篮"，是幼儿的主要生活场所，家长通过家庭生活潜移默化地教育影响幼儿，良好的家庭生活对幼儿的身心健康成长起奠基性作用。在家庭生活中，幼儿在父母的指导下学习语言，认识周围世界，获得粗浅的知识，学习简单的生活技能，同时在情感、个性、品德、意志等各方面得到发展。

1. 保障幼儿身体的健康成长

孩子的体质状况是家长普遍关心的头等大事，强健的身体是幼儿幸福的根源，也是家庭祥和的基础。人的体质状况是遗传素质和后天获得的物质营养、保健、锻炼、精神生活等条件综合作用的结果。遗传素质是子女获得健康体质的生物前提或物质条件，优化生育条件可为子女具备健康的体质提供保障。孩子出生以后，家长根据家庭经济情况和儿童生理需要，科学安排孩子的家庭生活，为孩子提供物质生活条件和精神生活条件，保证孩子拥有均衡的营养、充足的睡眠、适宜的锻炼、基本的疾病防护和安全保健，保障儿童身体的健康成长。通过家庭生活，家长教给幼儿基本的生活技能、基本的疾病防护和安全保健常识，培养幼儿基本的生活自理能力和自我防护意识，帮助幼儿养成良好的生活卫生习惯。家长合理的膳食安排满足了儿童身体成长的全部营养需要，有利于幼儿良好饮食习惯的养成；动静交替的作息起居规律可以培养幼儿良好的生活习惯，保证睡眠充足、劳逸结合；带领幼儿利用空气、日光和水等自然界的各种因素进行全面的体育活动，不仅锻炼身体，增强体质，使身体各部位器官、系统和机能获得全面发展，提高对自然环境的适应能力和增强抵抗力，减少疾病，保持健康，而且多样化的亲子游戏、郊游等活动也促进了家长与子女之间的情感交流，密切了亲子关系。

2. 有利于幼儿的智力发展

学前阶段，儿童已经完全具备智力发展的生理基础，是儿童观察力、语言能力等智力因素发展的关键期。根据幼儿的智力发展特点，在这个时期给幼儿各种促进智力发展的刺激，将十分有助于幼儿大脑的发育和智力的发展。在家庭生活中，父母教孩子学习语言和生活常识，发展儿童各种感觉器官的能力；带孩子接触社会和大自然，引导孩子观察、思考，开阔他们的视野，激发他们对周围事物的兴趣，丰富他们的感性知识；在日常生活和游戏中，发展孩子的观察力、注意力、想象力和创造力；通过看图画、唱儿歌、听故事，培养孩子的早期阅读能力和良好的学习习惯，激发孩子的学习兴趣，调动他们学习的主动性和积极性，激发他们对学习生活的向往。值得注意的是，在引导家长对幼儿进行智力教育时，必须遵循科学性和全面性原则，不能有任何偏废和片面性，不可进行过度开发、强制性开发或"掠夺性开发"，以保护幼儿的学习兴趣和积极性，顺应幼儿的身心发展规律。家长既要传授知识，又要发展幼儿的智力、培养幼儿的能力，同时还要关注儿童道德品质养成和情感发展教育，即既要发展智力因素，又要培养非智力因素。

3. 促进幼儿的社会性发展

社会化是指人们通过各种教育途径，学习社会知识、技能和基本行为规范，从而养成自觉遵守和维护社会秩序、价值观念和行为方式的过程。儿童的社会性是指影响幼儿今后参与社会集体生活的各种因素的总和，是儿童社会化的主要内容，包含了个性、品格、情感、劳动观念等。家庭生活在一定程度上是社会生活的缩影，家庭是儿童社会化的第一场所，也是儿童社会性发展的摇篮。民主和谐的家庭氛围有助于儿童形成积极、主动的生活态度和积极健康的情感，欢乐团结的家庭生活有利于幼儿交往技能的掌握、自我意识的发展以及健康人格的养成。成人是成熟的社会成员，具有丰富的社会生活经验，在与孩子的共同生活中，自觉不自觉地会"寓教育于生活之中"，用自己的知识经验、观念去影响孩子的发展，促进了幼儿的社会化进程，为幼儿健康人格的养成奠定了基础。儿童通过父母的言谈举止了解社会规则、行为规范和道德意识，通过家庭生活的折射，掌握基本的社会规则及社会技能，学会从他人的角度去理解他人、同情与关心他人，养成诚实、友爱等良好的品德以及良好的交往能力和开朗活泼的性格，并学会正确地认识和评价自己，培养自我控制能力和初步的责任感，树立自信心、自尊心和进取心，初步形成独立克服困难的心理适应力和解决实际生活中简单问题的能力。

4. 提高幼儿的审美能力

"美"分为现实美和艺术美两大类：现实美主要指大自然、生活环境的美和人的言行、品德的美；艺术美主要是指文学、音乐、舞蹈、戏剧、各种工艺美术等。爱"美"之心人皆有之，幼儿对美的感知源于父母、始于家庭。孩子模仿力强，辨别美丑的能力差，而家长是幼儿的审美榜样，因此家长的举止言行、待人接物、穿着打扮、品德行为等都要体现家长应有的气质和风度，给孩子美的影响，促进幼儿审美能力的提高。父母通过与孩子唱歌、跳舞、绘画、听故事、朗诵诗等活动来帮助孩子感受艺术作品的美，增进幼儿的美感，培养幼儿欣赏美、表现美、创造美的能力，使幼儿生活愉快，性格活泼开朗。丰富、美丽的大自然是取之不尽、用之不竭的美的源泉。家长带孩子接触大自然，不仅可以开阔眼界，丰富知识经验，还可以使孩子认识自然美，欣赏自然美，并以此陶情冶性，培养爱美、爱大自然的情感。家庭生活是家长向孩子进行审美教育的广阔天地，整洁化、绿化、美化、儿童化、有序化的家庭室内外环境，能够让儿童经常受到美的熏陶。家长通过和儿童共同创设美

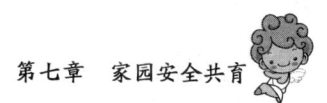

的生活环境，引导孩子观察生活中的美好事物，教育幼儿从小注意仪表朴实端庄、衣着美观大方、语言文雅大方、举止文明礼貌、待人友好热情，培养幼儿对生活中美的感受力和鉴别力，促使孩子更加热爱生活。

（三）家庭生活的影响因素

影响家庭生活的因素涉及多个方面，但大致可以把它们分为两类：一类是客观因素，主要包括家庭结构、家庭经济状况、基本生存条件（食物的数量和质量、住所条件）及家长的职业等；另一类是主观因素，主要包括家长的价值观与生活态度、家长的文化素养、家庭氛围等。这些因素综合作用，影响着儿童的家庭生活品质，但并不是每一种因素都对幼儿家庭生活产生同等重要的影响，其中主观因素的影响更大，且科学的、适宜的、正向积极的因素能促进幼儿的健康快乐发展。

1. 家长的价值观与生活态度

家长的价值观与生活态度是影响幼儿家庭生活最大也最持久的因素。家长的价值观与生活态度反映了家长如何看待社会、人生及生活以及在日常生活中如何对待周围的人和事，决定了家庭生活目标、内容和方式，决定了家庭生活的品质。家长的价值观与生活态度反映了家长的人格，而科学的价值观与健康的生活态度，可以为子女树立良好的学习榜样，给子女以积极的影响，帮助孩子树立正确的人生观、世界观、价值观，这是家长给予孩子最宝贵的人生财富。父母的价值观和生活态度在日常生活中潜移默化地引导着孩子的发展，关系着孩子的生活质量及良好性格的形成，同时关系着子女对父母的信任和尊重。

2. 家长的文化素养

家长的文化素养是指家长通过学习和实践所掌握的人类精神财富的多少和所表现出的知识水平，是影响家庭生活品质的又一关键因素。因为家长的文化素养，一方面在很大程度上决定着家长的理想、情操、道德水平、思想境界、教育能力和教育方式的运用；另一方面，又在一定程度上决定着家长处理家庭关系的能力、家庭生活方式、家长的职业、家庭的经济收入等，从而决定了儿童所处的家庭生活环境和儿童的家庭生活质量。一般来说，文化素养高的父母，会拥有正确的家庭生活观念和较高的育儿能力，会比较关注时代的发展，接受科学、健康的生活信息来调整生活理念，转变家庭生活行为，营造良好的家庭文化氛围。有较高文化知识及修养的

家长能比较客观地评估自己孩子的能力、性格、特点，能尊重幼儿的兴趣，用自己的知识去组织丰富多彩、健康活泼的家庭生活。他们不但关心孩子的身体健康，注重孩子良好生活习惯养成，还会关注孩子的心理健康和道德修养，把对孩子的高要求融入日常生活之中，重视父母的言传身教，在生活中影响、熏陶孩子，能较正确、恰当地给予孩子积极的教育和指导。

3. 家庭结构

家庭结构是指家庭中成员的构成及其相互作用、相互影响的状态。因血缘和婚姻而组建起来的家庭，由于其成员的不同组合构成了不同结构的家庭。中国呈现出以核心家庭为主、直系家庭居次、单亲家庭为补充、复合家庭比较少见的格局。家庭结构不同，也表现出家庭角色、家庭功能、家庭关系等方面的不同。不同的家庭结构以其独特的氛围对儿童的家庭生活产生影响。健全完整的家庭结构对儿童的家庭生活有着积极的作用，有利于儿童身心健康发展；而父母离异导致儿童赖以生存的家庭乐园被破坏，缺乏温馨和关爱，会给儿童带来过分紧张的生活气氛和感情冲突，让儿童产生焦虑和不安全感。家庭的残缺致使儿童生活的残缺，而生活的残缺会使儿童形成多疑、孤僻、冷漠、心神不安或神经质、反社会行为，造成儿童人格的残缺。在直系家庭中，祖父母容易溺爱孙辈，往往表现出家庭生活中过多的包办代替和不理智的放纵，这种隔代抚养的过度保护影响了幼儿的健康成长，对幼儿的发展非常不利。

4. 家庭氛围

家庭氛围是指家庭中长期积累的精神状态和情意倾向，是一种潜移默化、熏陶感化的潜在影响因素，包括情感氛围、民主氛围、秩序氛围和文化氛围等。和谐社会是由和谐家庭组成的，和谐家庭的重要标志便是具备良好的家庭氛围。和谐家庭具有强大的凝聚力和向心力，家庭中的每个成员是友爱的、互助的、幸福的，家庭氛围是和谐的、温馨的，家庭生活是多彩的、快乐的。和睦、融洽、温暖、愉快的家庭氛围给孩子以信任感、安全感、幸福感和家庭归属感，良好的家庭氛围是幼儿健康家庭生活的必备条件，是塑造幸福人生、保证全面发展的基础。良好的家庭情感氛围可以促进孩子的心理健康和品德的发展；良好的家庭民主氛围能增强家庭的内聚力和相互间的沟通、交流，维护家庭成员之间温馨和谐的关系，促进孩子个性和社会性能力的发展；良好的家庭文化氛围可以启迪孩子的智慧，扩大孩子的文化视野，提高孩子的审美情趣，促进孩子认知能力的发展；良好的家庭秩序氛围可以培养孩子独立自理的生活习惯、认真有序的学习习惯和能自制、负责任的行为习惯。而在家庭关系紧张、气氛不和谐的家庭里，家庭成员往往烦恼不安、情绪紧张、痛苦焦虑，对于还没有独立生活能力、完全依赖父母的儿童来说，缺少温暖、关爱和安全感的家庭生活是毫无幸福快乐可言的，是一种心理上的严重摧残，容易使孩子行为紊乱，产生夜惊、梦魇和遗尿症等生理和心理疾病，从而严重影响儿童的身心健康。

5. 家庭经济状况

家庭经济状况是指家庭收入状况，包括家庭经济来源和支配。家庭经济收入多少虽然不是家庭生活幸福、和睦的唯一条件，但家庭是一个生活单位，始终具有生活消费的职能，一个家庭的经济收入是家庭生活幸福、和睦的一个重要条件，可以为儿童的家庭生活品质提供实实在在的物质保证。家庭经济收入多，具备优越的物质生活条件，家庭成员不会因经济问题而发生冲突，关系会更为融洽，儿童因而会拥有一个温暖、舒适的生活环境，家庭生活也就更幸福美满。相反，家庭收入少，负担重，甚至入不敷出，家庭成员常因经济困难发生矛盾和冲突，导致家庭关系紧张，儿童正常的家庭生活就难以保障，因而也就不可能有良好的发展。

（四）家长职责

"不付出勤勉的劳动而能把儿童教养成人，那是不可想象的。"[1] 父母或者其他监护人应当创造良好、和睦的家庭环境，依法履行对儿童的监护职责和教育抚养义务。

1. 家庭保护

为了保护儿童的身心健康，保障儿童的合法权益，促进儿童在品德、智力、体质等方面全面发展，《未成年人保护法》明确规定了家庭保护内容。

- 父母或者其他监护人应当关注未成年人的生理、心理状况和行为习惯，以健康的思想、良好的品行和适当的方法教育和影响未成年人，引导未成年人进行有益身心健康的活动，预防和制止未成年人吸烟、酗酒、流浪、沉迷网络以及赌博、吸毒、卖淫等行为。

---

[1] 夸美纽斯. 夸美纽斯教育论著选 [M]. 任钟印, 选编. 北京：人民教育出版社，2005：21.

- 父母或者其他监护人应当学习家庭教育知识，正确履行监护职责，抚养、教育未成年人。禁止对未成年人实施家庭暴力，禁止虐待、遗弃未成年人，禁止溺婴和其他残害婴儿的行为，不得歧视女性未成年人或者有残疾的未成年人。

- 有关国家机关和社会组织应当为未成年人的父母或者其他监护人提供家庭教育指导。

- 父母或者其他监护人应当尊重未成年人受教育的权利，必须使适龄未成年人依法入学接受并完成义务教育，不得使接受义务教育的未成年人辍学。

- 父母或者其他监护人应当根据未成年人的年龄和智力发展状况，在做出与未成年人权益有关的决定时告知其本人，并听取他们的意见。

- 父母或者其他监护人不得允许或者迫使未成年人结婚，不得为未成年人订立婚约。

- 父母因外出务工或者其他原因不能履行对未成年人监护职责的，应当委托有监护能力的其他成年人代为监护。

- 父母或者其他监护人不履行监护职责或者侵害被监护的未成年人的合法权益，经教育不改的，人民法院可以根据有关人员或者有关单位的申请，撤销其监护人的资格，依法另行指定监护人。被撤销监护资格的父母应当依法继续负担抚养费用。

- 父母或者其他监护人不依法履行监护职责，或者侵害未成年人合法权益的，由其所在单位或者居民委员会、村民委员会予以劝诫、制止；构成违反治安管理行为的，由公安机关依法给予行政处罚。

2. 家长的安全职责

根据《民法通则》规定，家长是儿童的法定监护人，负有不可推卸的安全职责。

（1）**安全教育职责**。加强对子女的安全教育，教育子女服从幼儿园管理，不得实施具有危险或者可能危及他人的行为。要经常对子女进行防溺水、防交通事故、防火、防电、防盗、防雷、防汛、防地质灾害、防食物中毒、防人身伤害、防疾病等安全教育。

（2）**异常情况告知职责**。应主动及时将子女的特异体质、特定疾病或异常心理状况等情况以书面形式明确告知教师，以便教师针对幼儿的特殊情况采取适当措施。

（3）**监护管理职责**。依法履行监护职责，对子女出现的身体、行为、情绪、心理等方面的异常情况，要主动实施监护；主动了解子女在园情况；教育子女不搞危险活动，禁止子女私自下河、堰、塘戏水；杜绝子女打人、骂人、偷窃等不良行为；自觉组织子女参加人身意外伤害保险和医疗保险。

（4）**往返园所的安全职责**。家长要负责按时接送子女入园离园，做到不早到、不迟到、不早退、不旷课，因病因事履行请假手续，获得教师批准；家长要全面负责子女往返园所的安全，确保往返途中不乘坐"三无"车辆，不乘坐超载、超速车辆，杜绝子女在往返途中安全事故的发生。

（5）**参与教育职责**。积极参与对子女的教育，和幼儿园共同落实有关幼儿安全管理制度和安全保护措施。家长要将家庭住址、联系电话、手机号码、电子邮箱等具体联系方式告知教师，并保证联系畅通。需要家长到园配合子女教育工作的，应及时来园，并和相关教师联系，进行妥善处理。

3. 父母资格认证

通过对家庭生活影响因素进行分析，可以看出影响家庭生活的关键性因素是父母的主观因素。父母的育儿观念和育儿行为决定了家庭生活的教育性能，直接影响到亲子教育质量和孩子的发展。"儿童比黄金更为珍贵，但是比玻璃还脆弱。它是易于被震荡和受伤的，甚至成为不可补偿的损伤。"[1]由于父母缺乏正确的育儿观念和科学的育儿方法而导致的家庭悲剧时有报道，让人触目惊心。此类事件的发生，反映了目前中国家庭普遍存在的父母资格缺失现象，有数以百万的父母由于溺爱、虐待、忽视儿童，致使儿童早期大脑发育受损、智力低下、营养失调、心理有缺陷，阻碍了儿童的健康成长。更为严重的是由失职父母养大的孩子，又会成为下一代失职父母，如此代代相传，形成恶性循环，影响国民素质的提高。

苏联教育家苏霍姆林斯基曾说："行业、专业、工作……有数十种、上百种，许许多多；有的是修铁路，有的是盖房子，有的是种庄稼，给人治病，缝衣服等；但有一种包罗万象的、最复杂和最高尚的工作，对所有人来说都是一样的，而同时在每个家庭中又各自是独特的、不会重复的工作，那就是对人的养育和造就。"家长的行业是教育子女，在三百六十行中，当家长教育孩子是最为伟大而复杂、艰辛的行业。

---

[1] 夸美纽斯. 夸美纽斯教育论著选[M]. 任钟印, 选编. 北京：人民教育出版社, 2005: 35.

家庭是孩子进入的第一所学校，也是孩子的最后一所学校；父母是孩子的第一任教师，也是最后一任教师；父母的言传身教是孩子打开的第一本书，也是最后一本书。"任何人在幼年时播下什么样的种子，那他老年就要收获那样的果实。"① "养不教，父之过。" 父母不仅给予孩子生命，更有责任给予孩子美丽的人生。以"科学知识最有价值"著称的英国教育家斯宾塞提出，教育就是为未来生活做准备，每个人将来都要做父母，因此必须进行教育学、心理学等知识的学习，这样才有资格为人父母。美国儿童精神病专家纽斯曼呼吁要通过立法，建立父母执照制度，确立称职父母的行为标准，通过严格的教育和考试，只给那些能成为称职父母的公民发放执照，允许他们教养子女。

中国教育家陈鹤琴先生在他的《怎样做父母》一文中，曾经这样写道："父母，不是容易做的，一般人以为结了婚，生了孩子，就有做父母的资格了，其实不然。我们知道，栽花的人，先要懂得栽花的方法，花才能栽得好；养蜂的人，先要懂得养蜂的方法，蜂才能养得好；育蚕的人，先要懂得育蚕的方法，蚕才能育得好；甚至养牛、养猪、养羊、养马、养鸟、养鱼，都要先懂得专门的方法，才可以养得好。难道养小孩，不懂得方法，可以养得好吗？可是一般人对于自己的孩子，反不如比养蜂、养蚕、养牛、养猪看得重要。对于养孩子的方法，事先既毫无准备，事后又不加以研究，好像孩子的价值不及一只猪、一只羊。这种情形，在我国目前，到处可以看见，真是一件奇怪的事。"他主张，人们在做父母之前，就要学习抚养、教育孩子的知识。

做家长是一种伟大的职业。既然是职业，就要像从事其他任何职业一样，需要"上岗"前的职业培训和学习，做到合格"上岗"、持证"上岗"。中国的准生证制度有效地控制了人口数量，对孩子的出生进行了批准，但未对为人父母的资格进行鉴定。孟母的"孟三徙"和孔子的"过庭语"被誉为中国家庭教育的佳话，也使孔孟成为中华民族之魂。今天的父母面对独生子女，责任更为重大。鉴古察今，古为今用，洋为中用，中国应制定科学的策略，完善准生证制度，有效发挥准生证制度的优势：准父母必须进行教育学、心理学等科学育儿知识以及相关法律法规的培训学习，经考核合格取得父母执照后，才可以获取准生证。只有这样，才能有效普及科

---

① 夸美纽斯. 夸美纽斯教育论著选[M]. 任钟印, 选编. 北京：人民教育出版社，2005：24.

学育儿知识,让准父母不仅具有物质准备、心理准备,更具有知识准备,提升父母的素质,为提升人口质量奠定坚实的基础,真正实现"优生优育"的目标。一个成功的父母需要不断地学习,需要"上岗"后的持续教育培训和指导。只有这样,父母才能对子女负责、对社会负责。国家要充分发挥幼儿园、学校、社区等各方面教育资源优势,多渠道进行家庭教育指导,帮助父母努力做合格的家长,实现对子女的科学指导。

二、家园共育

"做父母的对于教育子女时常感到力不胜任,或是由于家务的拖累而不能;此外,还有一些人以教诲儿女视为无足轻重。"[1]因此,作为受过专业训练的教师,应引导家长科学育儿,家长也"应当'殷勤教训你的儿女,无论你坐在家里,行在路上,躺下、起来'都要谈论。"[2]

(一)家园共育的含义

家园共育是家庭与幼儿园共同努力、密切配合,教师与家长形成共识、协同一致,实现科学育儿目标的教育过程。家庭与幼儿园都是培育幼儿的重要场所,家长与教师都是教育实施的主体,两者应是互动、合作的伙伴关系,共同担负着教育幼儿的任务。家园共育的核心是幼儿园与家庭、教师与家长相互配合,共同促进幼儿的发展。作为21世纪的合格父母,在教育学前儿童的过程中,必然扮演着双重角色:既是孩子的第一任教师,寓教于家庭生活之中;又是学前教育机构教师的亲密伙伴,与教师互动合作,协调一致地教育儿童。

幼儿园是对幼儿实施有目的、有计划、有组织的教育活动的专业教育机构,幼儿园教师是专职的教育工作者,接受过专门的教育训练,懂得幼儿身心发展的特点和规律,掌握科学的幼儿教育方法,具有教育优势。幼儿园有引导、协助家庭对幼

---

[1] 夸美纽斯. 夸美纽斯教育论著选[M]. 任钟印,选编. 北京:人民教育出版社,2005:22.
[2] 夸美纽斯. 夸美纽斯教育论著选[M]. 任钟印,选编. 北京:人民教育出版社,2005:21.

儿进行教育的责任，家园共育是实现学前教育目标的保证，也是实施父母教育培训、指导家庭教育的有效途径。《幼儿园工作规程》规定，幼儿园应主动与家长配合，帮助家长创设良好的家庭教育，向家长宣传科学教育幼儿的知识，共同担负幼儿教育的任务。从幼儿园的教育与管理过程看，家长是其积极主动的服务对象，并且是教育的合作者；从幼儿园的社会生存与对外交流看，家长是幼儿园走向社会，获得广泛的理解支持，扩大教育和服务功能以及树立园所自身良好形象的重要中介和桥梁。

幼儿园与家庭教育有着各自的优势，且都是对方所不能替代的。家园共育可以充分利用和整合教育资源，使其作用最大化，在提高教育者的教育能力的同时，提高学前教育的质量。家园共育拓展和丰富了教育资源，实现了家园互惠。一方面是家庭、家长以及与家长有关的一些社会资源被吸纳到幼儿园教育中；另一方面是幼儿园较为丰富和全面的教育资源将有利于改变单个家庭教育资源匮乏的状况。在家园合作中，幼儿园作为了解学前教育发展动态、接触最新教育理念的专门教育机构，应处于主导地位，有责任指导家长科学育儿，使家园合作成为一种双向的互动活动。《幼儿园教育指导纲要（试行）》指出，家长是幼儿园教师的重要合作伙伴。幼儿园应本着尊重、平等的原则，吸引家长主动参与幼儿园的教育工作。幼儿园要向家长介绍幼儿园的保育教育工作，争取家长的理解、支持和参与；了解幼儿的特点和家庭的需要，有针对性地开展教育工作；进行家园配合，使幼儿在园获得的学习经验能够在家庭中得到延续、巩固和发展；同时，使幼儿在家庭中获得的经验能够在幼儿园的学习活动中得到应用。一方面，幼儿园应视家长为幼儿园教育的积极合作者，把家长请进幼儿园，邀请家长参与幼儿园的教育活动，为幼儿园教育提供教育资源；还应通过多种方式加强联系沟通，为广大家长提供必要的咨询和指导，保证家长能够了解幼儿在幼儿园生活的方方面面，了解幼儿园教育，帮助家长树立正确的育儿观念，掌握科学的育儿方法。另一方面，幼儿个体的发展具有整体性，幼儿园还应"走出去"，指导家庭生活，将幼儿园教育延伸、渗透于家庭生活中，使幼儿的家庭生活和幼儿园生活有机融合为一个整体，实现教育的一致性，形成教育合力，发挥教育作用。家园共育将幼儿的生活环境作为一个整体呈现于教育者（幼儿园教师和幼儿家长）的视野内，为教育者提供了更准确地了解幼儿个体特点和存在问题的机会，幼儿园教师和家长对在彼此环境中幼儿的受教育情况能较为清晰地了解，有利于实现幼儿教育的连贯性和一致性，促进幼儿全面和谐地发展。

（二）家园共育的途径

家园共育的实施途径主要有以下几种。

1. 面谈、家访、电访

面谈和家访是最直接、最方便，也是最常用的一种家园沟通方式。面谈是教师利用家长接送幼儿的时间，与家长面对面交流，了解幼儿在家的生活、学习、健康状况，并向家长简短汇报幼儿在园的主要情况，及时交换意见。家访包括周期性访问和临时性访问：周期性访问是指有目的、有计划地对全体幼儿家庭进行的访问；临时性访问是指为了解决突发事件进行的家庭访问。教师可以用这两种方式及时与家长沟通，交换意见，以达到家园共育的目的。随着社会的不断发展，人们的工作、生活节奏加快了，特别是独生子女家庭，孩子通常由老人或保姆接送，家长与教师直接接触的机会减少。因此，在不方便家访或无法与家长面对面交流时，"电访"就成为一种简洁、方便、有效的沟通方式。电话交流方便、及时，家长、教师之间能及时地了解孩子的情况，相互探讨教育方法。幼儿园应将幼儿家中及父母的电话号码进行登记，必要时同家长联系，并将班级分机号码及教师电话号码向家长公布，鼓励家长通过电话与教师交流。要搞好家园合作，就必须了解家长的需求与希望、家长的性格类型、家长的教育观念和方法以及家长的职业、文化水平、待人接物的习惯等情况。所以，在访谈中，教师要做到既访家长又访幼儿，两者有效结合，力图对幼儿和家长都有基本的了解。

2. 家园联系册、家长问卷、幼儿成长档案、家长园地与橱窗栏

每个幼儿园都应配有家园联系册，教师通过每周填写幼儿在园发展情况，与家长进行交流；家长也通过联系册反馈幼儿在家的情况，以达到家园教育同步。除此之外，还可以定期发放家长问卷，对幼儿园管理、教学、伙食、卫生保健、班级服务质量及孩子最喜欢的教师等进行调查。通过对问卷的分析，了解家长对班级及全园工作的意见和建议，以便及时调整计划，改进工作。同时，还可以将家长问卷结果作为教职工考核评价的依据之一，促进大家不断改进工作，提升教育质量。

幼儿成长档案袋是教师和家长在观察了解幼儿的基础上，精心记录孩子的精彩瞬间，反映孩子发展的个性特征和水平层次。幼儿成长档案不仅记录了孩子的成长轨迹，更是家园沟通的桥梁和纽带。幼儿园可每月向家长发放一次成长档案，及时

地向家长反映孩子的进步和发展情况，再通过家长的反馈信息，彼此沟通、交流，达成教育的针对性和一致性。

家长园地是家长了解班级动态的窗口，具有容量大、易更换以及便于家长接送孩子时观看、阅读等优点。教师可以向家长介绍保教内容、各类育儿知识和经验以及班级情况、通知等。家长园地中的内容要简短、丰富，家长在这里可以及时了解、掌握幼儿园及班级的教育信息，了解幼儿在园的一日活动安排，并有针对性地采取适宜的方式与教师共同教育孩子。家长园地不仅是家教宣传阵地，还是家长发表见解、提出建议的场所。

橱窗栏是家长了解幼儿园的有效渠道，也是幼儿园自我宣传的媒介。在靠近园所出口或入口的地方设置一个内容丰富、形式多样的橱窗栏，张贴幼儿园的办园目标、教育理念、教育方式、各年龄班的教学目标、幼儿活动照片以及相关规章制度，还可以刊登优秀的家教经验和家长参与幼儿园活动的信息、图片等。此外，保健老师还可以为家长准备一些保健知识，如夏天的防暑降温、冬天的防寒保暖知识，尤其是那些季节性的传染病的预防知识及其一些简便的应急措施等，张贴在上面。

3. 家长参与教学活动

家长是幼儿园宝贵的教育资源。家长们来自不同的行业，各种不同职业或者不同文化背景的家长可以带给幼儿园丰富的教育内容，并能为幼儿的教育需要提供多种支持和服务。因此，根据幼儿园教育内容所需，教师可以针对家长的职业特点和特长优势，有选择性地将家长请入幼儿园，为幼儿园提供助教活动。请家长利用自身的职业优势参与幼儿园的教育活动，能产生倍增效应，使活动生动有趣，大大提高幼儿参与活动的兴趣和积极性，也能够让家长运用各自的专业知识和技能拓宽教师的视野。同时，"家长老师"还会根据自己工作的特点和环境，为幼儿提供一些到机构部门参观、开展活动的便利条件，丰富了教育活动资源。

4. 家长开放日

幼儿园可以在节假日或定期举行家长开放日活动，凡是对幼儿园感兴趣的父母或者外来参观者经同意可随时进入幼儿园观摩所有活动。向家长开放教育教学活动，可以使家长具体、直观地了解到孩子在幼儿园的生活及表现，为家长配合幼儿园教育创造了条件。家长开放日活动要内容丰富、课程平衡，全方位地展示幼儿在园的学习、游戏和生活情况，通过观摩使家长不仅了解幼儿园的培养目标和活动内容，更重要的是可以了解自己的孩子在园的表现和发展情况，了解教师的工作情况。家长通过观摩活动，不仅可以学到一些教育方法，同时也能增强与教师的相互理解，增强情感联系，有利于家园配合。活动过后，家长可以和教师交流，有针对性地共商育儿方法。

5. 家长学校、家长会

对家长进行教育指导是幼儿园工作不可分割的重要组成部分。家长学校可以系统地向家长传授科学育儿的知识，供家长咨询家庭教育问题。幼儿园可开设各种辅导班，请教师利用周末、节假日，长期为幼儿家长办班上课。接受过幼儿园专业技术培训的家长，可担任其他家长的专业技术培训教师。幼儿园可以根据家长的要求举办各种专题讲座，也可组织家长就共同关心或感兴趣的问题进行专题交流、研讨，引导家长交流育儿经验，取长补短，共同进步。有条件的幼儿园还可以根据需要印发园报、家长教育指导手册等文字材料，引导家庭教育科学化。

家长会有全园性的，也有年级组或班级组织召开的，主要是向家长公布幼儿园近期的工作计划及主要活动，听取家长的意见，争取家长的配合。

6. 专家讲座与咨询

幼儿园可以聘请幼教专家来园做报告或讲座，进行现场咨询，为家长提供直接有效的服务。家长可以把自己平时在教育孩子方面存在的问题、困惑和对教师、幼儿园的意见和建议跟专家进行面对面的沟通与交流。此外，为了进一步让家长了解幼儿教育的方法，做到因材施教，专家还可以为家长推荐有关幼教刊物及家庭教育书籍或文章。家长可根据需要到幼儿园图书资料室借阅，这样既方便了家长，又达到了资源共享。同时，专家根据家长反映的情况，也会对幼儿园管理、教学、卫生保健、营养膳食等方面提出一些指导性的意见和建议，使幼儿园能够及时调整工作目标。

7. 亲子活动

亲子活动是一种增强教师与家长、家长与幼儿情感交流的集体活动形式，它是幼儿园与家庭十分重要的沟通渠道。丰富多彩的亲子活动，让家长和孩子有更多的亲密合作的机会，培养了幼儿良好的个性、健康的心理，强化了家长的认同感和合作意识，从而达到了家园共育的理想境界。因此，幼儿园可以结合主题活动、节庆日等，创设条件，开展形式多样、丰富多彩的亲子活动，邀请家长参与。

8. 网络沟通

随着幼儿园现代化管理手段的丰富，与家长沟通的方式也越来越多，其中，网络沟通方式快捷、便利、节省时间，成为一种家园合作的新型沟通方式。幼儿园可充分利用网络这一优势，创建幼儿园网站，及时把新的信息在网上公布给家长，如每天的教学内容、近期活动通知、幼儿活动照片、幼儿食谱、身体发展评价等。家长只要一打开计算机，就可以了解到幼儿园一日活动的方方面面。同时，还可设留言板，将园长邮箱、班长邮箱向家长公开，家长对幼儿园的管理和班级工作的意见和建议，可直接通过电子邮箱进行反馈与交流。这种网上沟通的效果也是非常明显的。

（三）家园沟通策略

新型的家园合作关系意味着让家长成为教师的合作伙伴，让幼儿园教育指导家庭教育，让家庭教育支持、强化幼儿园教育，使家长与教师、家庭教育与幼儿园教育互相接纳，从而实现家园共育，促进每一个幼儿的发展。家园共育离不开有效的家园沟通，这就需要教师掌握以下策略与技巧。

1. 重视"第一印象"

"第一印象"的好坏与人际交往的成败有着极大的关系。从心理学上来讲，人都有一定的心理定式，即印象一经形成，就很难改变。因此，教师要挖掘心理定式中积极的因素，和家长见面时注意以下细节。

（1）注意外在形象。一个仪态大方、衣着整洁的教师无疑会引起家长的好感和尊重。因此教师在接待家长时应衣着整洁得体，语言规范健康，举止文明礼貌。

（2）礼节周到热情。亲切的微笑是打开对方心灵的"窗户"，是获取信任的"金钥匙"。在接待家长来访时，教师应时刻面带微笑，保持良好的精神状态。从礼节上来说，应起身欢迎，端椅递茶；家长离开时，要起身相送。谈话中注意使用文明用语，如"请坐""请喝茶"等，这样就向家长展现了你良好的个人修养。

（3）记住家长外貌。老师应记住家长的外貌，以便下次见面时能很快地认出来，这对家长来说是一种积极的心理反应，能使其感觉到教师对自己的重视，从而产生好感，愿意配合教师的教育行动。

2. 选择合适的时间和地点

选择合适的时间和地点是成功沟通的开始，一般教师可根据所沟通问题的性质灵活选择。

(1) *利用家长接送孩子的时机，在走廊或活动室沟通*。这类沟通三言两语就能解决，且不需要回避他人。比如，告诉家长孩子在某类活动中表现突出，孩子的头发和指甲该剪了，了解一下孩子为什么不爱喝白开水，等等。这类沟通能有效拉近与家长的距离，为进一步沟通打下良好的基础。

(2) *利用家长接送孩子的时机，在幼儿园走廊一角或某个地方沟通*。这类沟通一般需要回避他人，家长一般不大愿意让别人知道，幼儿也不愿意教师向家长"告状"，所以教师应单独与家长沟通，共同商量解决问题的方法。比如，告诉家长孩子拿了别人的东西，损坏了教玩具，午睡时经常尿床，等等。

(3) *在班上所有幼儿离园后或利用节假日，在幼儿园办公室或幼儿家里等不受干扰的地方沟通*。这类沟通内容往往较复杂，涉及的问题也较严重。比如告诉家长，孩子近来一直不愿意跟同伴说话，对任何活动都不感兴趣，并有攻击、自伤行为。此时教师可委婉地让家长认识到孩子问题的严重性，并和家长一起分析、查找原因，提出解决问题的策略。

3. 重视语言沟通

语言是人们在人际交往过程中表达情感的一种重要的工具。教师在与家长交谈时，要讲究语言艺术。

(1) *态度谦和，语气诚恳*。很多家长是带着"顾虑"送孩子去幼儿园的，还有不少家长怕得罪老师，有意见也不敢提。对此，教师要主动了解家长的顾虑，揣摩家长的心思，抓住需要沟通的问题，选择恰当的时机和方式，开诚布公地与家长交流看法，并以实际行动主动消除顾虑，取得家长的信任，让家长放心。教师要放下好为人师的架子，和家长推心置腹。教师谦和的态度能拉近彼此的距离，给人以亲近的感觉，赢得家长的信任。教师诚恳的语气容易让家长产生共鸣，觉得教师确实是在关注孩子的发展，关心幼儿的将来。

(2) *说话要有准备、有重点*。家长与教师沟通交流的主要目的是想了解幼儿的表现，作为教师，应主动介绍情况，搭建情感的桥梁。教师应主动担负起建立相互信任关系的责任，主动向家长介绍幼儿园的情况、幼儿在园各个方面的表现以及幼

儿园最近开展的活动及要求，包括教师为解决幼儿的问题而采取的一些措施等，使家长了解幼儿园，理解教师的意图和方法，让家长明白幼儿园教育与孩子的表现之间的内在关系。如果教师不了解这一点，面对家长泛泛而谈，就会产生以下两种不良后果：一是不能让家长了解幼儿的详细情况，达不到沟通交流的目的；二是很容易让家长觉得教师不关心孩子，进而造成心理隔阂。

教师在与家长进行沟通时，具体应做到以下几点：

- 在正式谈话开始前，为了避免紧张，可向家长关切地询问孩子的生活情况，比如，孩子每天什么时候睡觉、起床，平时喜欢和什么人玩，遇到问题一般愿意跟谁诉说，等等；

- 谈话内容要始终集中在孩子身上，尽量多介绍孩子在园的表现，询问孩子在家里的情况。谈论时如果说"咱们的孩子如何如何""咱们班的孩子怎样怎样"，会让家长觉得很亲切；

- 要多倾听家长的意见和看法，不要随便打断家长说话，与此同时还要巧妙答复与引导。如果始终是以教师为主，家长可能会厌烦。教师越是乐于倾听，家长就越愿意交流。倾听时可多用开放式的提问，如"为什么""怎么样"等，尽量少用封闭式的提问，如"是不是""对不对"等；

- 尽可能以第一人称"我"来表达要说的内容，而不要用"你"来提出要求。比如说"你的孩子最近经常迟到，我担心他会错过很多非常好的活动"，而不是说"别让你的孩子再迟到了，他会错过很多非常好的活动"；

- 交谈一段时间后可略做总结，如"您的意思是……""您刚才说的话我是这样理解的，您看对吗"等，以表示理解和认同；

- 谈话侧重点要因人而异。对于较熟悉、性格直爽的家长，可直接进入正题，指出孩子近阶段的进步与存在的问题，并互相商量对策；对于不大熟悉的家长，开始时可拉拉家常，以了解家长的性格，以便有针对性地开展谈话；对于脾气急躁、虚荣心强的家长，应多提孩子的长处，并委婉地指出孩子的缺点；对于谦虚、诚恳的家长，可直接挑明孩子近阶段的问题并商量对策；对于一些不关心孩子的家长，应直接指出问题的严重性；对于宠爱、放任孩子的家长，应宣传科学的育儿知识，并详细分析孩子在集体生活中的表现，使其明白溺爱孩子的不良后果。

4. 掌握非言语沟通技巧

研究表明，交往信息中面部表情占55%，声调占38%，语言占7%，因而与言语交流相配合的非言语交流特别重要。教师在与家长沟通的过程中，应巧妙使用以下非言语技巧：与家长保持平行的目光交流，避免仰视、俯视的眼光或游离的眼神；用微笑、点头等表示对家长的尊重，用身体前倾或者以"对"或"是"等短语回应来表示对话题饶有兴趣，最好能动笔记录家长谈话的要点；注意力集中，不要边谈话边干其他事情，心不在焉；在和家长沟通前、沟通中，要注意观察家长的情绪。当家长情绪不好时，最好不要"追"着家长谈话，可等家长情绪好转时再沟通。

5. 尊重家长

（1）*尊重家长的人格*。平等地对待家长，和家长接触，不能带有世俗的功利色彩，不论家长的职业贵贱、职务高低，都要一视同仁。教师找家长谈话，多半是幼儿出了问题。家长到园后，应及时与其一起研究对幼儿的教育方式。对家长特别是文化层次较低的家长，要克服容易滋生的"我是专业的教育工作者，我懂你不懂，我讲你听"这种心理。在谈到幼儿问题时也要就事论事，不要把幼儿的问题或不好的习惯，归结到家长或家庭方面，更不能训斥家长。尽量采取请教、商量的态度，把找出问题的主动权让给家长，耐心地听取家长的意见，使家长产生伙伴般的亲切感。

（2）*尊重家长的情感*。每位家长对自己的孩子都有一种天然的偏袒心理，这是父母爱子女的一种自然反应。因此，当着家长的面，对幼儿的批评也要委婉一点，要照顾家长的情绪。教师可根据家长的文化水平、道德修养、职业特点，选择恰如其分的语言，反映其子女的表现。教师可以选择单独交流，避免当众交流伤害家长的感情，造成双方情绪上的对立。

（3）*尊重家长的建议*。家长们总是希望老师们在教育教学中能够注重孩子良好的行为养成教育，培养孩子健全的人格，使他们能学有所成。不过，具体到每一位家长，各有其侧重点。家长会根据自己的了解和孩子介绍的情况进行综合分析后，对教师的教育教学活动和幼儿园管理提出诸多建议。这时，教师要认真耐心地听取家长的倾诉，同时要辅以眼神、动作，间或插以"是这样的"或"有这种情况"之类的短语呼应，最好是动笔记一下要点。对于一些不合理或不可能实现的建议，教

师应该保持冷静的心态，主动沟通情况，坦诚地说明自己的观点，耐心地做好解释工作，真诚地交流看法，表现出对家长心情的理解。

6. 客观评价儿童

（1）**坚持实事求是**。很多教师在评价幼儿时，往往因为自己的好恶夸大其词，这样很容易失去家长的信任。对幼儿道德品质方面的评价，应多指出其闪光点，当然也不能回避孩子身上存在的不足。教师在跟家长沟通时，要先报喜，后报忧，要把幼儿点滴的进步先告诉家长，然后再耐心诚恳地指出问题所在，引起家长的重视后，再来商讨教育的方法。

（2）**评价"一分为二"**。教师在评价幼儿时，不能以偏概全、以点带面，不要对表现好的幼儿一味地说好、对调皮的幼儿一味地说不好，不要拿着放大镜看幼儿。要认识到每一个幼儿都是一个复杂的个体，都有自己的优缺点。跟家长谈幼儿时，两方面都要谈到，目的是希望孩子获得进步和提高，这样家长才会信服。在指出存在的问题时，教师要把注意力集中在幼儿的具体行为和表现上，重点是如何改正，教师要多分析原因，提出具体的改进方法。

7. 特殊情况处理

（1）**当家长不满时**。面对家长的不满、抱怨甚至愤怒情绪，教师应真诚地与家长沟通，以得到家长的信任和理解。教师想一想自己是否真的错了，如果确实是自己不对，要诚恳地向家长道歉，做到始终尊重家长。家长的嗓门越大，教师讲话的声调就要越轻，速度就要越慢。向家长询问一些可以自由回答的问题，比如："这是如何发生的？""如果您是我，应该怎样做才好呢？"尽量不要反问，否则会让家长反感。比如："为什么别的家长没意见？""为什么你要我这样做？"教师要让家长将不满、抱怨甚至愤怒情绪发泄出来。如果家长的言辞带有侮辱性，则暂时找个借口回避，以后再谈。一些教师听到家长的指责和抱怨，往往会本能地为自己辩护，这样只会激化矛盾。教师应把"不可能""我绝对没有说过那种话"等辩解词换成"别着急，我查查看""让我们看看这件事该怎么解决""您放心，我一定给您满意的答复"，等等。教师不能因为家长的过激情绪而影响对他的孩子的看法，应更加关爱他的孩子，这样做的效果远远胜于表白。

（2）**当沟通无效时**。遇到这种情况，教师首先要冷静分析沟通失败的原因，然后尝试采用迂回的沟通策略。绕开态度强硬、性格固执的家长，主动和孩子家庭中较开明的家长进行沟通；在各种建议都无效时，可以说"您想怎么办"或"您有什么要求"等，让家长直接面对问题；推荐一些相关的育儿杂志、书籍给家长阅读，或建议、安排家长参加有关专家讲座，以丰富家长的育儿知识，提高家长的认识；安排家长参加开放日活动，用事实说话，让家长自己发现问题。在家长产生解决问题的愿望时，再与其进行沟通。

儿童是无价之宝，必须给以极大的关怀。"假如儿童在这一年龄阶段遭到损害，假如存在于他身上的未来生命之树的胚芽遭到损害，那么他必须付出最大的艰辛和最大的努力才能成长为强健的人，必须克服最大的困难在其朝着这一方向发展和训练的道路上避免这种损害所造成的畸形。"[①] 因此，为了儿童的健康成长，为了家庭的幸福，所有与儿童幸福相关的成人都应承担起"园丁"的重任，以呵护儿童的生命安全！

愿每一个儿童都拥有一个幸福快乐的童年！

---

① 福禄培尔．人的教育 [M]．孙祖复，译．北京：人民教育出版社，2001：40．

后　　记

幼儿园应该是儿童的"花园",班级应该是儿童的"快乐之家",教师、家长应该是神圣的"护花使者"。"一谈到儿童,人的内心就会变得温和愉快。整个人类都享受他所唤起的这一深厚情感。儿童是爱的源泉。我们一触及儿童便触及爱。"①怀着一颗慈爱之心,我就此搁笔。然而,对理论的改善和实践的提高所进行的探索仍在继续,正是这种探索使得对儿童安全的研究成为有价值的活动。尽管我的研究可能是肤浅的,尽管我的观念可能是幼稚的,但"我并不想收回我的观点,而宁愿把所有这些交给读者:把我的怀疑、焦虑和犹豫,连同我的信念、信心和论证都交给读者"②。笔者所能提供的仅是一种"启发",只是一家之言,意在抛砖引玉,提供一个可以沿着这一主题深入研究的基石。若其中一些观念和成果能经受住实践的检验,能为儿童保护做出些许贡献,本书的目的也就基本实现了。

短短的后记,讲不完感动的故事,数不清良师益友们的名字——熟识的、陌生的,他们给予的真诚的支持与帮助,一直让我感动着……

笔者在撰写过程中,参考了许多专家、学者的相关论文、著作,并尽量对书中所引用的资料说明出处,如有疏漏,敬请原谅,并向原作者致以谢意!你们的智慧支持,极大地丰富了本书的内涵!

感谢我的研究团队,尤其感谢我的学生黄雪、左鑫鑫、蒋婷婷为本研究所做出的巨大贡献,从访谈的记录、整理、编码到问卷的设计、数据的统计都无不渗透着她们的聪明、智慧、辛勤和汗水。

感谢我的成人教育学员对问卷的认真填写、对案例的全面收集、在访谈中的真诚交流,他们是南通大学本部成人教育学员、海安函授点学员、如皋函授点学员、

---

① 蒙台梭利. 蒙台梭利幼儿教育科学方法 [M]. 任代文,主译校. 北京:人民教育出版社,1993:587.
② 诺齐克. 无政府·国家与乌托邦 [M]. 何怀宏,译. 北京:中国社会科学出版社,1996:6.

海门函授点学员、启东函授点学员、张家港函授点学员、江阴函授点学员。

感谢无数幼儿园对我的研究所提供的无私帮助和支持，本书是你们集体智慧的结晶！

感谢我的研究合作者许映建老师[①]以及中国轻工业出版社的几位编辑对本书的悉心审阅和宝贵建议！特别感谢高君老师对本书的出版所付出的辛勤劳动！

我无力回报帮助过我的人们，但我会以一颗同样善良、真诚的心，去帮助那些需要我帮助的人！

陶金玲
2013年金秋于随园

[①] 主持江苏省教育科学"十二五"规划重点资助课题"未成年学生人格权的学校教育保障研究"（B-a/2011/01/034）和江苏省高校哲学社会科学研究课题"江苏建设教育强省依法治校问题研究"（08sjd8800040），本书系课题研究成果。

参 考 文 献

[1] Bowen H C. Froebel and Education through Self-Activity [M]. New York: Seribner, 1897.

[2] Denny B.The Playmaster of Blankenburg: the Friedrich Froebel [M]. London: Autolycus Publications, 1982.

[3] Fletcher S, Welton J. Froebel's Chief Writings on Education [M]. London: Edward Arnold & Co., 1912.

[4] Froebel F. Mother-Play and Nursery Songs [M]. Boston: Lee and Shepard Publishers, 1894.

[5] Froebel F. Pedagogics of the Kindergarten [M]. New York: D. Appletonard Company, 1895.

[6] Hanschman A B. The Kindergarten System [M]. London: Swansonneoschein, 1897.

[7] Heinemann A H. Froebel Letters [M]. Boston: Lee and Shepard Publishers, 1893.

[8] Lilley M. Friedrich Froebel: A Selection from His Writings [M]. Cambridge: Cambridge University Press, 1976.

[9] Marenholz-Bülow. Reminiscences of Froebel [M]. Boston: Lee and Shepard, 1877.

[10] Michaels E. Autobiography of Friedrich Froebel [M]. New York: C. W. Bardeen Publisher, 1915.

[11] Ouick R H. Essays on Educational Reformers [M]. New York: Macmillan, 1924.

[12] Robert D. Friedrich Froebel [M]. Boston: Twayne Publishers, 1978.

[13] White J. The Educational Ideas of Friedrich Froebel [M]. London: University Tutorial Press, 1907.

[14] 奥古斯丁．危机管理 [M]．北京新华信商业风险管理有限责任公司，译校．北京：人民大学出版社，2001．

[15] 柏拉图．理想国 [M]．郭斌和，张竹明，译．北京：商务印书馆，1986．

[16] 陈琴．农村幼儿意外伤害现状与对策研究 [D]．长沙：湖南师范大学，2007．

[17] 德洛尔．教育——财富蕴藏其中 [M]．联合国教科文组织总部中文科，译．北京：教育科学出版社，1996．

[18] 第斯多惠．德国教师培养指南 [M]．袁一安，译．北京：人民教育出版社，2001．

[19] 杜威．民主主义与教育 [M]．王承绪，译．北京：人民教育出版社，1990．

[20] 杜威．民主主义与教育 [M]．王承绪，译．北京：人民教育出版社，2001．

[21] 杜威．我们怎样思维·经验与教育 [M]．姜文闵，译．北京：人民教育出版社，2005．

[22] 弗拉纳根．最伟大的教育家：从苏格拉底到杜威 [M]．卢立涛，安传达，译．上海：华东师范大学出版社，2009．

[23] 福禄培尔．人的教育 [M]．孙祖复，译．北京：人民教育出版社，1991．

[24] 福禄培尔．人的教育 [M]．孙祖复，译．北京：人民教育出版社，2001．

[25] 傅建明．学前教育学 [M]．北京：中央广播电视大学出版社，2007．

[26] 顾荣芳．对幼儿园安全教育的思考 [J]．幼儿教育，2006（11）．

[27] 顾荣芳．学前儿童健康教育论 [M]．南京：江苏教育出版社，2003．

[28] 何似龙，施祖留．转型时代管理学导论 [M]．南京：河海大学出版社，2001．

[29] 霍力岩．比较幼儿教育 [M]．台北：五南图书出版股份有限公司，2002．

[30] 简明忠．学前教育制度比较研究 [M]．台北：台湾复文图书出版社，1987．

[31] 教育部基础教育司．《幼儿园教育指导纲要（试行）》解读 [M]．南京：江苏教育出版社，2002．

[32] 科里克．托幼机构管理 [M]．韦小冰，等译．北京：北京师范大学出版社，2007．

[33] 孔茨，等．管理学 [M]．张晓君，等译．北京：经济科学出版社，1998．

[34] 夸美纽斯. 大教学论 [M]. 傅任敢, 译. 北京: 人民教育出版社, 1984.

[35] 夸美纽斯. 夸美纽斯教育论著选 [M]. 任钟印, 选编. 北京: 人民教育出版社, 1990.

[36] 夸美纽斯. 夸美纽斯教育论著选 [M]. 任钟印, 选编. 北京: 人民教育出版社, 2005.

[37] 劳凯声. 中小学学生伤害事故及责任归结问题研究 [J]. 北京师范大学学报（社会科学版）, 2004（2）.

[38] 雷恩. 管理思想的演变 [M]. 李柱流, 等译. 北京: 中国社会科学出版社, 1997.

[39] 雷思明. 校园安全制度手册 [M]. 上海: 华东师范大学出版社, 2011.

[40] 李定开. 中国学前教育 [M]. 重庆: 西南师范大学出版社, 1990.

[41] 李季湄. 幼儿教育学基础 [M]. 北京: 北京师范大学出版社, 1999.

[42] 李莉. 幼儿园班级环境创设 [J]. 学前教育研究, 2008（8）.

[43] 李生兰. 比较学前教育 [M]. 上海: 华东师范大学出版社, 2000.

[44] 刘文英. 幼儿园安全教育常识 [M]. 保定: 河北大学出版社, 2012.

[45] 刘晓东, 卢乐珍, 等. 学前教育学 [M]. 南京: 江苏教育出版社, 2004.

[46] 刘馨, 李淑芳. 我国部分地区幼儿园安全状况与安全教育调查 [J]. 学前教育研究, 2005（12）.

[47] 刘萱. 国外幼儿园安全教育评述 [J]. 幼教园地, 2004（9）.

[48] 刘智成. 在园幼儿人身伤害事件的个案研究 [D]. 重庆: 西南大学, 2005.

[49] 卢梭. 爱弥儿: 论教育 [M]. 李平沤, 译. 北京: 人民教育出版社, 2001.

[50] 卢梭. 爱弥儿: 论教育 [M]. 李平沤, 译. 北京: 商务印书馆, 2002.

[51] 吕达, 等. 杜威教育文集: 第1卷 [M]. 北京: 人民教育出版社, 2008.

[52] 洛克. 教育漫话 [M]. 傅任敢, 译. 北京: 教育科学出版社, 1999.

[53] 洛克. 教育漫话 [M]. 杨汉麟, 译. 北京: 人民教育出版社, 2006.

[54] 蒙台梭利. 蒙台梭利幼儿教育科学方法 [M]. 任代文, 主译校. 北京: 人民教育出版社, 1993.

[55] 蒙台梭利. 童年的秘密 [M]. 江雪, 编译. 天津: 天津人民出版社, 2003.

[56] 欧文. 欧文选集: 第1卷 [M]. 柯象峰, 等译. 北京: 商务印书馆, 1979.

[57] 欧新明. 学前儿童健康教育 [M]. 北京：教育科学出版社，2003.

[58] 欧阳静. 浅谈现代幼儿园危机管理 [J]. 当代学前教育，2008（4）.

[59] 裴斯泰洛齐. 裴斯泰洛齐教育论著选 [M]. 夏之莲，等译. 北京：人民教育出版社，1992.

[60] 日本世界教育史研究会. 世界幼儿教育史 [M]. 张举，等译. 长春：吉林人民出版社，1986.

[61] 汝茵佳. 幼儿园环境与创设 [M]. 北京：高等教育出版社，2006.

[62] 单中惠. 让我们与儿童一起生活吧：幼儿园之父福禄培尔 [M]. 上海：华东师范大学出版社，2008.

[63] 单中惠. 现代教育的探索：杜威与实用主义教育思想 [M]. 北京：人民教育出版社，2002.

[64] 史秋琴. 儿童权益保护和社会责任 [M]. 上海：上海文艺出版社，2008.

[65] 苏伟伦. 危机管理：现代企业实务管理手册 [M]. 北京：中国纺织出版社，2000.

[66] 孙培青. 中国教育史 [M]. 上海：华东师范大学出版社，1992.

[67] 塔尼加，等. 教育思想家 [M]. 新德里：大西洋出版发行公司，1980.

[68] 唐淑，钟昭华. 中国学前教育史 [M]. 北京：人民教育出版社，1993.

[69] 唐淑，钟昭华. 中国学前教育史 [M]. 北京：人民教育出版社，2004.

[70] 陶金玲. 民办幼儿园管理概论 [M]. 天津：天津教育出版社，2010.

[71] 陶金玲. 做中学与幼儿教育 [M]. 合肥：安徽少年儿童出版社，2011.

[72] 王炳照. 中国私学·私立学校·民办教育研究 [M]. 济南：山东教育出版社，2002.

[73] 王大伟. 平安成长比成功更重要 [M]. 北京：中央编译出版社，2009.

[74] 王静珠. 幼稚园行政 [M]. 台北：五南图书出版股份有限公司，1992.

[75] 王勇民. 儿童权利保护的国际法研究 [D]. 上海：华东政法大学，2009.

[76] 王志成. 幼儿园危机管理刍议 [J]. 内江科技，2009（5）.

[77] 吴元训. 中世纪教育文选 [M]. 北京：人民教育出版社，2005.

[78] 吴志尧. 裴斯泰洛齐 [M]. 上海：商务印书馆，1948.

[79] 希尔德布兰德，等. 幼儿园管理：儿童发展中心管理学 [M]. 严冷，等译.

上海：华东师范大学出版社，2007．

[80] 希斯．危机管理 [M]．王成，等译．北京：中信出版社，2004．

[81] 谢卫国，王美舟．中小学生在校伤害预防与处理：理论、操作实务与案例分析 [M]．广州：广东人民出版社，2003．

[82] 邢利娅，张燕．幼儿教育管理理论与实践 [M]．北京：北京师范大学出版社，2002．

[83] 杨汉麟，周采．外国幼儿教育史 [M]．南宁：广西教育出版社，2005．

[84] 虞永平．学前教育学 [M]．苏州：苏州大学出版社，2001．

[85] 曾国．入园幼儿人身伤害事故现状调查与对策思考 [J]．学前教育研究，2007（5）．

[86] 翟晓蔚，等．上海市嘉定区托幼机构儿童伤害事故调查 [J]．上海预防医学杂志，2007（3）．

[87] 张焕庭．西方资产阶级教育论著选 [M]．北京：人民教育出版社，1964．

[88] 张克勤．国内七市幼稚园教育今昔比较观 [J]．中华教育界，1935（1）．

[89] 张淑燕．幼儿园伤害事故的责任分析 [J]．家庭教育，2009（4）．

[90] 张维平，石连海．教育法学 [M]．北京：人民教育出版社，2008．

[91] 张新平．教育行政组织的发展与创新：对基层教育行为的个案研究 [M]．南京：南京师范大学出版社，2003．

[92] 张燕，邢利娅．幼儿园管理案例及分析 [M]．北京：北京师范大学出版社，2002．

[93] 张燕．幼儿园管理 [M]．北京：人民教育出版社，2008．

[94] 赵丽红．社会转型背景下的儿童保护问题研究 [D]．西安：西北大学，2012．

[95] 郑三元．幼儿园班级制度化生活 [M]．北京：北京师范大学出版社，2004．

[96] 中国学前教育史编写组．中国学前教育史资料选 [M]．北京：人民教育出版社，1989．

[97] 中国学前教育研究会．百年中国幼教（1903—2003）[M]．北京：教育科学出版社，2003．

[98] 中国学前教育研究会．中华人民共和国幼儿教育重要文献汇编 [M]．北京：

北京师范大学出版社，1999．

[99] 钟鸣．幼儿园班级管理的策略研究［D］．长春：东北师范大学，2010．

[100] 周彬．学校法制理论与案例［M］．上海：华东师范大学出版社，2012．

[101] 周采．比较学前教育［M］．北京：人民教育出版社，2010．

[102] 周采．外国教育史［M］．上海：华东师范大学出版社，2008．

[103] 周采，杨汉麟．外国学前教育史［M］．北京：北京师范大学出版社，1999．

[104] 周三多，等．管理学：原理与方法［M］．上海：复旦大学出版社，1999．

[105] 周莹．学校危机管理研究［D］．青岛：青岛大学，2008．

[106] 周在人，魏所康．教育行政学［M］．南京：南京师范大学出版社，1996．

[107] 朱良．幼儿园的安全管理与安全教育［J］．学前教育研究，2003（12）．